教育部人文社会科学研究一般项目（规划基金）
"儿童读写能力整合发展的关键因素研究（17YJA880113）"成果

U0646946

儿童读写能力的整合发展

朱晓斌◎著

ERTONG DUXIE NENGLI
DE ZHENGHE FAZHAN

ZHEJIANG UNIVERSITY PRESS
浙江大学出版社
·杭州·

图书在版编目（CIP）数据

儿童读写能力的整合发展 / 朱晓斌著. -- 杭州 ：
浙江大学出版社，2023.8
ISBN 978-7-308-23982-0

Ⅰ．①儿… Ⅱ．①朱… Ⅲ．①阅读课－教学研究－小
学②作文课－教学研究－小学 Ⅳ．①G623.202

中国国家版本馆CIP数据核字(2023)第120108号

儿童读写能力的整合发展

朱晓斌　著

责任编辑	赵　静	
责任校对	胡　畔	
责任印制	范洪法	
封面设计	林智广告	
出版发行	浙江大学出版社	
	（杭州市天目山路148号　　邮政编码　310007）	
	（网址：http：//www.zjupress.com）	
排　　版	杭州林智广告有限公司	
印　　刷	广东虎彩云印刷有限公司绍兴分公司	
开　　本	710mm×1000mm　1/16	
印　　张	15.75	
字　　数	270千	
版 印 次	2023年8月第1版　2023年8月第1次印刷	
书　　号	ISBN 978-7-308-23982-0	
定　　价	80.00元	

目　录

CONTENTS

儿童读写能力及其整合性发展

　　语言活动是一项复杂的读写活动，思维、语言、语境、言语动机、思想情感等要素共同在读写中发挥作用。阅读和写作是相互关联又彼此独立的两种语言活动，通过读写能力的整合来提高儿童语文素养的实验从未停息。我国建立读写整合路径的理论基础主要是文章学。在叶圣陶、张志公等学者的论述中，思路、写作方法、语言等都是基于文章学建立的读写结合。语文教学中的读写结合最常见的方式有两种：第一，从写作方法与技巧上进行读写结合，即把在阅读中学得的某种写作方法迁移到写作之中；第二，从思想和内容上进行读写结合，即要求学生从阅读中积累作文内容素材。总之，我国特有的"读写结合"是以"写作中心"为主要价值取向，读是为写服务的，理论基础是以文章学为主的。

　　事实上，读写能力的发展是从儿童出生时就开始的一个连续的发展过程，儿童在接受正式读写教育前出现的与读写有关的行为同样非常重要，父母、教师以及周围的环境在儿童早期读写能力的发展过程中扮演着重要的角色。许多纵向研究表明，儿童早期的读写能力表现是预测其未来读写能力发展水平和其他方面发展的重要指标之一。阅读失败的儿童往往会伴随有行为、社会、学业和心理上的困难，并且儿童的阅读困难具有累积效应，几乎会影响其在所有学校任务上的表现。

　　其次，儿童读写能力的发展并非简单的阅读为写作服务的单向技术性"结合"，也非传统的"听说读写"观点中的以"写"为最高发展目标，或一切围绕"写"进行的语文教学活动。儿童习作是一项整合化的学习，整合化学习应具有更广泛的内容。这种整合主要涵盖了认知性、社会性等方面，它不同于过去的"结合"，而是一个延续整个儿童发展阶段的各有侧重点的重新分析和组织，从而实现读写信息系统的资源共享和协同工作，并最终形成一个有价值、有效率的儿童读写能力整合体系。在不同的发展阶段，儿童读写能力整合的关键点呈现显著差异，影响其读写整合的关键因素也有所不同。儿童读写能力发展可能主要涉及以下关键因素：语用学知识（读写的目的和功能、读者与作者之间相互影响、监控意义生产和自己的知识等），语法学知识（语音、词汇、句法、文本格式等），读写程序性知识（记忆提取、信息接收与传递等），语素意识（字、词、亚字），言语流畅性（口语流畅性、阅读流畅性和写作流畅性），读写的共享知识（元认知、特定领域知识、文本特征、读写程序性知识），读写环境等。

一、国外读写整合的发展

蒂尔尼（Tierney）和沙纳汉（Shanahan）发现读写整合有三个基本路径：修辞联结、程序联结与共用知识。他们建立读写整合路径的理论基础主要是语言学和认知心理学。一方面，基于词汇学、句法学、语篇学、语义学、语用学理论进行读写整合；另一方面，将认知心理学的元认知、记忆、知识认知分类等理论运用到读写整合中。沙纳汉等发现，在许多低年级的熟练阅读者中，精致词汇和故事结构逐渐与其写作成绩相关，于是他们提出了一个儿童早期读写相互影响的模型。在此基础上，20世纪90年代后，乔尔（Chall）对不同发展阶段中阅读与写作的关系进行了研究，他认为阅读与写作的各阶段知识具有随年龄发展的关键性特征，并提出了一个0～18岁读者的"六阶段读写整合认知发展模型"：

（1）读写能力基础阶段（0～6岁）；

（2）初始的读写能力阶段（6～7岁）；

（3）发展中的读写能力阶段（7～8岁）；

（4）为学习新内容而读写阶段（9～13岁）；

（5）精加工学习阶段（14～18岁）；

（6）建构性与整体性学习阶段（18岁以上）。

在美国，研究者对学生从幼儿园、小学、中学到大学的各个阶段的读写能力进行了深入研究，建构出了学生在不同阶段应该掌握的读写能力的关键知识和关键技能体系。

二、国内读写整合的发展

通过资料检索和分析，我们可以发现：我国在阅读与写作关系上的研究仍以经验总结居多，有少量的研究涉及两者之间的相关性，但并未涉及阅读与写作关系中深层的关键因素研究。特别是我国的"读写结合"几乎全部在中小学语文领域中进行，并不涉及幼儿的"前读写阶段"研究。读写能力的发展从儿童出生时就已经开始了，儿童通过表情和手势与人沟通，继而学习口语沟通，然后用图片和文字沟通。他们观看并运用环境中的文字，逐渐意识到读和写是与他人沟通的一种方式，儿童的读写能力在这个阶段已经表现出稳定的发展态势。因此，我们将基于儿童发展的主要阶段来整合儿童读写能力发展中的关键性因素，逐步明晰儿童读写整合的发展关键点，以形成中国儿童读写整合发展的序列，从而为我国的语言学习提供科学的发展依据。

三、儿童读写整合的发展序列

乔尔的阅读与写作认知发展六阶段理论认为，涉及读写的关键知识类型是根据儿童的年龄发展阶段而变化的。在各个阶段，教学活动应考虑关键性的认知活动，以此来确定儿童的读写发展水平。当然，同一阶段的儿童在读写发展阶段上并非同步的，借助这些发展阶段的界定，教师可对儿童的读写能力进行定位，并且据此来进行相应的教学设计，使教学更有效率。显然，乔尔只是构建一个非常初级的阅读与写作发展模型，它主要集中于读写之间的一般的或共有的认知能力；要在中文教学环境中描绘整个发展阶段及评价它对各种读写群体的适用性，还需要更深入的研究。

为此，我们假设性地提出了以下"儿童读写整合发展三阶段序列模型"（如图 1-1 所示），包括"读写萌发期（幼儿段）、初步读写期（小学低段）和意义读写期（小学中高段及以上）"，各个阶段的发展核心是儿童读写能力的提升。本研究拟以幼儿、小学生为研究对象，通过测评学生的共享读写知识（即元知识）、知识读写的机制和目的、一个宽泛领域的内容知识、一般的文本属性知识、形音知识（语音知识和字型知识）以及读写的程序性知识和技能来进一步研究儿童读写能力。

```
┌──────────┐      ┌──────────┐      ┌──────────────┐
│ 读写萌发期 │ ══>  │ 初步读写期 │ ══>  │   意义读写期    │
│ （幼儿段） │      │ （小学低段）│      │（小学中高段及以上）│
└──────────┘      └──────────┘      └──────────────┘
```

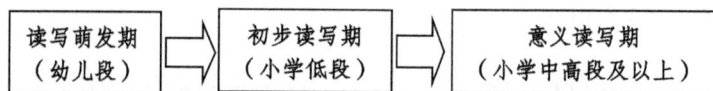

图 1-1　儿童读写整合发展三阶段序列模型

（一）读写萌发期（幼儿段）的关键因素

本研究拟以幼儿为研究对象，通过对幼儿读写萌发能力的四大关键因素进行研究（即幼儿阅读理解能力、阅读投入、家庭阅读环境和前书写能力），积极创设可以促进幼儿读写萌发的支持性环境。主要有：（1）幼儿智力与感知能力；（2）幼儿对早期读写能力的积极期待和经历；（3）幼儿获得有关阅读技能和态度方面的支持；（4）幼儿获得有助于学习的指导环境。

读写萌发的概念最早由玛丽·克莱（Marie Clay）提出，指幼儿在未正式步入读写阶段时所展露出的读写理解行为。她认为读写萌发是一个连续的发展过程，强调读写萌发中读与写相结合的重要性。目前，较为一致的看法是，儿童读写能力的习得是一个自然萌发的过程，这种早期出现的读写整合能力发展即为读写萌发，其包括儿童正式读和写之前所展露出的与读写有关的知识、技能与态度。儿童读写萌发技能包含两个相互独立又紧密联系的领域：口语技能和编码技能。前者包括词汇和语法，后者主要包括印刷文字概念、字母知识和语音意识等。

（二）初步读写期（小学低段）

这个阶段的关键因素是：学习任意的字词和与其相应的口语表达部分。元知识是关键之一，小学生不断地学习读写加工的整合，即读写加工互为前提。他们对自己使用的词汇和自己要表达的意义进行自我监控学习，例如，"这能说明白吗？"

文本属性的知识也是相当重要的。这期间，学生获得字形意识和学习词汇中的正字法（orthographiy）或词法（morphology）。他们利用在先前的读写中掌握的口头语言，学会在语法构成上可接受的词汇顺序知识，对这些词汇顺序知识的理解可用于帮助读出新词。然后，他们开始发展程序性知识，如应用策略搜索和学习来选择和产生语法和语义线索，例如，读和写单词与句子。

这个阶段可分成更小的四个阶段：

（1）写作的前交流阶段。儿童以简要方式做出非字词的标记。

（2）半语音阶段。书写者表现出他们意识到字词代表声音。

（3）语音阶段。作者能表征所有的语音，能系统地书写他们所听到的语音，尽管一些字词的选择并不符合常规的拼写规则。

（4）转换阶段。作者意识到词汇有特殊的"外观"或词法结构，并非只具有语音特征。

（三）意义读写期（小学中高段及以上）

在这一阶段中，理解意义成为读写整合的关键因素，此时有一个非言语和书面联系加工的转变。读写会更集中于思想和观念的理解和解释。课本中也会出现大量的学术和抽象的词汇，并使用复杂的句子。这需要读写者有良好的自我监控意识，而且先前知识的应用也是很重要的。这样，读写者会学习更复杂的语义结构和文本组织结构。先前阶段的读写取向集中于记叙文，但现在信息性的文本变得越来越重要，而有关记叙文结构的知识逐渐成为精加工。本阶段程序性知识也是相当关键的，它使读写者知道如何去创造和使用新词汇。这个阶段，读写流畅性是另一个关键性因素。

四、研究思路

（一）儿童读写整合三阶段研究

儿童读写整合在幼儿期、小学初段、小学中高段具有不同的发展特性。儿童的读写整合能力受到读写萌发期等关键因素的影响，这些因素主要包括阅读理解能力、阅读投入、家庭阅读环境和前书写能力等。

读写萌发能力的发展关系到儿童未来的学业成就，有效的早期筛查能预防儿童后期发生阅读困难的潜在风险。最恰当的评估方式是对读写萌发技能所包含的多个领域进行评估。全美阅读专家组（National Reading Panel，NRP）曾在题为《教孩子阅读》（*Teaching Children to Read*）的报告中界定了读写萌发期包含的五大内容领域：语音意识（phonological awareness）、字母拼读（phonics）、词汇（vocabulary）、流畅性（fluency）和理解（comprehension）。

幼儿阅读理解能力的发展特点及其影响因素一直是国内外学者的研究热点。当然，影响幼儿的阅读理解能力的因素是多样的。阅读理解能力与家庭阅读环境关系密切，幼儿早期阅读的环境对其今后的读写整合具有重要意义。家庭阅读环境，是指父母的阅读习惯、家庭阅读资源、父母成就期望和亲子阅读互动这四个方面。家庭阅读环境对幼儿的阅读理解能力的影响程度较大。

前书写或称早期书写，也是读写萌发或称早期读写理论中一个重要的组成部分。自从新西兰学者玛丽·克雷提出读写萌发理论以来，幼儿的阅读与书写活动逐渐受到各国学者们的广泛重视。

（二）研究方法与线路

目前在中文领域没有合适的测评工具，所以我们将以上述领域为参照，编制中文测评问卷。通过测评儿童的家庭读写环境、语音意识、汉字识别、词汇、理解力等关键因素，我们将采用结构方程建模的方法来确立"读写萌发期"的关键影响因素。

通过测评儿童的家庭读写环境、读写兴趣、读写投入、读写能力、汉字识别、语素意识等关键因素，我们将采用结构方程建模的方法分析家庭读写环境对读写兴趣、读写投入、读写能力等方面的影响，从而考察儿童读写兴趣、读写投入等在读写能力关系中发挥的作用和运作的机制。

CHAPTER 1

—— 第一章 ——

幼儿阅读理解能力影响研究

目前，世界各个国家和地区都非常重视幼儿的早期阅读。在克林顿时期，美国掀起了"阅读挑战"运动，同时通过了法案《阅读卓越法》；日本政府将每年的 4 月 23 日定为"日本阅读日"；在我国的台湾地区，教育主管部门积极推广早期阅读活动，并将"阅读就是竞争力"作为其早期阅读理念。同时，幼儿早期阅读的重要性已经得到教育界的广泛认可。早期阅读能促进 0～6 岁幼儿神经系统发育和读、听、说能力的发展。目前早期阅读的材料主要为绘本材料。绘本是指以图画为主、文字阅读为辅来传递信息或者全部采用图画表达信息的图画书。绘本材料生动有趣、故事简短且图文并茂，同时符合幼儿的认知发展特点和学习特点，所以绘本材料是幼儿早期阅读的最常见材料。

目前国内外相关的学者已经对幼儿阅读理解能力的发展情况进行了一定的研究，但家庭阅读环境的研究对象仍以中小学学生居多，幼儿的家庭阅读环境也只停留在现状描述，较少深入分析家庭阅读环境对幼儿阅读理解的影响。同时，目前国内也缺少具有良好信效度的幼儿家庭阅读环境问卷。大班幼儿在幼小衔接的过程中，阅读能力存在显著的个体差异：有的幼儿非常喜欢阅读，在自主阅读中对绘本故事的理解程度非常高；有些幼儿对教室内的阅读材料完全不感兴趣，很少或者几乎不去进行自主阅读。这种个体差异是怎么形成的呢？这与家庭的阅读环境相关吗？家庭阅读环境中的哪些因素在影响着幼儿的阅读理解能力呢？家庭阅读环境能预测幼儿的阅读理解能力吗？所以，研究大班幼儿的阅读理解能力和家庭阅读环境的关系具有重要的理论和实践意义，值得我们进一步探讨。

第一节　幼儿阅读理解能力

　　自 20 世纪 80 年代中国引入"早期阅读"概念以来，幼儿早期阅读的相关研究发展较为迅速，尤其在台湾地区，对幼儿的早期阅读研究已经较为成熟。

　　笔者在阅读大量文献资料后，主要做了两方面的文献梳理：其一是早期阅读材料及幼儿阅读理解能力测评方式，包括相关概念、阅读的主要材料以及幼儿阅读理解能力测评方式；其二是家庭阅读环境，包括家庭社会经济地位、父母阅读习惯、亲子阅读互动、父母教育期望和家庭物质资源等。不同学者的不同角度的研究成果为本研究提供了文献支持，它们为后续的问卷编制奠定了理论基础。

一、阅读理解能力的概念

　　阅读，指从阅读材料中获取文化科学知识的途径，一般有默读和朗读两种方式，其中默读是主要方式。阅读是信息交流的桥梁和手段。在心理学上，阅读是主体对阅读材料进行认知、理解、吸收和应用的复杂心智过程。[①] 认知心理学派将阅读过程看作阅读主体进行信息加工的过程。[②] 幼儿阅读是指幼儿通过视觉活动接受信息，然后再对这些信息进行处理。

　　阅读能力的基础是阅读理解能力。阅读理解可以分为基本理解和深层次理解。基本理解是指理解基本情节、角色、问题、解决方法和结论等；深层次理解除了理解主要内容，还需要对细节和细节的含义进行深层次的理解。幼儿的早期阅读以幼儿感官机能为基础，基于幼儿的生活经验和外在表达，以"听赏"和"读图"为主。[③] 冯国彩认为，"阅读理解能力是指个体综合运用阅览、理解、讲述等多种能力，自主筛选文本中的信息从而获取有效信息的过程"[④]。

　　经过对已有文献的梳理，我们将幼儿的阅读理解能力定义为幼儿在阅读过

---

① 王继坤. 现代阅读教学课程 [M]. 青岛：中国海洋大学出版社，2000.

② 陈琦，刘儒德. 当代教育心理学 [M]. 北京：北京师范大学出版社，2006.

③ 苏敏，魏薇. 回顾与反思：我国幼儿阅读研究三十年 [J]. 山东师范大学学报（人文社会科学版），2017，62（2）：107-118.

④ 冯国彩. 强化读写训练　提高学生素质 [J]. 教育教学理论研究. 2001（5）：17-18.

程中根据已有的经验对阅读材料进行意义表征和解读，并在此基础上形成对阅读材料的整体理解的能力。

二、绘本的概念

幼儿的阅读活动一般是通过图画书或绘本来进行的。

（一）图画书与绘本

图画书的英文名称是"picture books"。目前比较公认的说法是图画书起源于欧洲，1903 年，英国女作家毕翠克丝·波特（Beatrix Potter）自编自画的《彼得兔的故事》（*The Tale of Peter Rabbit*）是世界上最早的图画书。我国最早关于图画书的记录是在新中国成立之后，当时将"picture books"翻译为图画书，后又翻译为绘本。

在很多研究中，绘本和图画书没有明显区别，这两个概念在一般情况下是可以通用的。但是在严格意义上，图画书的范围比绘本的范围更广泛、包容性更强，图画书的范围通常包括了漫画书、小人书、插画书、字母书、玩具书、婴儿书等，绘本是图画书的一种。[①]王慧宁认为现代绘本广义上是指一切以图画为主、文字为阅读辅助，或是只有图画的书籍形式；而狭义的现代绘本是指一种以图言物、以图悦众、以图行事、以图制胜的图书形式，它通过图画的语言、图画符号，向阅读者传递信息。[②]但是目前对绘本的确切定义，国内依旧没有达成共识。台湾地区的绘本研究专家郝广才曾说过："绘本是什么？什么是绘本？如果一定要下一个确切的定义，如同'瞎子摸象'徒增困扰，所以只要说个'大概'，反而清楚。"[③]

20 世纪 60 年代，中国大陆逐渐引进国外印刷的绘本读物，我国的儿童绘本市场开始发展；到 21 世纪初，我国的儿童绘本市场已经达到一定的规模。全国各地的出版社纷纷引进国外优秀的儿童绘本读物，如英国的《猜猜我有多爱你》《我爸爸》，美国的《大卫，不可以》《小蓝和小黄》，加拿大的《爷爷一定

---

① 陈晖. 通向儿童文学之路 [M]. 广州：新世纪出版社，2005.

② 王慧宁. 绘本的概念界定及中日现代绘本溯源 [J]. 太原师范学院学报（社会科学版），2009（1）：53-55.

③ 郝广才. 好绘本如何好 [M]. 南昌：二十一世纪出版社，2009.

有办法》。同时，国内的原创儿童绘本也逐渐走向成熟，如《团圆》《安的种子》《躲猫猫大王》《一团青菜成了精》《那只蓝色的鸟是我爸爸》《荷花镇的早市》等。吴晓月认为，虽然中国原创儿童绘本已经有了很大进步，但是目前仍然存在一些问题，如年龄划分层次笼统，市场定位不明确，缺少优质的作者资源以及缺少良好的营销。这些问题的产生和我国目前的出版市场体制的不健全、出版商的急功近利以及家长对儿童绘本的教育价值认识不足等因素密切相关。①

（二）绘本的价值

关于绘本的阅读价值，国内外的学者都已做了大量研究。学者特雷帕尼尔（Trepanier）和罗马托夫斯基（Romatowski）为了研究绘本是否会促进儿童的社会性发展，选取了99名被试对象用绘本进行干预，结果发现绘本故事能够促进儿童的社会性发展。②凯瑟琳（Kathryn）通过研究发现，家长选用合适的绘本材料能够促进幼儿的前阅读能力的发展。同时，我国台湾地区学者对绘本的价值也做了大量的研究。学者邱爱真对两名大班幼儿进行绘本教学活动，结果显示，绘本能增加幼儿的互动机会，改善被拒绝型幼儿与他人直接互动的技巧。③毕凌霄认为儿童绘本可以发展儿童的语言能力，可以培养儿童的想象力，可以培养观察力和思维能力，可以丰富儿童的情感。④郑荔在与自己的孩子共同阅读绘本故事时发现，绘本是儿童成长的参照体系，在这个过程中，儿童能够认识自己的情感，认识儿童种群的特征。⑤

综上所述，绘本对儿童阅读理解能力的发展有重要的价值，可以作为促进个体发展的教育媒介。

三、幼儿阅读理解能力的测评

因研究目的和研究方法的差异，不同的学者对幼儿阅读理解能力的研究有

---

① 吴晓月.中国原创儿童绘本出版的现状及对策研究 [D].长沙：湖南师范大学，2014.

② Trepanier M，Romatowski J. Classroom use of selected children's books to facilitate prosocial behavior in young children [J]. The Journal of Humanistic Education and Development，2011（12）：28.

③ 邱爱真.以儿童绘本增进幼儿友谊互动之研究 [D].屏东：屏东师范学院国民教育研究所，2004.

④ 毕凌霄.儿童绘本的教育功能探析 [J].韶关学院学报（社会科学版），2013，34（7）：139-142.

⑤ 郑荔.绘本对儿童成长的影响 [J].家庭与家教：现代幼教，2008（4）：34-36.

着不同的测评方式。笔者通过查阅资料后发现，阅读理解的测评方法主要有三个：故事复述法、回答问题法和排列图片法，幼儿的主要阅读材料是绘本。

（一）故事复述法

故事复述法是国内外较常见的考察儿童阅读理解能力的方法，主要是指在儿童听完或者看完一个故事之后让儿童再讲一遍故事。研究者将儿童的复述内容进行录音，然后转录成文字，根据制定好的评分标准对儿童的复述内容进行评分。苏育瑠通过复述的故事考察儿童对故事的理解，同时对儿童复述的文本进行分析以测评儿童的故事理解情况。[①]

国外对幼儿复述故事的评分标准不一。儿童复述故事的评分依据是斯泰因（Stein）和格伦（Glenn）提出的故事语法，故事语法包含以下七个方面：情景、事情缘起、反应计划、反应状态、结果、试验、结局/反应。[②]林淑敏研究采用小组讨论、问卷、访谈和故事复述等方式考察了儿童的阅读理解水平，并研究了影响儿童阅读理解能力的因素，如戏剧表演、成人讲述和小组讨论。林淑敏所采集到的语料评分标准参照了曼德勒（Mandler）和约翰逊（Johnson）提出的故事语法评分标准，这个评分标准包括六个方面的内容：背景、角色、事件的缘起、出现的问题、问题解决的方法和结果。[③]李林慧将90名4～6岁儿童作为被试对象，采集幼儿自主阅读图画书后的复述语料，从幼儿对画面形象的理解水平、幼儿对于事件行动的认知水平和幼儿对图画书角色状态信息的捕捉水平等三个方面考察幼儿的阅读理解能力。研究发现，3～6岁的儿童对图画故事书的理解在这三个维度都随年龄呈现递增趋势，幼儿对绘本的理解的规律是由图画形象到事件行动，最后是儿童对图画角色状态信息的捕捉。[④]

故事复述不仅可以作为测评儿童阅读理解能力的方法，而且可以促进儿童的阅读理解能力。故事复述能让儿童在建构故事的过程中扮演一个积极的角色，

① 苏育瑠. 幼儿故事会与理解之研究 [D]. 台北：台湾师范大学家政教育研究所，1990：1-25.

② Wagner C R，Sahln B，Nettelbladt U. Narration and comprehension in Swedish preschool children [J]. Child Language Teaching and Therapy，1999（15）：113-137.

③ Lin Shu Min. The effects of creative drama on story comprehension for children in Taiwan [D]. Arizona State University，1999: 17-36.

④ 李林慧，周兢，刘宝根. 学前儿童图画故事书阅读理解研究 [J]. 中国特殊教育，2011，2（128）：92-96.

在这个过程中教师和儿童能够参与互动。国外有研究者通过研究发现，故事复述能够提升儿童的语言流畅性，加强回忆能力和词汇获得能力。

（二）回答问题法

国内学者较为常用的测查方式是回答问题法。王静以无字绘本为阅读材料，在幼儿完整地阅读绘本之后，让幼儿回答 10 个与绘本相关的问题，以此评判幼儿的阅读理解能力。其中 5 个问题为"明显性问题"，包括绘本的背景、解决的问题和引发事件等方面；5 个问题为"隐含性问题"，包括角色情感、情节预测和对主题的理解等方面。因研究需要，本研究采用王静在研究中的阅读理解能力的测评方式，考察幼儿的阅读理解能力。该方法操作方便，且能较好地测评幼儿的阅读理解能力，目前已有较多的研究者将其作为测评幼儿阅读理解能力的工具。

（三）排列图片法

排列图片法是在幼儿阅读绘本之后，让其按照对故事的理解对图片进行顺序排列，以此分析幼儿的理解程度。排列图片的方式简单、容易操作，但是不能完整测评儿童的阅读理解能力，所以通常将其和故事复述法综合运用来测评儿童的阅读理解能力。波尔森（Poulson）为了考察 4 岁儿童和 6 岁儿童的推理能力，采用两张图片对应排列，结果发现 4 岁儿童的正确率只有3%，而 6 岁儿童的正确率有 27%。[1] 学者林淑敏为评估儿童的故事理解能力，综合采用了故事复述、回答问题和排列图片三种方法，从戏剧表演、小组讨论以及反复朗读三方面研究儿童的故事理解能力，结果发现，戏剧表演组的儿童的故事理解能力显著优于其他两组的儿童，这表明戏剧表演活动有利于加强幼儿的阅读理解能力。[2]

---

[1]　Poulson D，Kintsh E，Kintsch K，et al. Children's Comprehension and Memory for Stories [J]. Journal of Experimental Child Psychology，1979，28: 379-403.

[2]　Lin Shu Min. The Effects of Creative Drama on Story Comprehension for Children in Taiwan [D]. Arizona State University. 1999: 76-79.

第二节　幼儿家庭阅读环境与阅读理解的关系

通过梳理大量文献，笔者发现家庭阅读环境主要从家庭社会经济地位、父母阅读习惯、亲子阅读互动、父母成就期望、家庭阅读资源这五个方面进行考察。在本研究中，笔者参考前人对家庭阅读环境的定义，将家庭阅读环境界定为家长为幼儿提供的物质和精神方面的阅读支持，比如阅读空间和阅读材料。

一、家庭社会经济地位

家庭社会经济地位是指家庭在社会中以其拥有的社会资源而被界定社会位置，一般包括三个客观指标：家庭经济收入、父母受教育状况以及父母的职业。然而，出于对测评的可靠性和可信性的考虑，研究者通常会选用这三个指标中的一个或者两个来衡量家庭社会经济地位。

有研究发现，父母的受教育程度、职业种类和收入水平会影响幼儿的阅读表现。相应的是，国际学生评估项目（PISA）研究也发现，家庭社会经济地位对孩子的阅读有一定的影响，但是每个国家在影响的具体程度上表现出差异，同时该研究的数据并没有直接表明家庭社会经济地位与孩子的阅读表现有直接的联系。在已有研究中，单独测评父亲的情况居多，然而在本研究中，亲子阅读是父母共同参与的阅读活动，所以母亲的职业和受教育程度对幼儿的阅读发展也非常重要。

对父母受教育程度的测评较为方便，所以这一指标通常是衡量家庭社会经济地位的重要指标。目前国际较常用的方法是将父母的受教育程度转化为受教育年限，但是因不同国家的受教育年限与受教育程度的关系差异显著，所以目前国内采用的是将学历程度从低到高按照等级排列的方法。

为了便于数据的收集，本研究采用了林生传改编自霍林希德（Hollingshead）所设计的家庭经济地位的两因素社会地位指数的计算方式。[①] 其具体换算方式为：将父母双方的"受教育程度"及"职业类别"各分成五种等级。如表 1-1 所示。计算的公式为：受教育程度指数 ×4 ＋职业类别指数 ×7= 家庭社会经济指

---

① 韦积华. 大班幼儿阅读理解能力、阅读态度及家庭阅读环境关系的研究 [D]. 上海：华东师范大学，2016: 12-26.

数。当父母双方社会经济地位值有差异时，取其中较高值。

表1-1　家庭社会经济等级

受教育程度	教育指数	职业等级	职业指数	社会经济地位指数	社会经济地位等级
Ⅰ	1	Ⅰ	1	11～18	低
Ⅱ	2	Ⅱ	2	19～29	较低
Ⅲ	3	Ⅲ	3	30～40	中
Ⅳ	4	Ⅳ	4	41～51	较高
Ⅴ	5	Ⅴ	5	52～55	高

注：父母的教育等级
Ⅰ.初中
Ⅱ.高中（含中专、职校、技校等）
Ⅲ.大专
Ⅳ.本科
Ⅴ.硕士及以上
父母的职业等级
Ⅰ.失业人员、无业人员
Ⅱ.农民、务工人员
Ⅲ.企业员工、服务行业雇员、自由职业者
Ⅳ.公务员、中层企事业管理人员、专业技术人员
Ⅴ.高级专业、高级行政、管理人员

二、父母阅读习惯

　　台湾信谊基金会在1990年的调查中发现，家庭所拥有的幼儿读物数量与母亲的受教育程度呈正相关，即母亲的学历越高，家中所拥有的幼儿读物数量越多。同时，如果母亲经常阅读书籍，幼儿在潜移默化中受到母亲阅读习惯的影响，阅读频率也相应地升高。这一观点也被何彩萍证实，她在对上海早期阅读环境进行调查时发现，孩子的阅读习惯和阅读偏好会受到家长的阅读习惯的影响，家长阅读兴趣高则孩子的阅读兴趣也会高。可见，家长的阅读习惯与孩子的阅读成就息息相关。

　　国外有学者通过研究发现，幼儿的阅读态度、阅读能力与父母的阅读习惯有直接的关系。喜欢阅读的孩子，其家长也喜欢阅读且常常鼓励孩子阅读。若家长不喜欢阅读，父母也不喜欢让孩子阅读，则幼儿的阅读能力也非常弱。

三、亲子阅读互动

国内学者周兢认为，亲子阅读分为平行式、合作式和偏离式，同时她进一步指出，指导效果最好的是合作式亲子阅读。[①] 胡薇薇研究发现，母亲能够在互动中激发幼儿的阅读兴趣。但同时，不当的指导行为也会抑制幼儿的阅读兴趣。[②]

国外研究者在一项以儿童阅读活动与父母支持为主题的研究中发现，如果父母在阅读活动中让孩子体验到温暖和在阅读互动中让孩子产生内驱力，就能够促进幼儿语言的发展和阅读技能的提升。[③] 国外有学者在研究中发现，婴幼儿在早期阅读活动中更加依赖母亲，母亲在亲子阅读过程中的行为会给孩子带来较大的影响。

四、父母成就期望

父母成就期望是指家长对子女的学业成就的期待与愿望。目前国内通用的测评方式有两种：一是通过父母获得直接数据；二是测评孩子感受到的父母的期望。[④]

约翰·简维（John Janeway）研究发现，家长会左右孩子的态度。在家长与幼儿的互动过程中，幼儿也会建立一套行为模式来适应家长的期待，家长多奖励、多赞同的方式与幼儿的学习成就呈正相关。同时也有国外的研究者发现，如果家长在阅读过程中对幼儿表现出积极的情绪并且赞美幼儿，不仅能建立良好的亲子关系，而且能加强幼儿在阅读活动中的社会认知能力。

五、家庭阅读资源

家庭阅读资源的上位概念是家庭文化资源。家庭文化资源具体包括家庭藏书量、益智玩具、多媒体资源等。国内有研究者将家庭文化资源中的藏书量作

① 周兢. 早期阅读发展与教育研究 [M]. 北京：教育科学出版社，2007: 86-88.

② 胡薇薇. 母亲指导对婴幼儿早期阅读兴趣的影响研究 [D]. 上海：华东师范大学，2008: 31-39.

③ Heather A, Partridge. Helping parents make the most of shared book reading [J]. Early Childhood Education Journal, 2004: 25-30.

④ 刘在花. 父母教育期望对中学生学习投入影响机制的研究 [J]. 中国特殊教育，2015（9）: 83-89.

为家庭社会经济地位的替代性指标，也有研究者将藏书量作为单独的指标进行分析。

通过以上对阅读理解能力和家庭阅读环境的相关文献的阅读和梳理，笔者将研究情况归纳为以下三点：

第一，目前国内外针对幼儿的阅读理解能力测评方式多样，国内通用的阅读理解测评表是《幼儿阅读理解能力测评表》，采用回答问题的方式考察幼儿阅读理解能力。

第二，对幼儿家庭阅读环境的测评有不同的侧重点，对家庭阅读环境的亲子互动的分析局限于现状分析，没有进行深层次的科学分析。

第三，虽然已有研究表明，家庭阅读环境各维度对阅读理解能力具有重要影响，但缺少全面、深入的剖析。

同时，受 PISA 研究的影响，研究对象多为中小学生，较少研究关注学前儿童；在研究方法上，虽有研究者采用了量化研究，但是大部分仍为质性研究。

第三节　幼儿阅读理解能力与家庭阅读环境关系的实验研究

目前国内外对幼儿阅读理解能力、家庭阅读环境的研究已有较为丰硕的成果，但仍有许多方面值得深入研究。具体体现在：

（1）关于家庭阅读环境的研究。目前关于家庭阅读环境的研究主要集中在中小学，对幼儿的家庭阅读环境研究不够深入。同时，对幼儿家庭阅读环境的研究以质性研究为主。因此，我们缺少具有良好信效度的幼儿家庭阅读环境的问卷。

（2）关于幼儿阅读理解能力和家庭阅读环境的关系的研究。已有研究证明，家庭的阅读环境会影响幼儿的阅读理解能力，但是家庭阅读环境中各因素的影响程度及预测能力尚未有一个科学合理的分析。

基于上述分析，本研究拟从 5～6 岁幼儿的阅读理解能力和家庭阅读环境入手。首先，本研究将编制家庭阅读环境的问卷，为测评大班幼儿的家庭阅读环境提供一个具有良好信效度的问卷。其次，本研究将调查 5～6 岁幼儿的阅读理解能力的现状，并分析家庭阅读环境对幼儿阅读理解能力的影响。在丰富幼儿早期阅读的理论研究的同时，本研究还将为家长在早期阅读方面提出具有可行性的建议。

一、研究目的

本研究将分析 5～6 岁幼儿家庭阅读环境与阅读理解能力的现状和特点，其中重点分析研究家庭阅读环境是如何影响幼儿阅读理解能力的，并根据研究结果，提出相应的可行性建议，从而帮助家长提高亲子阅读活动的有效性。

二、研究内容

一是编制《幼儿家庭阅读环境问卷》。

二是调查 5～6 岁幼儿阅读理解能力、家庭阅读环境的现状。利用 SPSS 24.0 软件对数据进行分析整理，探讨 5～6 岁幼儿阅读理解能力和家庭阅读环境现状，以及在性别和家庭社会经济地位这两个变量上的差异等。

三是探究家庭阅读环境对幼儿阅读理解能力的影响程度及影响机制，找出影响幼儿阅读理解的关键因素，帮助家长通过改善家庭阅读环境来提升幼儿的阅读理解能力。

三、研究对象及材料

（一）研究对象

5～6 岁幼儿处于幼小衔接的重要阶段，同时也处于早期阅读能力发展的关键阶段，这一时期的幼儿需要外部支持来更好地发展和提升阅读理解能力。为了更好地了解幼儿的家庭阅读环境和阅读情况，本研究选择了 5～6 岁幼儿及其家长作为调查对象。

基于可行性的考虑，本研究选取了杭州市一所公办幼儿园作为教育研究学校。在每个班随机抽取 7 名幼儿进行阅读理解测试，同时向家长发放问卷，共发放问卷 97 份，回收有效问卷 83 份，问卷的有效率为 85.56%。

（二）研究材料

本研究选用的是迈尔（1969）创作的无字图画书《青蛙，你在哪里？》

（*Frog，Where Are You？*），因其故事长度和认知程度都非常适合学前儿童，并且该故事有明显的事件顺序和故事元素，非常适合考察幼儿的阅读理解状况。同时，国内研究者王静在她的研究中已使用过该研究材料，其研究表明，该图画书能有效地测评幼儿的阅读理解能力。[①]

四、研究方法

（一）文献法

笔者通过查阅国内外的相关文献，梳理幼儿阅读理解能力和家庭阅读环境的相关资料，并对其进行归纳整理，避免与前人重复研究，同时为本研究奠定研究基础。

（二）测评法

幼儿阅读理解能力测评量表参考了莫罗（1990）、帕里斯（2003）、陈红（2000）的测评工具，并采用王静（2004）的幼儿阅读理解能力测评量表。测评表主要从"明显性问题"（对画面背景的理解、对画面内容的理解）和"隐含性问题"（对画面人物的理解、对画面间关系的理解和对画面主题的理解）两个维度的五个方面来测评幼儿的阅读理解能力。经前人统计，编码的内部信度检验一致率达到 0.873，结构效度为 0.712 ～ 0.826，所以，该测评表具有较高的可信度和结构效度。

（三）问卷调查法

幼儿家庭阅读环境的调查问卷参考了高榆珈（2017）的小学生家庭环境的问卷维度和问卷题项，并根据幼儿的年龄特点及本研究的内容修订整理而成。调查问卷将家庭阅读环境分为父母阅读习惯、亲子阅读互动、父母教育期望、家庭阅读资源等四个维度，由家长填写，采用五点计分法。

（四）访谈法

本研究在问卷编制的前后分别对家长进行了一次访谈。首先，在问卷编制之前，本研究采用自编的访谈提纲对 10 名家长进行开放式访谈，以初步了解幼

---

① 王静 . 3 ～ 6 岁幼儿无字图画书故事理解的研究 [D]. 天津：天津师范大学，2014：16-18.

儿的家庭阅读情况，为问卷维度的确定提供基础；其次，在研究结果撰写完毕后，再对 10 名家长进行开放式访谈，针对问卷调查反映出的问题深入了解，并且试图分析背后的深层次的原因，以此来弥补量化研究的不足。

五、《5～6 岁幼儿家庭阅读环境问卷》的修订

（一）初测问卷的修订

1. 研究目的

（1）收集幼儿家庭阅读环境的相关资料，分析 5～6 岁幼儿家庭阅读环境的维度，同时对家长进行半结构化访谈。

（2）收集访谈资料，根据访谈结果对高榆珈的小学生家庭阅读环境的问卷进行修订，并形成《幼儿家庭阅读环境问卷》（初测问卷）。

（3）对初测问卷进行项目分析和探索性因子分析，删除不合理题项，调整问卷，最终形成《幼儿家庭阅读环境问卷》（正式问卷）。

（4）对正式施测的结果进行信效度分析，确保《幼儿家庭阅读环境问卷》的信度和效度。

2. 半结构化访谈

本研究在文献梳理的基础上，基于家庭阅读环境的维度，首先制定了半结构化访谈提纲。访谈内容针对家庭阅读环境。如，"孩子喜欢听你讲故事吗？""为孩子选择阅读材料时首先考虑的因素是什么？""孩子每天的阅读时间固定吗？""在幼小衔接过程中，你为孩子提供了哪些阅读方面的准备？"（详见附录 1-1）随后，在每天入园接待时间，本研究与 10 名家长进行一对一访谈，如表 1-2 所示。部分家长表示孩子非常喜欢听家长读故事；孩子在家一般没有固定阅读时间，想看故事书就会自己翻看；在为孩子选择阅读材料时，他们会考虑材料的教育性、幼儿是否喜欢和是否对幼小衔接有帮助；在幼小衔接方面，家长通常会准备一些带有文字的绘本故事书，在亲子阅读过程中教孩子识记绘本中的文字。本研究对访谈过程全程录音，以便后续分析对话内容。

表1-2　访谈对象情况介绍

访谈对象	幼儿园	基本情况介绍
家长1	T幼儿园	幼儿母亲，二孩家庭，父母学历较高，重视幼儿早期阅读。
家长2	T幼儿园	幼儿母亲，独生子女家庭，三口之家，父母收入稳定。
家长3	T幼儿园	幼儿父亲，独生子女家庭，五口之家，家庭条件一般，孩子爱玩、不爱学习。
家长4	T幼儿园	幼儿母亲，父母学历一般，工作繁忙，无暇阅读。
家长5	T幼儿园	幼儿父亲，独生子女家庭，父母学历一般，母亲会固定时间给孩子读故事。
家长6	C幼儿园	幼儿父亲，外地独生子女家庭，父母学历高，重视幼儿早期阅读。
家长7	C幼儿园	幼儿母亲，二孩家庭，父母学历一般，家庭条件一般，无暇阅读。
家长8	C幼儿园	幼儿母亲，二孩家庭，母亲从事教育工作，重视幼儿早期阅读。
家长9	C幼儿园	幼儿父亲，独生子女家庭，父母研究生学历，喜欢阅读。
家长10	C幼儿园	幼儿母亲，独生子女家庭，五口之家，家庭条件一般，以网络阅读为主。

3. 初步修订

在已有研究和半结构化访谈的基础之上，本研究编制了《幼儿家庭阅读环境问卷》。问卷经历了编制初始阶段、初测、分析与删改、正式形成的过程。

本研究根据半结构化访谈结果，并结合5～6岁幼儿的年龄特点，同时借鉴了高榆珈（2017）的小学生家庭阅读环境有关题项，最终形成了家庭阅读环境调查问卷的30个题项。问卷分为两个部分：第一部分是父母和幼儿的基本信息调查，包括父母的最高学历和职业，其中对学历的分类和职业的分类参考了师保国等划分的五个等级。[①] 第二部分是问卷的主要内容，包括父母的阅读习惯、亲子阅读互动、父母教育期望和家庭阅读资源等四个维度。

本研究还请到了6位幼儿园一线教师和3位学前教育专家对30个题项进行评定，删除了不能反映幼儿家庭阅读环境的题项，修改了不符合幼儿年龄特点的表述。如以下题项被删除："我认为家庭对幼儿阅读能力的培养是其他教育机构所不能代替的"；"在亲子阅读前，我会对科学的亲子阅读策略进行了解"；"在亲子阅读过程中，孩子总会给我良好积极的反应"。教师和专家一致认为上述题项不能反映家庭阅读环境的情况，而且题项缺少区分度，故将其删除。最终获得了包含27个题项的家庭阅读环境问卷（初测问卷）。

---

① 师保国，申继亮. 家庭社会经济地位、智力与内部动机与创造性的关系 [J]. 心理发展与教育，2007，23（1）：30-34.

4. 问卷结构及题项设计

（1）问卷结构

调查问卷分为两个部分：第一部分是对父母和幼儿的基本信息调查，包括父母的最高学历和职业，其中对学历的分类和职业的分类参考了师保国等划分的五个等级。第二部分是问卷的主要内容，包括父母的阅读习惯、亲子阅读互动、父母教育期望和家庭阅读资源等四个维度。

（2）题项设计

家庭阅读环境的问卷借鉴了高榆珈（2017）小学生家庭阅读资源问卷的有关题项，同时结合访谈资料编制初始问卷，最终形成家庭阅读环境27个题项，如表1-3所示。比如，在父母的阅读习惯方面，本研究调查家长在家中阅读频率的高低、是否有固定的时间进行阅读和父母是否有良好的阅读习惯；在亲子阅读互动方面，本研究主要调查父母在亲子阅读过程中与孩子的互动情况，父母与孩子在阅读过程中有无讨论和父母是否鼓励孩子创编故事结尾或鼓励孩子针对阅读材料进行提问；在父母成就期望方面，本研究主要调查幼儿家长对孩子阅读及学习的期望，家长是否相信幼儿在幼小衔接的过程中能够克服阅读困难；在家庭阅读资源方面，本研究主要针对家长为幼儿提供的早期阅读的物质条件，调查家长是否有独立安静的空间给孩子阅读和孩子是否有充足的阅读材料等物质资源。

表1-3　问卷的主体维度

问卷维度	具体内容	题项安排
父母阅读习惯	父母在家的阅读习惯	T4、T5、T8、T26
亲子阅读互动	早期教育过程中，父母与幼儿的阅读互动情况	T1、T6、T7、T17、T20、T21、T22、T23
父母成就期望	父母对幼儿的期望	T2、T3、T9、T24、T25、T27
家庭阅读资源	父母为幼儿提供的阅读空间和阅读材料等物质资源	T10、T11、T12、T13、T14、T15、T16、T18、T19

5. 初测研究对象

本研究的初测对象是杭州市三所幼儿园的大班家长，共发放问卷280份，回收261份问卷。剔除随机填写的无效问卷后，本研究共得到248份有效问卷，有效率为88.57%。其中，男孩家长120名，占48.39%；女孩家长128名，占

51.61%。具体情况如表 1-4 所示。

表1-4　初测对象基本情况（*N*=248）

性　别	园　所			合　计
	A 幼儿园	B 幼儿园	C 幼儿园	
男	48	30	42	120
女	50	35	43	128
合计	98	65	85	248

6. 研究结果

（1）项目分析

①本研究采用极端值法，计算问卷中每个项目的决断值，然后删除未达到显著水平的题项，即删除决断值小于等于3的题项。具体操作如下：将家庭阅读环境问卷的项目得分累计相加，得到问卷总分。将总分升序依次排列，由于问卷样本量超过100，遂将总分最高的27%作为高分组，总分最低的27%作为低分组，对这两组项目得分进行独立样本 *t* 检验，并删除未达到显著水平的题项。如表1-5所示，问卷中全部题项的决断值（CR 值）都高于3，所以所有题项均符合标准。

表1-5　幼儿家庭阅读环境初测问卷的临界比值结果（*N*=248）

题项	问卷总分	题项	问卷总分	题项	问卷总分
T1	9.664***	T10	9.292***	T19	9.583***
T2	4.359***	T11	10.095***	T20	13.438***
T3	4.141***	T12	10.281***	T21	8.961***
T4	7.459***	T13	14.915***	T22	5.053***
T5	7.695***	T14	12.597***	T23	11.629***
T6	6.502***	T15	10.205***	T24	5.284***
T7	5.880***	T16	15.516***	T25	6.102***
T8	11.629***	T17	11.415***	T26	5.248***
T9	4.802***	T18	6.573***	T27	6.201***

注：* 表示 $p < 0.05$，** 表示 $p < 0.01$，*** 表示 $p < 0.001$。（下同）

②本研究使用同质性检验的方法再次筛选问卷项目。题项与总分之间的相关系数越高，表明其越能反映家庭阅读环境的水平。如表1-6所示，第3题、第9题与问卷总分的相关系数分别为0.236、0.297，其相关系数均小于0.300，因此，将第3、9题项删除。

表1-6 幼儿家庭阅读环境的项目分析结果（N=248）

题项	问卷总分	题项	问卷总分	题项	问卷总分
T1	0.564***	T10	0.558***	T19	0.573***
T2	0.316***	T11	0.606***	T20	0.682***
T3	0.236**	T12	0.603***	T21	0.601***
T4	0.473***	T13	0.705***	T22	0.350***
T5	0.489***	T14	0.349**	T23	0.608***
T6	0.459***	T15	0.582***	T24	0.394***
T7	0.364***	T16	0.698***	T25	0.462***
T8	0.655***	T17	0.567***	T26	0.521***
T9	0.297**	T18	0.458***	T27	0.561***

（2）探索性因素分析

首先，本研究通过 KMO 度量和 Bartlett's 球形检验来检验问卷剩余题项的适当性，KMO 的值越趋近 1，就表明变量间相关性越强，就越适合做因子分析。其次，本研究采用 Bartlett's 球形检验进行检测，该检验要求样本呈现多元正态分布，球形检验的统计量值越高，显著性水平就越低，就越适合做因素分析。

如表 1-7 所示，家庭阅读环境问卷的 KMO 值为 0.874，表明该问卷适合进行因子分析。同时，Bartlett's 球形检验达到显著水平，表明该问卷可以做因素分析。

表1-7 KMO 值与 Bartlett's 球形检验结果（N=248）

KMO	0.874	
Bartlett's 球形检验	近似卡方	1581.803
	自由度	190
	显著性水平	0.000

本研究对收集的数据采用最大变异法进行因素旋转。在分析过程中，按照以下标准删除题项：一是抽取主成分后的共同度低于 0.200 的题项；二是因子负荷值小于 0.400 的题项；三是两个因子都超过 0.400 负荷的题项；四是某一主成分少于 2 个的题项；五是与所在主成分的其他项目意义差异很大的题项。每次删除题项时，都会重新进行因素分析。经过多次反复探索之后，本研究删除了第 2、17、18、20 题项。

最终幼儿家庭阅读环境问卷共包括 21 个题项，分别归属于四个维度，这四个维度解释了总方差的 58.146%。其中第一因子有 8 项，根据题项内容，将第一因子命名为"家庭阅读资源"；第二因子有 6 项，根据题项内容，将第二因子命名为"亲子阅读互动"；第三因子有 4 项，根据题项内容，将其命名为"父母阅读习惯"；第四因子有 3 项，根据题项内容，将其命名为"父母成就期望"。碎石图见图 1-1，各因子特征根与方差贡献率见表 1-8，因素矩阵见表 1-9。

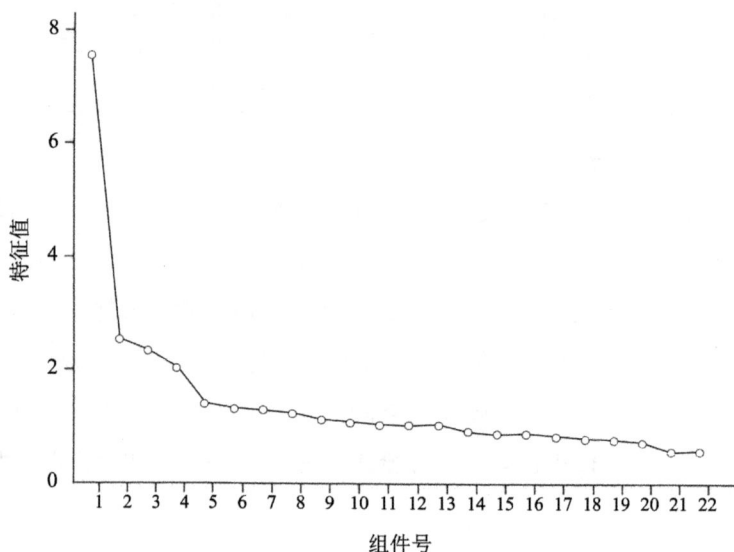

图 1-1 幼儿家庭阅读环境问卷因素分析碎石图

表 1-8 幼儿家庭阅读环境问卷及各因子特征根与方差贡献率

因子	旋转前方差			旋转后方差		
	特征根	方差贡献率 /%	累计方差贡献率 /%	特征根	方差贡献率 /%	累计方差贡献率 /%
家庭阅读资源	7.089	32.223	32.223	4.739	21.542	21.542
亲子阅读互动	2.094	9.520	41.743	3.108	14.126	35.688
父母阅读习惯	1.581	1.581	57.520	2.374	10.790	57.520
父母成就期望	1.890	1.990	50.332	2.434	11.062	46.730

表1-9 幼儿家庭阅读环境问卷旋转后的因素矩阵（N=248）

题项	家庭阅读资源	亲子阅读互动	父母阅读习惯	父母成就期望	共同度
T13	0.790				0.655
T16	0.768				0.653
T12	0.761				0.609
T14	0.696				0.566
T15	0.687				0.572
T11	0.610				0.453
T19	0.609				0.454
T10	0.577				0.443
T6		0.783			0.680
T7		0.773			0.622
T21		0.714			0.526
T22		0.678			0.508
T1		0.530			0.474
T23		0.520			0.441
T26			0.914		0.869
T4			0.905		0.879
T8			0.484		0.514
T5			0.401		0.426
T24				0.926	0.884
T27				0.865	0.809
T25				0.616	0.419

（3）信度分析

信度分析中最为常用的测试指标是 Cronbach's α 系数，用于衡量问卷中同一维度的题项是否能够测评相同的内容。根据表1-10所示，总问卷和分问卷的 Cronbach's α 系数分别为 0.858（高于 0.800）和 0.771～0.869（高于 0.700），因此幼儿家庭阅读环境问卷具有良好的信度，测评结果具有可靠性。

表1-10 幼儿家庭阅读环境初测问卷的信度分析结果

总问卷及各分问卷	项目/个	Cronbach's α 系数
总问卷	21	0.896
家庭阅读资源	8	0.869
亲子阅读互动	6	0.776
父母阅读习惯	4	0.771
父母成就期望	3	0.768

（二）正式问卷的修订

1. 研究方法

根据上述分析，正式问卷保留了 21 个题项，分别为"家庭阅读资源"的 8 个题项、"亲子阅读互动"的 6 个题项、"父母阅读习惯"的 4 个题项和"父母成就期望"的 3 个题项。同时再结合先前发放问卷时家长的建议及一线教师的修改意见，本研究适当调整和修改了表述不清或过于绝对的题项，以修改后的问卷作为正式施测的工具。

2. 研究对象

本研究的施测对象是杭州市两所公办幼儿园的大班幼儿及其家长。共发放问卷 235 份，经整理后，删除无效问卷，共获得有效问卷 207 份，有效率达 88.08%，详见表 1-11。

表 1-11　正式施测对象的基本情况（N=207）

性 别	学 校		合 计
	T 幼儿园	C 幼儿园	
男	55	44	99
女	40	68	108
合 计	95	112	207

3. 研究结果

（1）验证性因素分析

本研究为检验问卷的结构效度，使用 Amos 24.0 软件进行验证性因素分析，问卷的验证性分析结果详情见表 1-12。从表 1-12 中可以看出，χ^2/df 的数值为 1.769；RESEA 的数值为 0.060；CFI、IFI 分别为 0.920、0.921，均大于 0.900；GFI、NFI、RFI 分别为 0.876、0.835、0.810，均接近 0.900。从分析结果可以看出，模型各拟合指标较为理想，说明该问卷具有良好的结构效度。问卷的验证性分析路径图及标准化参数估计值见图 1-2。

表 1-12　幼儿家庭阅读环境模型的拟合指数

χ^2	df	χ^2/df	RMSEA	GFI	CFI	IFI	NFI	AGFI	RFI
323.784	183	1.769	0.060	0.876	0.920	0.921	0.835	0.844	0.810

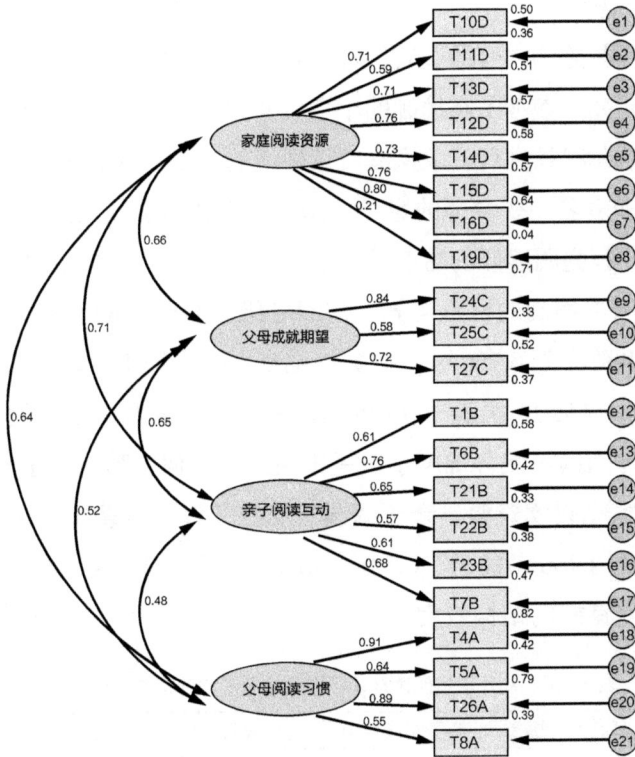

图1-2　幼儿家庭阅读环境问卷结构模型路径

（2）信度分析

本研究采用 Cronbach's α 系数检验问卷各因子和总问卷的内部一致性信度，具体结果详见表1-13。总问卷的 Cronbach's α 系数为 0.900，分问卷的 Cronbach's α 系数在 0.756～0.823（均大于0.700），这说明幼儿家庭阅读环境的问卷具有较好的信度，可以用于测评幼儿的家庭阅读环境。

表1-13　幼儿家庭阅读环境的信度分析结果

总问卷及分问卷	项目/个	Cronbach's α 系数
总问卷	21	0.900
家庭阅读资源	8	0.792
亲子阅读互动	6	0.805
父母成就期望	3	0.756
父母阅读习惯	4	0.823

（3）效度分析

内容效度是指施测内容的适宜性和符合度。本研究收集和整理了幼儿家庭阅读环境的相关研究，参考了高榆珈的小学生家庭阅读环境问卷题项，最终编制出问卷。通过对幼儿家长进行有关家庭阅读环境的访谈并分析访谈结果，同时根据学前教育专家和多名一线教师的意见，修改了表述不清或表述过于绝对的题项，最终形成了幼儿家庭阅读环境的正式问卷。因此，该问卷具有良好的内容效度。

根据调查问卷编制的标准可知，问卷各维度得分与问卷总分之间存在高度相关（即相关系数介于 0.700 ～ 0.950），维度之间应处于中低度相关（即相关系数介于 0.450 ～ 0.650）。由表 1-14 可知，家庭阅读资源、亲子阅读互动、父母成就期望和父母阅读习惯各维度系数呈正相关，且相关系数介于 0.523 ～ 0.708。而问卷总分与家庭阅读资源、亲子阅读互动、父母成就期望和父母阅读习惯的相关系数分别为 0.906、0.814、0.701、0.767，说明总问卷与各分问卷相关程度较高，问卷具有良好的结构效度。

表 1-14　幼儿家庭阅读环境各维度与总问卷的相关（N=207）

维度	家庭阅读资源	亲子阅读互动	父母成就期望	父母阅读习惯	问卷总分
家庭阅读资源	1				
亲子阅读互动	0.708	1			
父母成就期望	0.664	0.647	1		
父母阅读习惯	0.643	0.480	0.523	1	
问卷总分	0.906	0.814	0.701	0.767	1

4. 小结

本问卷经历了梳理文献、与家长的半结构化访谈、学前专家评定、对幼儿家庭阅读环境问卷的项目分析、探索性因素分析、正式问卷的验证性因子分析及信效度检验的过程。结果表明，幼儿家庭阅读环境的问卷有四个维度，即家庭阅读资源、亲子阅读互动、父母成就期望和父母阅读习惯。经检验，总问卷及各分问卷的内部一致性达到了 0.700 以上，达到统计学的标准，具有较好的信度。同时，结合幼儿家庭阅读环境的内容效度和结构效度的分析，该问卷也具有较高的效度。所以，《幼儿家庭阅读环境问卷》具有良好的信效度，可以用于评估幼儿的家庭阅读环境，同时也可使用该问卷对幼儿早期阅读进行进一步的分析和探索。

第四节　幼儿阅读理解能力与家庭阅读环境的关系

一、研究目的

本研究旨在通过《幼儿阅读理解能力测评量表》和自编的《幼儿家庭阅读环境问卷》的施测，以及对部分家长的访谈，了解幼儿的阅读理解能力和家庭阅读环境的现状以及不同背景变量条件下这两者的差异分析，从而研究 5～6 岁幼儿的家庭阅读环境对其阅读理解能力的影响。

二、研究方法

（一）研究对象

本研究的正式施测对象是杭州市的一所公办幼儿园的大班幼儿及其家长。研究者随机选取 97 名幼儿，以一对一的形式对其进行阅读理解测试，并委托老师向 97 名家长发放问卷。本研究共发放问卷 97 份，经整理后，剔除不认真作答和无法回收的问卷，共获得有效问卷 83 份，有效率达 85.56%。其中女孩家长 45 人，占总数的 54.21%；男孩家长 38 人，占总数的 45.78%。幼儿年龄在 5～6 岁，平均年龄为 5.34 岁，标准差为 0.47 岁。问卷结果显示，父亲的受教育程度有 1.2% 的比例为初中，9.6% 为高中，32.5% 为大专，37.3% 为本科，19.4% 为硕士及以上；母亲的受教育程度有 12.1% 的比例为高中，33.7% 为大专，45.8% 为本科，8.4% 为硕士及以上。问卷结果还显示，父亲职业为失业人员、无业人员的比例占 1.3%，农民工、务工人员占 9.7%，企业员工、服务行业雇员占 22.9%，公务员、企事业管理人员、专业技术人员、企业家等占 51.6%，高级专业、高级行政、管理人员占 14.5%。

（二）研究工具

1.《幼儿阅读理解能力测评量表》

这一问卷针对的是幼儿，包括"明显性问题"和"隐含性问题"这两个维度，共有 10 个题项。该问卷按照幼儿的具体回答计分，有"0、1、2"三项分值。幼儿所得的分数越高，表明该幼儿的阅读理解能力越好。"明显性问题"包括第 1～5 题，主要考察画面的具体信息和幼儿对故事内容的理解；"隐含性问题"

包括第 6 ~ 10 题，考察幼儿对画面人物的理解以及对画面关系的理解。王静的研究表明，该测评工具的内部信效度为 0.873，结构效度为 0.712 ~ 0.826，因此，该问卷具有良好的信效度。[①]

2. 自编的《幼儿家庭阅读环境问卷》

该问卷的发放对象是幼儿家长，目的是研究幼儿在家庭中的阅读环境，包括四个维度，共有 21 个题项，采用 Likert 5 点计分法。

该问卷一共有四个维度：①亲子阅读互动，包括第 1 ~ 6 题；②父母阅读习惯，包括第 7 ~ 10 题；③家庭阅读资源，包括第 11 ~ 18 题；④父母成就期望，包括第 19 ~ 21 题。研究显示，总问卷的 Cronbach's α 系数为 0.900，分问卷的 Cronbach's α 系数介于 0.756 ~ 0.823（均大于 0.700），问卷与各维度的相关系数介于 0.701 ~ 0.906，因此问卷的信度良好。

3. 对部分家长进行开放式访谈

这样做能更直接地了解幼儿家庭阅读环境的现状。

（三）研究程序

一是进行幼儿阅读理解能力测试。测试教室为幼儿的午睡教室，非常安静，而且幼儿熟悉这里，主试在这里与被试幼儿进行一对一的阅读理解测试。测试前，主试和幼儿进行了简单的沟通和交流，目的是缓解幼儿的紧张情绪。测试进行时，幼儿先阅读测试材料，然后在阅读结束后回答相应的问题。主试会根据幼儿的回答情况进行打分，同时用录音设备记录幼儿的回答。测试结束之后，幼儿可以自由选择一张贴纸作为礼物。此外，若被试幼儿不理解主试的问题，主试可以在不改变题目意思的前提下进行适当调整。考虑到评分标准的问题，该测试均由笔者一人完成。

二是发放并回收《幼儿家庭阅读环境问卷》。笔者向主班教师介绍了研究内容，并委托主班教师向完成阅读理解测验的幼儿的家长发放并回收《幼儿家庭阅读环境问卷》。

三是对部分家长进行开放式访谈。

四是进行数据统计与分析。输入数据，并使用 SPSS24.0 软件对主要的变量

---

① 王静 . 3 ~ 6 岁幼儿无字图画书故事理解的研究 [D]. 天津：天津师范大学，2013: 23-24.

做描述性统计分析，然后进行差异性分析、相关分析和回归分析。

三、研究结果

（一）幼儿阅读理解能力的现状调查

1. 对5～6岁幼儿阅读理解能力的整体水平的分析

本研究对5～6岁幼儿阅读理解能力的总体水平进行了描述性统计，统计结果如表1-15所示。根据问卷的3级评分标准，问卷的总均分超过1分，表明幼儿的阅读理解能力处于中等水平。在阅读理解能力问卷中，"明显性问题"的得分高于"隐含性问题"，表明5～6岁幼儿对绘本中明显性问题的理解能力更好。同时，明显性问题、隐含性问题和阅读理解总分的标准差都高于0.300，这表明5～6岁的幼儿的阅读理解能力存在个体差异。

表1-15　5～6岁幼儿阅读理解能力的现状描述统计结果

变　量	最低分	最高分	平均分	标准差
明显性问题	0.400	2.000	1.666	0.337
隐含性问题	0.400	2.000	1.377	0.398
阅读理解能力总分	1.200	2.000	1.521	0.330

（1）对明显性问题的理解：角色、背景、引发事件、解决的问题、结局

明显性问题主要包括对故事角色的理解、对故事背景的理解、对引发事件的理解、对正在解决问题的理解和对结局的理解，主要是对画面内容的理解，不需要进行进一步的理解和想象。

本研究对明显性问题的理解主要是让孩子说说这个图片里发生了什么。笔者向孩子展示绘本的第二页并提问："你可以告诉我这里发生了什么吗？"有孩子会回答："青蛙从瓶子里逃跑了""小男孩在睡觉，青蛙在逃跑""外面黑乎乎的，小男孩和狗狗一起在床上睡觉，青蛙本来在瓶子中，但是趁小孩和狗狗睡觉的时候，从瓶子里跳了出来逃走了"。参加阅读理解测试的幼儿全部都能回答出图片发生的主要事件：青蛙逃跑了。其中一半的幼儿能够看到图片上的小男孩和狗狗在床上睡觉，能完整理解图片的背景内容。

为了考察幼儿对结局的理解，主试对孩子提问："故事的最后一张图片发生了什么？"大部分的幼儿能够理解故事并指出最后一张图片是小男孩找到了青

31

蛙；有部分理解能力较好的孩子能理解结局的细节信息，"小男孩是在木头的后面，找到了青蛙家族，也找到了自己的小青蛙"。

（2）对隐含性问题的理解

对画面背景的理解是指对故事背景下一定程度上想象式的定义并进行想象描述。在测试中，大多数的孩子对画面背景的理解相对较为轻松，当被问到"这个故事发生在哪些地方"，大多数幼儿能说出两三个地点，如：窗台、玻璃罐里、树林里、森林中或者灌木丛中。

为了考察幼儿对角色对话的推测能力，主试向幼儿提问："图画书的第七页，如果狗狗和小男孩会说话，他们会说些什么？"在测试中，部分幼儿无法在理解的基础上对人物的对话进行推测；部分幼儿能对人物间的对话进行简单的推测，比如"我们去找青蛙吧""好的，一起去吧"；只有极少数的幼儿能理解画面中玻璃被狗狗打碎的情节并做出推测，比如"你没事吧？玻璃碎了没关系的，你不要难过，我们一起去找小青蛙吧"。

故事情节的推理主要是让幼儿在理解故事的基础上创编绘本故事的结尾。具体提问方式是："如果这个绘本还有一页，你猜一猜会发生什么事情呢？"有的幼儿会根据自己对绘本的理解进行进一步的想象，如："我猜小青蛙和小男孩一起开心地回家了，小青蛙再也不会跑出去了"；也有让主试啼笑皆非的回答，"我猜小青蛙回去之后，小男孩会给小青蛙买一个有盖子的玻璃瓶，这样小青蛙再也不会逃出去了"。虽然故事情节的推理有些难度，但是大部分的幼儿都能进行一些简单的阐述和表达。

对画面主题的理解是让孩子说说这个故事主要发生了哪些事情，是请幼儿对故事进行概括总结。但有的幼儿理解能力和语言表达能力较弱，所以主试会根据幼儿的回答更换提问方式，比如给故事取一个合适的名字，这也能测试幼儿对故事的主题的理解能力。关于故事的主题，大部分的孩子都能说出这一图画书的核心是"找青蛙"，所以得分较高。

2. 不同性别幼儿阅读理解能力的差异分析

为考察不同性别的幼儿在阅读理解能力总分及各维度上的差异，本研究采用独立样本 t 检验。结果如表 1-16 所示：5～6 岁幼儿的阅读理解能力的总分和各维度在性别变量上均存在显著差异，同时可以看出，女生的明显性问题得分、隐含性问题得分和总分上的得分均高于男生，说明 5 ～ 6 岁女生的阅读理解能力优于男生的阅读理解能力。

表1-16　5 ～ 6 岁幼儿阅读理解能力的性别差异（M±SD）

变　量	女　生	男　生	t
明显性问题	1.706±0.326	1.583±0.347	1.319*
隐含性问题	1.537±0.366	1.313±0.399	2.006*
阅读理解总分	1.580±0.311	1.441±0.341	1.889*

注：* 表示 $p < 0.05$，** 表示 $p < 0.01$，*** 表示 $p < 0.001$。（下同）

3. 不同家庭社会经济地位的幼儿的阅读理解能力的差异分析

本研究采用方差分析，研究不同家庭社会经济地位的幼儿的阅读理解能力的差异。笔者采用了林生传（2000）改编自霍林斯黑德（Hollingshead，1957）所设计的家庭经济地位的两因素社会地位指数（Two Factor Index of Social Position）的计算公式。作为家庭社会经济地位的指标，该公式将父母双方的"受教育程度"及"职业类别"分为五个等级。计算的公式为：教育程度指数 ×4+ 职业类别指数 ×7= 家庭社会经济指数，当双方社会经济指数不同时，取其中较高的值。如果社会经济地位指数介于 11 ～ 29，则社会经济地位低；如果社会经济地位指数介于 30 ～ 40，则社会经济地位中等；如果社会经济地位指数介于 41 ～ 55，则社会经济地位高。

本研究对不同社会经济地位家庭的阅读理解总分及各维度得分进行了方差分析。结果如表 1-17 所示：幼儿阅读理解总分及各维度在家庭社会经济地位变量上均存在显著差异。笔者事后分析发现，在阅读理解总分和明显性问题上，家庭社会经济地位高的幼儿的理解水平显著高于家庭社会经济地位中等和家庭社会经济地位低的幼儿，而家庭社会经济地位中等和家庭社会经济地位低的幼儿不存在显著性差异；在隐含性问题上，家庭社会经济地位高的幼儿的理解水平显著高于家庭社会经济地位低的幼儿。

表1-17　不同社会经济地位的 5 ～ 6 岁幼儿阅读理解分数比较（M±SD）

变　量	社会经济地位低（A）	社会经济地位中等（B）	社会经济地位高（C）	F	Scheffe
明显性问题	1.50±0.342	1.50±0.324	1.73±0.318	4.81*	C＞B, A
隐含性问题	1.10±0.370	1.40±0.380	1.52±0.359	7.01*	C＞A
总　分	1.30±0.298	1.45±0.279	1.63±0.306	7.11**	C＞B, A

（二）5～6岁幼儿家庭阅读环境的现状调查

1. 5～6岁幼儿家庭阅读环境的整体分析

本研究对5～6岁幼儿的家庭阅读环境进行了描述性统计，结果如表1-18所示。按问卷的五级评分标准，问卷总均分为3.669，说明幼儿家庭阅读环境处于中等偏上水平。其中亲子阅读互动的平均得分最低（M=3.536），父母阅读习惯的得分最高（M=3.789）。

表1-18　幼儿家庭阅读环境现状描述统计（N=83）

变　量	最低分	最高分	平均分	标准差
家庭阅读资源	2.250	5.000	3.677	0.804
父母成就期望	1.670	5.000	3.751	0.717
亲子阅读互动	1.830	4.830	3.536	0.656
父母阅读习惯	2.500	5.000	3.789	0.604
问卷总分	2.480	4.570	3.669	0.535

从幼儿家庭阅读资源来看，家庭的阅读资源差异较大。在笔者访谈的10位家长中，有三个家庭拥有大量幼儿读物，还有两个家庭的幼儿读物非常匮乏。这种差异表明了每个幼儿的阅读材料在数量上存在巨大差距。在访谈中，当被问及阅读材料的选择依据时，部分家长表示"基本上老师在微信群里推荐的，我们都会买""网上推荐的或者孩子喜欢的，基本上就是这样选"。由此可以看出，家长的阅读资源的选择依据较为多样，但是需要更加关注孩子的阅读兴趣。

从父母阅读习惯来看，问卷结果偏向于随意性。随着信息获取渠道的不断丰富，家长们日常阅读报纸、杂志的行为越来越少，家长们更加偏向于电子资源。在访谈中，大部分家长表示自己每天都会翻看手机，查看微信公众号的内容，当被问及通常会关注哪些信息时，家长的回答是"时事新闻""关于教育"等。极少数的家长也会从微信公众号或读书软件中选择合适的部分与幼儿分享，与孩子一起读新闻时事。调查结果显示，一半的家长会经常有固定的时间在家阅读，这表明家长对自己有一定的阅读投资意识，也关注到了自身的阅读习惯对幼儿的影响。

从亲子阅读互动来看，家庭阅读环境的创造仍然需要家长努力。笔者在访谈中发现，一部分的家长会给孩子播放手机中已有的故事音频，超过一半的家长表示自己会在空闲的时候和孩子一起读故事。当被询问到亲子阅读时间偏少的原因时，有部分家长表示"我和他爸爸每天工作比较忙，爷爷奶奶普通话不标准，所以只能给他买点现成的故事音频听听"，也有极少数家长回应"自己空的话会陪孩子一起看绘本，但是也只有双休日才会有空，还是希望孩子的老师多教一点"。因为大部分家长的文化素养较高，所以将家庭阅读教育寄希望于幼儿园教师的只是极少数的家长。在访谈中，家长表示在阅读互动中对孩子的提问较简单，通常局限于"这个书的名字叫什么？""书里都有谁？""书里发生了什么事情？""你喜不喜欢这个故事呀？"等类似的问题。

从父母成就期望来看，家长对孩子的成就期望较高，但是对幼儿未来能否克服幼小衔接时的阅读困难缺少信心。同时，笔者在访谈中发现，父母的成就期望与家长的文化水平和教育意识相关，教育水平高的家长对自己的孩子成就期望较高。

2. 不同性别幼儿家庭阅读环境的差异分析

本研究采用独立样本 t 检验对家庭阅读环境总分及各维度得分在性别变量上的差异进行分析。结果如表1-19所示，男女幼儿在家庭阅读环境总分与各维度发展上均不存在显著差异。笔者通过数据分析发现，虽然不同性别幼儿的家庭阅读环境没有明显的差异，但是女孩整体的家庭阅读环境要优于男孩。

表1-19　不同性别幼儿家庭阅读环境的差异分析

变　量	女　生	男　生	t
家庭阅读资源	3.775 ± 0.803	3.523 ± 0.774	1.432
亲子阅读互动	3.663 ± 0.680	3.382 ± 0.609	1.943
父母成就期望	3.770 ± 0.734	3.729 ± 0.715	0.252
父母阅读习惯	3.844 ± 0.653	3.723 ± 0.548	0.899
家庭阅读环境总分	3.755 ± 0.557	3.550 ± 0.491	1.744

3. 不同家庭社会经济地位幼儿阅读环境的差异分析

本研究采用方差分析，对不同社会经济地位的家庭阅读环境的总分及各维度进行分析（社会经济地位计算方式同上）。结果如表1-20所示：5～6岁幼儿家庭环境阅读总分与家庭阅读资源、亲子阅读互动和父母阅读习惯在社会经济地位变量上存在显著差异，但与父母成就期望这一维度在社会经济地位变量上无显著差异。笔者事后分析发现：在家庭阅读环境总分、家庭阅读资源和父母阅读习惯上，社会经济地位高的家庭阅读环境水平显著高于社会经济地位中等和社会经济地位低的家庭，而社会经济地位中等和社会经济地位低的家庭不存在显著差异。在亲子阅读互动上，社会经济地位高的家庭的阅读环境水平显著高于社会经济地位中等的家庭。

表1-20 不同社会经济地位家庭幼儿阅读理解的差异分析（M±SD）

变 量	社会经济地位低（A）	社会经济地位中等（B）	社会经济地位高（C）	F	Scheffe
家庭阅读资源	3.509 ± 0.665	3.324 ± 0.407	3.843 ± 0.459	5.054**	C > B, A
亲子阅读互动	3.371 ± 0.631	3.166 ± 0.456	3.695 ± 0.668	5.119**	C > B
父母成就期望	3.435 ± 0.936	3.607 ± 0.516	3.867 ± 0.739	2.460	——
父母阅读习惯	3.230 ± 0.461	3.573 ± 0.505	3.995 ± 0.557	12.427***	C > B, A
总 分	3.304 ± 0.665	3.428 ± 0.407	3.913 ± 0.459	9.551***	C > B, A

（三）家庭阅读环境对幼儿阅读理解能力的影响

1. 大班幼儿家庭阅读环境与阅读理解能力的相关分析

为探究大班幼儿阅读理解能力与家庭阅读环境之间的相关关系，笔者对幼儿阅读理解能力及家庭阅读环境进行了相关分析。从表 1-21 可知，阅读理解能力各维度及总分与家庭阅读环境总分呈显著的正相关。

表1-21 幼儿阅读理解能力与家庭阅读环境的相关分析

变 量	家庭阅读资源	亲子阅读互动	父母成就期望	父母阅读习惯	家庭阅读环境总分
明显性问题	0.455**	0.391**	0.382**	0.323**	0.496**
隐含性问题	0.434**	0.433**	0.307**	0.402**	0.506**
阅读理解总分	0.501**	0.467**	0.385**	0.412**	0.566**

2. 大班幼儿阅读理解能力与家庭阅读环境的回归分析

通过对家庭阅读环境各维度与幼儿的阅读理解能力的相关分析发现，家庭阅读资源、亲子阅读互动、父母成就期望和父母阅读习惯与 5 ～ 6 岁幼儿的阅读理解能力存在显著的相关关系。为深入探讨这四个因子对 5 ～ 6 岁幼儿阅读理解能力的影响情况，本研究采取逐步回归的方法，按每个自变量对因变量的作用，从大到小逐个引入方程，结果如表 1-22 所示。

表1-22　家庭阅读环境对5～6岁幼儿的阅读理解能力的回归分析

因变量	预测变量	R	R² 修正	F	B	Beta	t
阅读理解 能力总分	家庭阅读资源	0.846	0.702	49.262	0.267	0.374	5.421***
	亲子阅读互动				0.358	0.255	4.876***
	父母成就期望				0.353	0.161	2.050***
	父母阅读习惯				0.391	0.258	3.515***

由表1-22可知，家庭阅读资源、亲子阅读互动、父母成就期望和父母阅读习惯能够较好地预测幼儿的阅读理解能力。所有因子的回归系数均为正数（B=0.267、B=0.358、B=0.353、B=0.0.391），说明这四个因子对5～6岁幼儿的阅读理解能力都产生影响。

由表1-22可知，问卷的多元系数R为0.846，矫正后的决定性系数为0.702，说明家庭阅读资源、亲子阅读互动、父母成就期望和父母阅读习惯可以解释5～6岁幼儿阅读理解水平存在的70.2%的方差变异。

综上所述，家庭阅读环境中的四个因子都会对5～6岁幼儿的阅读理解能力形成正向预测：家庭阅读环境在这四个维度上得分越高，其幼儿的阅读理解能力也越高。家庭阅读资源、亲子阅读互动、父母成就期望和父母阅读习惯与5～6岁幼儿的阅读理解能力存在显著的相关关系。笔者又深入探讨了这四个因子对5～6岁幼儿阅读理解能力的预测作用程度大小，呈现如下的结果：父母阅读习惯＞亲子阅读互动＞父母成就期望＞家庭阅读资源。标准回归方程如下：5～6岁幼儿阅读理解能力 = 0.394 ＋父母阅读习惯＋0.358×亲子阅读互动＋0.353×父母成就期望＋0.0.267×家庭阅读资源。

因此，本研究得出以下研究结论：

一是本研究编制的《幼儿家庭阅读环境问卷》具有四个维度，分别是家庭阅读资源、亲子阅读互动、父母成就期望和父母阅读习惯。SPSS软件的数据分析证明该问卷具有良好的信效度。

二是5～6岁幼儿阅读理解能力发展处于中等水平。幼儿的阅读理解能力在性别变量和家庭社会经济地位变量上存在差异。具体表现为：5～6岁女孩的阅读理解能力高于男孩；幼儿对明显性问题的理解能力显著优于隐含性问题；家庭社会经济地位高的幼儿的阅读理解能力显著高于家庭社会经济地位低的幼儿。

三是5～6岁幼儿的家庭阅读环境总体状况良好。家庭阅读环境在性别变量上不存在差异，在家庭社会经济地位变量上存在差异，具体表现为家庭社会经济地位越高，幼儿的家庭阅读环境越好。

四是家庭阅读环境中的四个因子，即家庭阅读资源、亲子阅读互动、父母成就期望和父母阅读习惯，都会对5～6岁幼儿的阅读理解能力形成正向预测。家庭阅读环境中这四个维度对5～6岁幼儿的影响程度如下：父母阅读习惯＞亲子阅读互动＞父母成就期望＞家庭阅读资源。

第五节　研究分析与展望

图画书是幼儿认识世界、了解世界的重要媒介，而5～6岁幼儿处于由听读阅读向自主阅读过渡的重要时期，在此期间，家庭需要在早期阅读活动中提供指导和支持。幼儿最重要的生活场所是家庭，所以，幼儿的阅读行为离不开家庭的影响。

一、幼儿的阅读理解能力情况

5～6岁幼儿的阅读理解的水平处于一般理解阶段。皮尔逊和约翰逊（Perason & Johoson）将阅读理解划分为简单认知、一般理解、深度理解三个阶段。简单认知是指对于符号或者图像等阅读材料的认知。一般理解是指在理解阅读材料的基础之上，能够理解符号和图像的表层含义，例如，对单幅画面的理解。深层理解是指能够在理解基本信息的基础上，对隐含性信息进行理解和加工，包括对阅读材料中人物的感受、对话、主题等的理解，也包括对情节的创编和扩展。大部分的大班幼儿处于一般理解阶段，少有的阅读理解水平高的幼儿能对人物、情节、背景简单的阅读材料进行深度理解。

在测试过程中，幼儿的阅读理解能力存在显著的个体差异。为什么幼儿的阅读理解能力会有个体差异？

第一，学习风格会影响幼儿的阅读理解能力。学习风格是指个体对信息处理方法的定向和偏爱。由于不同的学习环境和心理的复杂性，学习风格也具有多样性。根据我们国家的文化体制和教育特点，国内学者谭顶良从生理、心理和社会三个角度提出了学习风格的分类。第一种是生理因素，主要表现为对外界环境刺激的反应很明显，比如，有的幼儿喜欢在安静的晚上学习，而有的幼儿则喜欢在明亮、喧闹的白天学习；第二种是心理因素，包括感知的、情感的和意动的因素，比如，有的幼儿喜欢阅读是为了获得知识，而有的幼儿喜欢阅读却是为了获得爸妈的表扬和奖励；第三种是社会因素，主要是指自主学习和合作学习，比如，有些幼儿喜欢分享阅读，但有的幼儿喜欢自己一个人安静地看。因此，个体因素是影响幼儿阅读理解能力的一个重要因素。

第二，从图式理论的角度看，幼儿的阅读理解需要在理解每一张图片的基础上，将图画间的意义相连接，对这些输入的信息进行加工，更新原有的图式，才能真正地理解图画。在阅读心理学中，成功理解文本的重要标志是能够构建连贯的情境模型。因此，在理解过程中，幼儿首先根据自己在生活中积累的经验对材料进行理解，然后形成单幅画面的事件模型，当所有画面都被理解后，它们就会被整合成一个完整的情境模型。所以，如果幼儿缺乏前理解，大脑中没有储存一定的生活经验或者故事经验，那他就无法建立图式，也无法将输入的信息进行整合和提取，以达到图式的平衡。

第三，幼儿的叙事表达能力也会影响幼儿的阅读理解能力。在本研究中，大部分5～6岁幼儿的叙事表达能力处于中等水平，词汇量较为丰富，对于画面中出现的"鼹鼠""麋鹿"，大部分的幼儿都能说出其名称。但是也有部分幼儿只能进行零散叙述和主要关系叙述，并不能用正确的语法结构将事物相连。

二、家庭阅读环境的现状

在家庭阅读环境的调查中，"父母阅读习惯"的得分最高，"亲子阅读互动"的得分最低，各维度的得分存在一定的差异。通过对家长的访谈和问卷的分析，本研究总结得出以下家庭阅读环境现状的特点：

（1）家庭阅读资源。阅读材料的缺乏主要是指材料来源的缺乏和形式的缺乏。首先是材料来源缺乏。幼儿家庭阅读材料的来源主要是家长选择购买。笔者在与家长的访谈中发现，家长在选择阅读材料时较为迷茫，主要依据的是幼儿的兴趣和爱好。同时笔者还发现，这些家庭藏书量普遍偏低，家庭阅读材料的更新、补充的频率较低。其次是形式缺乏。幼儿的早期阅读材料主要是绘本图画书，内容主要是百科知识类、情绪管理类或者个人成长类等。笔者在访谈中发现，家庭阅读资源的丰富程度和家庭的社会经济地位基本成正比。家长的学历越高，为孩子提供的阅读材料就越丰富。5～6岁的幼儿处在幼小衔接的重要阶段，家长在选择阅读材料时会过于注重选择带有文字的绘本和益智类绘本，因为他们期望能够通过阅读绘本提高幼儿的识字量。

（2）亲子阅读互动。大部分家长狭隘地认为早期阅读就是给孩子读故事。从调查中我们可以发现，"亲子阅读互动"这一维度的得分最低。在访谈中我们也了解到，家长对如何指导幼儿科学、正确地阅读，如何有效地和幼儿进行阅读互动感到迷茫。有部分家长表示，由于自己工作太忙，或者受限于自身的文化水平，他们与幼儿的阅读交流较少。也有部分家长非常注重幼儿的早期阅读，重视亲子阅读过程中的互动，鼓励幼儿用自己喜欢的语言讲绘本故事。其实鼓励幼儿和家长分享交流生活中的小事也是阅读互动中的一种。同时，笔者在访谈中发现有部分家庭存在隔代教养的情况，其教养者的阅读素养低，所以阅读中的互动质量更难以保障。

（3）家长阅读习惯。我们在访谈中发现，家长会对自身进行阅读投资，在家也有较为良好的阅读习惯，但是阅读内容倾向于社会新闻类，较少涉及幼儿教育领域。较多的家长倾向于在线阅读，通过微信公众号、微博和新闻App获得实时资讯，较少的家长会选择从书中、杂志中获得信息。

（4）家长成就期望。家长更多地期望幼儿通过阅读获得百科知识，所以笔者在访谈中发现，部分家长的成就期望会影响早期阅读材料的选择。部分家长希望幼儿阅读的目的倾向于传统的"获取知识""提高学习能力"等方面，比如，家长希望孩子能扩展知识面或者获得更多的常识类知识，就会在选择材料时倾向于选择儿童科普类书籍；也有部分家长希望孩子能通过阅读提高学习能力，他们在选择阅读材料时就会选择一些带有文字或拼音的儿童绘本。

在调查中我们可以发现，大部分家长在家庭生活中会对孩子抱有期待。对幼儿的未来充满信心的家长会经常鼓励幼儿，对幼儿的小成就或是小发现提供鼓励，这样做能增强幼儿在阅读活动中的自尊心和自信心。

三、家庭阅读环境对幼儿阅读理解能力的影响

本研究发现，家庭阅读环境能够预测幼儿的阅读理解能力，家庭阅读资源、

亲子阅读互动、父母阅读习惯、父母成就期待这四个维度对幼儿的阅读理解能力均产生影响。

布朗芬布伦纳的生态系统理论包括微观系统、中间系统、外层系统、宏观系统和时间系统这五个系统，它们都是围绕着个体而存在的。其中微观系统是离个体最近的系统，所以对幼儿来说，其生长的家庭环境对其发展尤为重要。因此，要促进幼儿的阅读理解能力的发展，我们就必须重视良好的家庭阅读环境的创建。休特（Hiutt）基于布朗芬布伦纳的理论编制了同心圆模型图，他将儿童置于整个同心圆的中心，家长、教师处于同心圆的最内层，构成了微观系统。[①] 整个微观系统有三个主要元素：活动、角色和人际关系。这个系统强调了个体对物理环境的主观感受，以及处在环境中的人的主观感受。

对学前幼儿来说，其个体的发展必须依靠家庭连续的、长期的支持。此外，幼儿的阅读理解能力的发展离不开家长良好的阅读习惯的影响、亲子阅读过程中的互动、家庭阅读资源的支持和父母成就期待的鼓励。

四、教育建议

本研究认为，家庭阅读环境对 5～6 岁幼儿的阅读理解能力的影响程度较大，因此我们要强调幼儿家庭阅读环境的重要性。根据本研究的发现，笔者提出以下建议：

（1）采用科学的亲子阅读策略，注重培养幼儿的兴趣和良好习惯。科学的亲子策略是指家长在整个阅读过程中为幼儿提供合理的互动空间。比如，在互动阅读前，家长先对故事内容进行适当的分析与了解；在阅读过程中，家长引导幼儿注意故事的背景、故事的内容、人物的关系等；在阅读故事后，家长鼓励幼儿根据自己的兴趣对故事进行复述、创编。此外，在阅读过程中，家长尽量不干涉幼儿的思维，给孩子充分的思考空间。家长应该对自己有信心，相信自己与孩子的阅读互动能够对孩子有所帮助。家长应该主动积极地参与孩子的阅读活动，并给孩子提出一定的指导或者意见，这能够提高幼儿的阅读兴趣。在家庭阅读活动中，家长应该表现出积极的情绪，与孩子享受整个阅读过程，

---

① 黄精 . 人类发展生态学视野下的幼儿园游戏研究 [D]. 重庆：西南大学，2010.

而不是盲目地阅读，盲目地对孩子提出批评，这会使孩子感到束缚。当孩子意识到父母很享受家庭阅读时，他们的脑海中同样也会产生积极的认识，从而产生愉快的体验。

皮亚杰曾说："所有智力方面的工作都依赖兴趣。"[①] 兴趣是幼儿学习的强大动力之一。兴趣是将被动学习转化为主动学习的内在动力。首先，家长在与孩子开展亲子阅读的过程中，要尊重孩子的阅读兴趣，将选择阅读材料的决定权交给孩子。5～6岁的孩子对绘本已有一定的喜好偏向，家长可以鼓励孩子自己选择故事书。在阅读过程中，如果幼儿对书中的某些内容不感兴趣，父母可以将这部分略过。如果孩子想自己讲述，父母要积极激励孩子的讲述愿望。如果在亲子阅读过程中，家长发现幼儿对阅读活动不感兴趣，可以采用一些新奇的阅读方式吸引幼儿的注意力，比如可以用不同的声音代表不同的动物或者人物。在讲述的过程中，家长也可采用丰富的、夸张的表情来展现。

张晓怡研究发现，在亲子阅读互动中，以母亲读、幼儿听为主，母亲在阅读的过程中主要采用两种阅读策略：互动式亲子阅读策略和平行式亲子阅读策略。互动式亲子阅读策略是指母亲尊重幼儿的意愿，尊重孩子的阅读兴趣，幼儿高度参与阅读的过程；平行式阅读策略是指母亲与幼儿在阅读过程中像两条平行线，不会相互影响，母亲只注重阅读材料而不注意幼儿的情绪变化。[②] 研究发现，在互动式亲子阅读策略的指导下，幼儿的阅读能力高于平行式亲子阅读策略。所以，在亲子阅读过程中，家长可多采用互动式亲子阅读策略。

（2）根据幼儿的兴趣，为幼儿提供良好的阅读资源。皮亚杰认为，"儿童只有在现有思维水平受到新挑战以及他们目前的发展与这些挑战存在差异时才会习得新的知识，这种新挑战通常来源于他们与环境的碰撞"[③]。家长为幼儿提供良好的阅读资源能为幼儿阅读能力的发展提供物质保证。首先，孩子在家中应该有固定、温馨的阅读区，书房和卧室的一隅都可以，并且阅读区的光线要充足。在家中，孩子应该随时都可以获取阅读材料，可以坐在旁边尽情地浏览，

---

① 皮亚杰. 教育科学与儿童心理学 [M]. 杜一雄，钱心婷，译. 北京：教育科学出版社，2018.

② 张晓怡. 不同亲子阅读策略对3～6岁儿童图画书阅读能力的影响 [D]. 西安：陕西师范大学，2008: 29-30.

③ 皮亚杰. 发生认识论原理 [M]. 王宪钿，译. 北京：商务印书馆，1981.

比如把适合幼儿阅读的材料放到书柜的低矮处。其次，家长为孩子购买阅读材料时，不仅要考虑到孩子的年龄特点，同时也要考虑到读物种类的丰富多样化，书架上的阅读材料也要经常更新。此外，家长可以经常带孩子去书店，在感受阅读氛围的过程中，让孩子自己选择喜欢、感兴趣的阅读材料，把选择权交还给孩子。阅读材料不仅限于绘本，也可以是益智类纸上玩具、手工类操作手册、童话故事等。家长要让孩子不断被各种阅读材料吸引，激发孩子的好奇心，满足幼儿的阅读需要，从而帮助幼儿养成良好的阅读习惯。

（3）家长发挥榜样示范作用，帮助幼儿养成良好的阅读常规。家长是幼儿在家庭中接触最多的人，所以家长的阅读习惯对幼儿的阅读习惯的培养有重要作用。如果家长在家中经常读书写字，那么在潜移默化中，幼儿也会喜欢阅读，也会将读书写字看作每日生活中必不可少的事情。

家长可以为孩子制订合适的阅读计划，从而让孩子形成良好的阅读规律。阅读计划也可以以家庭为单位，爸爸、妈妈和孩子每人都制订一个月或一周的阅读计划，并将其记录下来，这样做的目的是让家长和孩子都有动力，家长在这个过程中也能发挥榜样作用。计划中可以包含每天阅读的开始时间、结束时间以及阅读内容，具体计划可以由每个家庭商量后制订，然后循序渐进地进行。例如，阅读时段可以安排在离园后回到家、晚饭前后或者睡觉前，阅读的时间可以从一开始的十分钟慢慢延长到二十分钟、半个小时；也可以不硬性规定阅读时间，而是家长根据幼儿的兴趣在生活的间隙中与孩子共同阅读。

（4）经常鼓励幼儿，对幼儿有合理的期望值。如果家长在家庭中对孩子保持一定的期待值，并且经常鼓励幼儿，其成就动机就会越高。家长经常鼓励孩子，能让孩子在面对阅读困难时充满信心，相信自己。

五、研究展望

本研究尝试探索了 5～6 岁幼儿的家庭阅读环境和阅读理解能力的相关性，搜集并分析了两者之间的相关理论，自编的《幼儿家庭阅读环境问卷》具有良好的信度和效度。但是由于研究条件、时间和精力有限，本研究还存在些许的不足。

（1）在研究对象方面，由于时间和费用成本等方面的限制，在研究一中选择了三所幼儿园的 449 位家长作为被试对象，但在研究二中只选取了一所幼儿园的大班幼儿及其家长作为被试对象。在研究二的数据收集过程中，研究者先随机选择 97 名幼儿对其进行一对一的阅读理解测试，随后将问卷委托相应带班教师发放，但其中一部分家长没有填写问卷或对问卷填写不认真，故只收回对应的 83 份有效问卷。因此，本研究的被试存在样本量不足及质量偏差的问题。同时，本研究样本的选择比较局限，只将大班幼儿作为研究对象。因此，如果要将本研究的结果推广至所有的幼儿，还需要开展大量的调查和实验。

（2）在研究方法方面，主要采用的是定量的研究方法，并结合项目分析、差异分析、相关分析和回归分析对家庭阅读环境和幼儿阅读理解能力进行研究，但本研究对各维度的关系探讨还不够深入。同时，由于研究条件的限制，本研究只能对部分家长进行访谈，而没有直接深入被试家庭，通过观察来了解幼儿家庭阅读情况的现状，所以仍有很多地方值得深入研究。

（3）在研究工具方面，采用了自编的《幼儿家庭阅读环境问卷》，经分析，该问卷具有良好的信效度，但是由于测试过程中条件有限，样本量较少，所以《幼儿家庭阅读环境问卷》的推广性和可重复性有待进一步研究。

综合提到的研究不足与问题，我们可以从以下几个方面为后续的研究进行优化。

（1）增加被试量。一是要扩大被试的数量，二是需要采用分层抽样的办法，我们可以考虑从不同地区、不同幼儿园抽取被试，可以选择城市与农村家庭阅读环境，并将其进行对比。同时我们也可以将幼儿从 5～6 岁幼儿扩展为 3～6 岁幼儿。如果我们能对 3～6 岁幼儿进行纵向的研究，那研究的结果将会更加完善。

（2）对家庭阅读环境与 5～6 岁幼儿阅读理解能力的相关性进行进一步的研究。幼儿阅读理解能力受多方面多因素的影响，如：幼儿的智力、年龄、幼儿园的环境、教师的指导等。在后续的研究中，我们可以研究阅读理解能力与同伴、教师等影响因素之间的关系。

CHAPTER 2

—— 第二章 ——

幼儿阅读理解能力、阅读投入及其家庭阅读环境的关系研究

　　3～8岁是儿童阅读能力形成的重要时期。纵观全球，许多国家已经意识到发展幼儿的阅读能力是早期教育的一项重要任务。1992年，英国提出了"阅读起跑计划"。1994年，美国实施"出生即阅读"计划。随后的21世纪，我国的《中国儿童发展纲要》和《3～6岁儿童学习与发展指南》提出，3～6岁幼儿需要具有初步的阅读理解能力，成人要为幼儿提供丰富、适宜的低幼读物，经常与幼儿看图书、给幼儿讲故事，培养幼儿的阅读兴趣和阅读好习惯。因此，阅读理解能力对儿童读写整合十分必要。然而，幼儿的阅读情况存在较大的个体差异：有的幼儿喜欢阅读书籍，有的幼儿一个星期都不会踏入图书角；有的幼儿能理解故事内容，有的幼儿无法理解故事内容。那么，这种个体差异是怎么造成的呢？与幼儿自身在阅读中的行为投入和情感投入有没有关系呢？和幼儿的家庭阅读环境有没有关系呢？又是其中的哪些要素在影响着幼儿的阅读能力呢？所以，幼儿阅读理解能力、阅读投入和家庭阅读环境的关系值得我们进一步探讨和研究。

第一节　基本概念与测评

一、阅读理解能力的研究

（一）阅读理解能力的概念

　　幼儿阅读是幼儿与图片、文字等书面符号互动的过程。幼儿运用感觉器

官，基于自身生活经验的内在感受和外在表达，主要通过"阅读图画"的途径理解文本。良好的阅读需要幼儿明白所阅读的文本内容，阅读理解能力无疑是幼儿阅读教育中的关键内容之一。《教育大辞典》（2004）中将阅读能力定义为"幼儿通过视觉、听觉等途径，结合自身的知识经验，理解阅读材料所传达的内容"[1]。冯国彩认为阅读理解指整合运用阅览、理解、讲述等能力，筛选文本信息，获得有效信息的过程。[2]

科林（Collins）认为阅读理解是理解文本信息的一种行为，包括理解故事文本内容主题和了解情节中细节。[3] 迈耶（Mayer）认为阅读理解是幼儿运用已有知识、经验，对故事文本主动建构的过程。[4] 根据研究需要，笔者将幼儿阅读理解能力定义为：幼儿结合已有的经验对绘本主题、结构、内容等信息的理解能力。

（二）阅读理解能力的测评

国内外学者因研究不同，对幼儿阅读理解能力有着不同的测评方式，但主要采用故事复述、回答问题及排列图片等方式测评幼儿的阅读理解能力。

1. 故事复述

莫罗采用让幼儿回答问题和故事复述的方法，在幼儿阅读故事之后，请其根据对故事的记忆和理解进行表述。研究者根据幼儿的表述评分并分析幼儿对故事的背景、主题、情节、顺序等问题的理解程度。[5] 帕里斯（Paris）采用故事复述和回答问题的方式分析幼儿的故事理解情况，结果显示，三本不同的绘本考察出的儿童的阅读理解能力并无显著差异。[6] 陈红让幼儿对图片排序并进

---

① 顾明远. 教育大辞典 [M]. 上海：上海教育出版社，2004: 10−12.

② 冯国彩. 强化读写训练提高学生素质 [J]. 甘肃教育. 2001（5）: 17−18.

③ Collins M F. Esl preschoolers' English vocabulary acqulisition and story comprehension from storybook reading [M]. Boston University. Columbia: Missouri, 2004.

④ Mayer P M. Conservation biology of Piping Plovers in the northern Great Plains [D]. M. S. thesis. University of Missouri, 1991.

⑤ Tompkins V, Ying Guo, Justice L M. Inference generation, story comprehension, and language skills in the preschool years [J]. Read Writ, 2013: 26.

⑥ Paris A H, Paris S G. Assessing narrative comprehension in young children [J]. Reading Research Quarterly, 2003, 38: 36−76.

行描述，分析幼儿对画面人物、背景、内容、关系、主题的理解，但这种方式易受幼儿语言表达能力的影响，无法客观测评。[①]

2. 回答问题

奥弗拉·科拉特（Ofra Korat）将阅读理解能力分为故事内容理解和故事复述两个部分进行测评，让幼儿回答 8 个与故事相关的正误问题，其中 4 个为故事中明显出现的信息问题，4 个为故事中没有明显出现、需进行推理的问题。随后，再让幼儿复述故事，从幼儿所说的单词、词句及故事内容相似度三个角度进行评分。[②] 王静让幼儿在完整阅读绘本后回答 10 个与绘本内容相关的问题，以此分析幼儿对绘本内容的理解程度。其中"明显性问题" 5 个，包括故事的背景、引发事件、问题及其解决方式等；"隐含性问题" 5 个，包括人物情感、画面关系、主题、情节预测等需要对绘本内容进行思考、推理的问题。[③] 回答问题的方法在一定程度上能避免幼儿语言表达能力的影响，但会受问题设置的影响。因此，国内外一般采用两者相结合的测评形式。因研究需要，笔者采用王静在研究中的阅读理解能力测评方法，即采用复述故事和回答问题的方法，考察幼儿对故事内容的理解能力。

（三）阅读理解能力的相关研究现状

国内外关于幼儿阅读理解能力的研究涉及面很广，内容很丰富。影响幼儿阅读理解能力的原因有许多，包括性别、年龄、兴趣等个人因素及教师因素、家庭因素、社会因素等。基于研究需要，家庭因素和阅读投入的文献综述将在后文中呈现，本部分选取性别和年龄两方面进行文献梳理。

1. 性别

目前国内外在阅读理解能力是否存在性别差异的问题上存在分歧，大部分的研究结果显示为阅读理解能力存在性别差异。莱文（Levin）的研究表明，性别对一般成就的预测作用不大，但阅读能力中存在着性别差异。[④] 韦积华的研

① 陈红. 影响 3 ~ 6 岁幼儿图书阅读理解的因素研究 [J]. 学前教育研究，2000（4）：28-30.

② 岳园. 电子故事书阅读对 5 ~ 6 岁幼儿早期阅读能力的影响 [D]. 杭州：浙江理工大学，2014.

③ 王静. 3 ~ 6 岁幼儿无字图画书故事理解的研究 [D]. 天津：天津师范大学，2014.

④ 冯国彩. 强化读写训练　提高学生素质 [M]. 甘肃教育，2001（5）：17-18.

究表明，大班女童在排序、讲述、概括主题等方面的得分均高于男童，女童的阅读理解水平显著高于男童。[①]但也有不同的研究结果。张超（2013）研究了广西壮族自治区中学生的阅读素养，发现男女学生之间不存在显著差异。[②]

2. 年龄

年龄是影响幼儿阅读理解能力的重要因素之一，国内外研究指出，幼儿的阅读理解能力会随着年龄增长而增强。王静研究表明，3～6 岁幼儿的阅读理解水平随着年龄增长而提高，包括逐渐了解绘本故事结构和故事内容，其中 4 岁是阅读理解能力的迅速发展期。[③]张晓怡研究发现，幼儿阅读理解、阅读技巧、阅读能力等均会随着年龄的增长而提高，3～5 岁是幼儿获得基本阅读能力的重要时期。[④]

此外，国内外众多研究表明，3～8 岁是儿童阅读能力迅速发展的关键期，在此阶段，幼儿开始认识符号，开始具有初步的阅读理解能力。把握阅读能力发展的关键期对幼儿的未来学业成就、语言发展、社会交往等有着重要意义。哈佛大学纵向追踪一组 3～19 岁儿童的阅读能力，发现儿童早期的阅读环境和阅读能力会显著影响其未来的阅读能力及学业成绩。兴趣、策略、目的等早期阅读行为是预测其未来阅读能力发展的重要指标，是早期发现阅读困难儿童的指标。[⑤]因此，阅读理解能力能促进幼儿的未来学业成就，我们应该重视并加强幼儿阅读理解能力的教育。如何在学前教育时期促进幼儿阅读理解能力发展是重要的研究课题。

二、阅读投入的研究

（一）学习投入与阅读投入的概念

阅读投入的上位概念是学习投入。学习投入的研究经历了从只重视量到量

---

① 韦积华. 大班幼儿阅读理解能力、阅读态度及家庭阅读环境关系的研究 [D]. 上海：华东师范大学，2016.

② 张超. 基于 PISA 的阅读素养发展研究 [D]. 南宁：广西大学，2013.

③ 王静. 3～6 岁幼儿无字图画书故事理解的研究 [D]. 天津：天津师范大学，2014.

④ 张晓怡. 不同亲子阅读策略对 3～6 岁儿童图画书阅读能力的影响 [D]. 西安：陕西师范大学，2008.

⑤ 林剑萍. 幼儿早期阅读研究与实践 [M]. 上海：华东师范大学出版社，2003.

质并重的过程。

学习投入是行为投入，指在学习过程中学生行为表现的努力程度和时间投入。20 世纪 30 年代，泰勒（Tyler）认为学生在学习上投入的时间越长，学习效果越好。[①]20 世纪 60 年代，佩斯（Pace）提出在关注投入时间的同时，还应关注学生在学习中的专注程度。[②]

学习投入是情感投入，指在学习过程中学生表现出的兴趣和情感体验。康奈尔（Connell）提出，学习投入是学生在学习中的积极情感和消极情感，包括孤僻、规则、叛逆、顺从、创新、投入。[③]萧费利（Schaufeli）认为学习投入指的是学生的活力、奉献和专注。[④]

学习投入是认知投入，指学生的学习动机及对策略的使用。宾特里奇（Pintrich）提出，认知投入包括学生的深层学习策略和浅层学习策略，其中深层学习策略是指对知识的高级构建，浅层学习策略是指机械记忆等。[⑤]

学习投入是行为投入、情感投入的组合。国际学生评估项目（PISA）认为，学习投入是指学生对学习的情感和参与程度，包括对学习的兴趣高低、学习的主动性、对学习活动的参与度等。[⑥]

温红博认为，阅读投入指学生在阅读过程中的行为表现，包括花费的时间多少、阅读材料的多少及丰富性。[⑦]黄颖亚认为，阅读投入是阅读的动机和行为特征，包括阅读兴趣、阅读投入度和阅读积极性。[⑧]乔晓熔提出，阅读投入

① 孔企平.“学生投入”的概念内涵与结构 [J]. 外国教育资料，2000（2）：73-76.

② 张娜. 国内外学习投入及其学校影响因素研究综述 [J]. 心理研究，2012，5（2）：83-92.

③ Connell J P. Context, self, and action: A motivational analysis of self-system processes across the life-span. In D. Cicchetti [J]. The Self in Transition: Infancy to Childhood, 1990.

④ Schaufeli W B, Salanova M, Gonzalez-Roma V, et al. The measurement of engagement and Burnout: A two-sample confirmtory factor analytic approach [J]. Journal of Happiness Studies, 2002, 3（1）：71-92.

⑤ Pintrich P R, De Groot E V. Motivational and self-regulated learning components of classroom academic performance [J]. Journal of Educational Psychology, 1990, 82（1）：33-40.

⑥ 张超. 基于 PISA 的阅读素养发展研究 [D]. 南宁：广西大学，2013.

⑦ 温红博，梁凯丽，刘先伟. 家庭环境对中学生阅读能力的影响：阅读投入、阅读兴趣的中介作用 [J]. 心理学报，2016，48（3）：248-257.

⑧ 黄颖亚. 阅读投入与语言学习策略对高考英语阅读素养测评的影响 [D]. 福州：福建师范大学，2015.

是学生开展学习活动时的行为表现和情感体验，包括行为（努力、专注、坚持）和情感（有趣、好奇、兴奋）等①。张文静和丁锐采用了 2009 年度国际学生评估项目（PISA）对阅读投入的定义，认为阅读投入指学生在阅读中的行为投入、情感投入和认知投入。②基于研究需要，我们将阅读投入定义为 3～6 岁幼儿在阅读过程中所投入的行为及其情感。

（二）阅读投入的测评

研究者对阅读投入进行测评时，针对不同的研究内容有不同的测评方法，存在学生自评、教师/家长他评、工作样本分析法等多种形式。但从上下文中我们可以看出，国外的学习/阅读投入测评工具丰富且多元，但我国大部分的阅读投入测评工具仍处于翻译、修订的阶段，需要研究者进一步开发和研究。

1. 学生自我报告

目前国内外普遍采用学生回答问卷的自评方式测评学生的阅读投入和学习投入。康奈尔（Connell）和威尔伯（Wellborn）开发的"罗切斯特学校评估包"是学习投入领域研究者参考的主要量表。米瑟兰迪诺（Miserandino）在此基础上修订量表，分为行为（持续、逃避、孤立、不集中等）和情感（好奇、紧张、生气、高兴、乏味等）。孙蔚雯在参考以上问卷和米勒（Miller）学习投入问卷的基础上，编制了学习投入问卷，包括行为维度（专注、坚持）、情感维度（兴趣、价值）和认知维度（元认知策略、深层策略）。③文超的学习投入问卷分为行为投入（学习活动）、情感投入（师生关系）、认知投入（学习的价值）三部分。④此外国际学生评估项目（PISA）的中小学阅读投入测试也采用了学生自评的方式，评价内容包括中小学生的阅读兴趣、阅读情绪、阅读动机、自信心、阅读策略等。但该方法可能会受学生年龄特征限制，也可能会受到社会期待的影响，所以存在一定的局限性。

---

① 乔晓熔，赵俊峰. 中学生数学学习投入状况的调查研究 [J]. 中国电力教育，2010（35）：83-85.

② 张文静，辛涛. 阅读投入对阅读素养影响的跨文化比较研究——以 PISA 2009 为例 [J]. 心理发展与教育，2012，28（2）：175-183.

③ 孙蔚雯. 高中生日常性学业复原力、学业投入对学习成绩的影响 [D]. 长春：东北师范大学，2009.

④ 文超，张卫，李董平，等. 初中生感恩与学业成就的关系：学习投入的中介作用 [J]. 心理发展与教育，2010，26（6）：598-605.

2. 其他方法

瓦列斯基和斯蒂佩克（Valeski & Stipek）在其学习投入研究中采用了教师评价法、课堂观察法和学生问卷自评三种研究手段，他们研究发现，教师对学生的评价得分与学生的自评得分较为一致。[1] 奥格布（Ogbu）通过对 28 名学生的访谈、课堂观察法等，对学生在学习中的不投入的情况进行了分析。[2] 孔沙斯（Conchas）通过课堂观察法、访谈法等研究手段，收集了个案资料，对学生的学习投入情况进行研究。[3]

由于年龄偏小，幼儿无法完成学习投入的自评工作，因此，本研究采用"由熟悉幼儿的家长进行评价"的方式。

（三）阅读投入的相关研究现状

国内外研究显示，阅读投入对阅读能力有着显著影响，下文将从阅读投入中的行为投入和情感投入两方面进行文献综述。

1. 阅读行为投入对阅读理解能力的影响

张生（2014）选取了 1053 名小学生，研究显示，小学生的阅读投入能正向预测其阅读能力。其中，阅读时间、阅读量、阅读兴趣与阅读能力呈正相关，且阅读时间对阅读能力的影响最大。[4] 斯金纳和贝尔蒙特（Skinner & Belmont）认为，学习投入程度高的学生会感到自豪和满足，其能力也会提高。[5] 富雷尔和斯金纳（Furrer & Skinner）研究表明，学习投入与青少年的学业成就成正比，与其辍学率呈反比。与情感投入、认知投入相比，行为投入

---

[1] Valeski T N, Stipek D. Young children's feelings about school [J]. Child Development, 2001, 73: 1198–2013.

[2] Ogbu J U. Variability in minority school performance: A problem in search of an explanation [J]. Anthropology and Education Quarterly, 1987, 18: 312–334.

[3] Conchas G. Structuring failure and success: Understanding the variability in Latino school engagement [J]. Harvard Educational Review, 2001, 71: 475–504.

[4] 张生，苏梅，王丽丽，等 . 教师对学生阅读能力的影响研究阅读投入的中介效应 [J]. 中国特殊教育，2014（9）：84–89.

[5] Skinner E A, Belmont M J. Motivation in the classroom: Reciprocal effects of teacher behavior and student engagement across the school year [J]. Journal of Educational Psychology, 1993, 85（4）：571–581.

与学业成就的关系更为密切。①

2. 阅读情感投入对阅读理解能力的影响

2001 年度国际学生评估项目（PISA）测验结果显示，在各个国家里，阅读兴趣对阅读测验中的表现呈现正向的预测作用，学生的阅读兴趣影响着他们的阅读能力。②孙蔚雯选取 390 名高中生，研究学习投入对其学习成绩的影响，结果表明，高中生学习投入的专注性、坚持性、兴趣、价值、策略的使用、学习投入总分与其期中、期末考试成绩呈显著的正相关。③

温红博选取了 574 名小学生，研究结果表明，阅读兴趣和阅读行为显著影响阅读能力。此外，阅读兴趣和阅读行为是家庭环境影响阅读能力的中介变量。较好的家庭环境使儿童在时间、数量、广度上有更多机会投入阅读中，从而能促进儿童阅读能力的发展。④

综上所述，青少年的阅读投入对阅读能力有着显著的预测作用。但目前学前教育学界缺乏关于幼儿阅读投入的相关研究，那么 3～6 岁幼儿的阅读投入是否仍然对阅读理解能力有着预测作用呢？笔者将在下文中进行验证。

三、家庭阅读环境的研究

（一）家庭阅读环境的概念

陈鹤琴曾提出，"家庭和社会需为幼儿提供一个良好的阅读环境，这样幼儿才能更好地习得阅读的能力"⑤。家庭阅读环境主要分为两部分：物质环境和人文环境。物质环境主要指阅读材料等阅读环境，人文环境主要指家庭成员共同营造的学习氛围等。

根据研究需要，本研究参考李晶晶的研究，将家庭阅读环境定义为在家庭

① Furrer C J, Skinner E A. Sense of relatedness as a factor in children's academic engagement and performance [J]. Journal of Educational Psychology, 2003, 95: 148-162.

② 虞哲中 . PISA 测试对我国小学阅读教学的启示 [J]. 浙江教育科学，2009（5）: 19-22.

③ 孙蔚雯 . 高中生日常性学业复原力、学业投入对学习成绩的影响 [D]. 长春：东北师范大学，2009.

④ 温红博，梁凯丽，刘先伟 . 家庭环境对中学生阅读能力的影响：阅读投入、阅读兴趣的中介作用 [J]. 心理学报，2016，48（3）: 248-257.

⑤ 陈鹤琴 . 家庭教育 [M]. 北京：教育科学出版社，1994.

环境中对幼儿阅读理解能力发展产生影响的因素，分为父母的家庭阅读资源、父母的阅读行为、亲子阅读互动策略、父母的成就动机及对早期阅读的态度五个维度。

（二）家庭阅读环境的相关研究

1. 父母的家庭阅读资源

刘丹娜研究表明，不同年龄、不同性别的幼儿阅读偏好存在差异，幼儿会较多地阅读自己感兴趣的绘本，因此家庭阅读资源中应更多地购入幼儿感兴趣的绘本。[1] 同时温红博、辛涛的研究表明，家庭中持有的儿童读物越多，儿童的阅读能力越好。[2]

2. 父母的阅读行为

迈克尔和苏珊（Michael & Susan）研究发现，父母阅读行为能直接影响儿童阅读理解能力的优劣。父母经常阅读，其孩子大多热爱阅读，阅读能力好；反之，父母不常阅读，不会陪伴儿童阅读，这样的家庭中的儿童大多不喜欢阅读，阅读能力差。[3]

3. 亲子阅读互动策略

希瑟尔和帕特里奇（Heather & Partidge）研究表明，在阅读活动中，父母与幼儿之间的互动所产生的驱动力能给幼儿带来良好的阅读体验，促进幼儿语言的发展和阅读技能的发展。[4]

4. 父母的成就动机及对早期阅读的态度

李晶晶认为，家长的动机水平会通过影响儿童的阅读动机或者通过鼓励幼儿进行阅读而间接或直接地影响幼儿的阅读行为。如果两个学生在智力及其他方面无显著差异，那么阅读动机更强的学生的阅读水平会更好。此外，李晶晶的研究选取了64名大班幼儿，研究后发现，家庭阅读环境中的亲子阅读策略、

---

① 刘丹娜. 3～6岁幼儿绘本阅读的偏好研究 [D]. 沈阳：沈阳师范大学，2016.

② 温红博，辛涛. 阅读素养：孩子面向未来的基础能力 [J]. 中国教育报，2011，3（17）：1–6.

③ 凯瑟琳·斯诺. 预防阅读困难早期阅读教育策略 [M]. 胡美华，等，译. 南京：南京师范大学出版社，2006.

④ Heather A, Partidge. Helping make the most of shared book reading [J]. Early Childhood Education Journal. 2004（32）：25–30.

父母自身的阅读行为和态度与幼儿早期阅读能力显著相关，尤其是亲子阅读指导策略影响着幼儿对句子的理解水平。[①] 韦积华选取 76 名大班幼儿，调查其阅读理解能力、阅读态度得分与其家庭阅读环境得分的关系，研究发现幼儿的阅读理解能力与其家庭阅读环境关系显著，其中亲子阅读互动、父母教育期望对阅读理解能力具有预测作用。[②]

综上所述，家庭阅读环境对幼儿阅读理解能力的发展有重要影响，家长的阅读行为、亲子阅读策略、阅读成就、家庭阅读资源等都影响着幼儿的阅读理解能力。

（三）家庭阅读环境对阅读投入的影响

丁锐选取了 900 多名小学生进行问卷调查。结果显示，小学生家庭阅读环境和阅读投入水平较高，小学生的家庭阅读环境中的家庭文化资源对阅读投入中的阅读动机和控制策略有正向的预测作用。[③] 仲雪梅研究发现，学习环境可直接影响学习投入。充分的学习资源可以满足学生学习的需求，产生愉悦的学习氛围。[④]

杜玉改研究发现，家庭可利用教育资源会影响儿童的学习投入及其中的认知投入和情感投入维度。家庭经济社会地位与儿童的学习投入具有正向相关关系，但相关系数较低。[⑤] 石雷山、陈英敏选取了 900 多名初中生进行问卷调查，研究结果显示，家庭社会经济地位与学生的学习投入呈正相关。在控制学生性别、年级、成绩因素之后，他们发现，家庭社会经济地位对学生的阅读投入有显著影响。[⑥]

---

① 李晶晶 . 5～6 岁幼儿家庭读写环境与其早期阅读能力的相关研究 [D]. 天津：天津师范大学，2010.

② 韦积华 . 大班幼儿阅读理解能力、阅读态度及家庭阅读环境关系的研究 [D]. 上海：华东师范大学，2016.

③ 丁锐，吕立杰，唐丽芳 . 小学生阅读环境、投入与习惯的调查研究 [J]. 基础教育，2016，13（4）：71−81.

④ 仲雪梅 . 我国研究生学习投入的影响因素分析 [D]. 上海：华东师范大学，2011.

⑤ 杜玉改 . 流动儿童学习投入及其影响因素研究 [D]. 南京：南京师范大学，2013.

⑥ 石雷山，陈英敏，侯秀，等 . 家庭社会经济地位与学习投入的关系：学业自我效能的中介作用 [J]. 心理发展与教育，2013，29（1）：71−78.

马程程认为、幼儿的阅读兴趣受家庭阅读氛围、家庭成员的阅读行为及阅读材料的影响。因此，提供丰富的阅读材料、让家长以身作则、进行有策略性的亲子分享阅读是十分重要的。[①]

吴燕研究认为，亲子阅读策略影响幼儿的阅读兴趣，如果家长给予幼儿个性化的表达机会，采用复述、角色扮演等方式帮助幼儿体验阅读的乐趣，会促进幼儿阅读兴趣的产生。[②]

由此可见，家庭阅读环境显著影响阅读理解能力和阅读投入，阅读投入显著影响阅读理解能力。笔者推测，幼儿阅读投入是家庭阅读环境影响阅读理解能力的中介变量，并将此作为下文的研究点。

第二节　整体研究设计

20 世纪 80 年代始，中国学界引入早期阅读概念，幼儿阅读的相关研究发展较快。这一类研究主要揭示幼儿在阅读中所表现的心理特征及其规律，以及环境对幼儿阅读本身意义的探索。幼儿的阅读理解能力是幼儿语言发展的重要组成部分，阅读理解能力的发展水平能预测幼儿未来的阅读能力，甚至能预测其未来的学业成就。目前存在的阅读理解能力研究主要集中于家庭阅读环境对阅读理解能力的影响或阅读投入中的某一维度对阅读理解能力的影响，尚缺乏阅读投入对阅读理解能力的影响及阅读投入、阅读理解能力、家庭阅读环境三者之间关系的研究，还有许多方面值得深入研究：

一是关于幼儿阅读投入的研究。目前关于阅读投入的研究主要集中于对小学生及中学生的研究，缺乏关于幼儿阅读投入的相关研究。因此，目前的研究缺乏适用于幼儿的阅读投入测评工具。

二是关于幼儿阅读理解能力、阅读投入及其家庭阅读环境的关系研究。已有研究表明，幼儿的阅读投入显著影响阅读理解能力，家庭阅读环境显著影响阅读理解能力和阅读投入。但现有的研究多关注两两之间的关系，缺乏对阅读理解能力、阅读投入和家庭阅读环境三者之间的关系研究。仅有的研究也是针

---

① 马程程.幼儿早期阅读兴趣的影响因素研究 [D].长春：东北师范大学，2011.

② 吴燕.互动式分享阅读对 4 ～ 6 岁幼儿阅读兴趣、叙事能力的影响 [D].上海：上海师范大学，2014.

对中小学生的研究，缺乏对幼儿阅读理解能力、阅读投入及其家庭阅读环境之间关系的关注。

基于上述分析，本研究拟从幼儿的阅读理解能力、阅读投入及其家庭阅读环境着手。首先，将修订幼儿阅读投入测评工具，为测评幼儿的阅读投入水平提供参考。其次，将调查幼儿的阅读理解能力、阅读投入及其家庭阅读环境的现状，并分析三者之间的关系。本研究旨在丰富幼儿阅读领域的理论研究，并为学前教育工作者和家长开展阅读教育提供教育建议。

一、研究目的与内容

本研究的目的是分析 3 ～ 6 岁幼儿阅读理解能力、阅读投入和家庭阅读环境的现状和特点。将重点分析研究阅读理解能力、阅读投入、家庭阅读环境三者之间的关系，并针对研究提出相应的改善建议，以期帮助家庭、幼儿园指导幼儿阅读活动，提高幼儿阅读理解能力。

（一）研究内容

本研究的主要内容有：

（1）修订《3 ～ 6 岁幼儿阅读投入测评问卷》。

（2）调查 3 ～ 6 岁幼儿的阅读理解能力、阅读投入及其家庭阅读环境的现状。重点分析幼儿阅读理解能力、阅读投入及其家庭阅读环境的水平特点、年龄差异、性别差异等。

（3）探究 3 ～ 6 岁幼儿阅读理解能力、阅读投入及其家庭阅读环境的关系。

研究架构如图 2-1，说明如下：

路径 a：分析不同背景变量下的阅读理解能力的差异情况。

路径 b：分析不同背景变量下的阅读投入的差异情况。

路径 c：分析不同背景变量下的家庭阅读环境的差异情况。

路径 d：分析阅读投入对阅读理解能力的影响。

路径 e：分析家庭阅读环境对阅读理解能力的影响。

路径 f：分析家庭阅读环境对阅读投入的影响。

路径 g：预测家庭阅读环境如何通过阅读投入的中介作用影响阅读理解

能力。

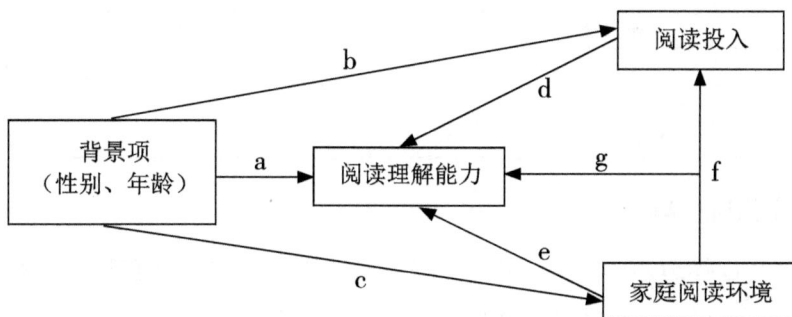

图 2-1 研究架构

（二）研究假设

根据对相关资料的查阅及分析，本研究提出以下假设：

（1）修订后的幼儿阅读投入问卷可能包括四个维度，即专注、坚持、兴趣和价值，并具有良好的信效度。

（2）幼儿的阅读理解能力和阅读投入可能具有显著的性别差异和年龄差异，家庭阅读环境可能不存在性别差异，但可能存在年龄差异。

（3）幼儿的阅读理解能力、阅读投入及其家庭阅读环境可能呈正相关，阅读投入对阅读理解能力可能具有预测作用，家庭阅读环境对阅读理解能力和阅读投入可能具有预测作用。

（4）家庭阅读环境可能通过阅读投入的中介作用影响阅读理解能力。

二、研究对象及材料

（一）研究对象

正式实验选取了杭州市某所省一级幼儿园的 188 名幼儿及其家长作为被试，所有被试幼儿智力正常，无听力或语言障碍。其中男童 93 人，占 49.47%；女童 95 人，占 50.53%。小、中、大班幼儿分别有 63 人、61 人、64 人，占总数的 33.51%、32.45%、34.04%。幼儿的平均年龄为 57.400 ± 10.463 个月（46.937 ～ 67.863 个月）。具体情况见表 2-1。

表 2-1　正式施测对象基本情况（*N*=188）

性　别	年　段			合　计
	小班人数	中班人数	大班人数	
男	31	30	32	93
女	32	31	32	95
合计	63	61	64	188

（二）研究材料

本研究选择迈尔（1969）创作的无字图画书《青蛙，你在哪里？》（*Frog, Where are you?*），这本书的故事长度和认知程度都很适合学前儿童，并且有一个清晰的故事脉络（有明显的事件顺序和主要的故事元素），适合考察学前儿童的阅读理解状况。且该绘本在王静的《3～6岁幼儿无字图画书故事理解的研究》中已被使用过，能有效地测评幼儿阅读理解能力。

三、研究方法

（一）文献法

通过查阅国内外研究阅读理解能力、阅读投入和家庭阅读环境的相关资料并对相关文献进行归纳整理，本研究分析了阅读理解能力、阅读投入和家庭阅读环境的已有研究成果，这样做能避免与前人重复研究，同时为本研究奠定研究基础。

（二）测评法

《3～6岁幼儿阅读理解能力测评量表》参考莫罗（1990）、帕里斯（2003）、陈红（2000）的测评工具，采用王静（2004）的幼儿阅读理解能力测评量表。该量表主要从"明显性问题"（对画面背景的理解、对画面内容的理解）和"隐含性问题"（对画面人物的理解、对画面间关系的理解和对画面主题的理解）两个维度、五个方面测评幼儿的阅读理解能力。经前人统计，编码的内部信度检验一致率达到0.873，结构效度介于0.712～0.826，因此，该量表具有较高的可信度和结构效度。

（三）问卷调查法

《3～6岁幼儿阅读投入调查问卷》参考国际学生评估项目（PISA）、康奈尔（Connell）和威尔伯（Wellborn）开发的《学习投入量表》及孙蔚雯编制的《学习投入量表》，并根据幼儿的年龄特点及本研究内容修订整理而成，将阅读投入分为专注、坚持、兴趣、价值四个维度，采用五点计分法。

《3～6岁幼儿家庭阅读环境调查问卷》采用李晶晶编制的《幼儿家庭阅读环境调查问卷》。该问卷包括父母对早期阅读的态度、父母的阅读行为、亲子阅读互动策略、父母的成就动机和家庭阅读资源五个维度，采用五点计分法，由家长填写。经前人统计，问卷内部一致性为0.825，各维度和总分间的相关系数介于0.604～0.758，具有较好的信度和效度。

第三节 《幼儿阅读投入问卷》的修订

一、研究目的

本研究主要是为了收集幼儿阅读投入的相关资料，分析幼儿阅读投入的维度，根据幼儿阅读投入的维度，进行半结构化访谈，然后根据访谈结果，修订孙蔚雯的《阅读投入量表》，并形成《幼儿阅读投入问卷》（初测问卷），继而，对初测问卷进行项目分析和探索性因子分析，调整问卷项目，形成《幼儿阅读投入问卷》（正式问卷），并对正式施测的结果进行信效度分析，确保《幼儿阅读投入问卷》的信度和效度。

二、初测问卷的修订

（一）半结构化访谈

由于幼儿的年龄局限，本研究主要对幼儿家长开展半结构化的访谈，询问幼儿阅读投入的相关信息。首先，参考阅读投入的维度，制定访谈大纲，大纲有6个题项，分别为"孩子喜欢阅读吗？理由是什么？""孩子一天会阅读多少时间？""孩子能专注地阅读吗？""当幼儿在阅读时遇到困难，会怎样解决？"等（详见附录2-1）。随后研究者组织小、中、大班幼儿家长进行一对一访谈。

这些家长分别为小班家长 11 人，中班家长 9 人，大班家长 8 人。家长根据访谈内容一一作答。部分家长表示孩子喜欢阅读，因为有其感兴趣的内容；部分孩子一天会阅读 15 ～ 30 分钟；部分孩子能专注阅读 10 分钟，不受外界干扰；部分孩子在遇到困难时会积极寻求帮助。访谈过程全程录音，以便研究者分析访谈内容。

（二）初步修订

根据半结构化访谈内容，结合幼儿自身的阅读特点，本研究对孙蔚雯的《阅读投入量表》（共有 58 个题项）进行修订，删除不符合研究的题项，并对其他题项的表述进行修改。最终形成的幼儿阅读投入项目为 37 题，涵盖行为投入和情感投入两个方面。

本研究又请 6 名幼儿教师和 3 名学前教育专家对 37 个项目进行评定，删除不能反映幼儿阅读投入情况的项目，修改不符合幼儿年龄特点的表述，最终获得了包含 25 个项目的《幼儿阅读投入问卷》（初测问卷）。

（三）初测研究对象

初测对象是杭州市某所省一级幼儿园小、中、大班的幼儿家长，本研究共发放 300 份问卷，回收了 293 份问卷。剔除随机填写的无效问卷后，共得到 263 份有效问卷，有效率为 87.67%。幼儿的平均月龄为 56.88 月（SD=10.355），其中男童 131 人，占 49.80%；女童 132 人，占 50.20%。小、中、大班幼儿分别有 86 人、87 人、90 人，分别占总数的 32.69%、33.08%、34.22%。具体情况见表 2-2。

表 2-2 初测对象基本情况（N=263）

性　别	年　段			合　计
	小班人数	中班人数	大班人数	
男	44	43	44	131
女	42	44	46	132
合计	86	87	90	263

（四）研究程序

首先，研究者向主班老师介绍研究内容，委托主班老师发放并回收阅读投入问卷。其次，研究者使用 SPSS 24.0 对回收的数据进行项目分析和探索性因子分析，并分析预测问卷的信度和效度。

（五）研究结果

1. 项目分析

（1）本研究采用极端值法，求出问卷各项目的决断值，删除未达到显著水平的题项，即删除决断值小于等于 3 的题项。具体步骤如下：本研究将阅读投入项目得分累积相加，得到阅读投入问卷的总分。然后将总分升序排序，划分高分组（总分最高的 27%）和低分组（总分最低的 27%），并对两组被试的各项得分进行独立样本 t 检验，删除没有达到显著水平的题项。如表 2-3 所示，问卷中全部题项的决断值（CR 值）都高于 3，所以所有题项均符合标准。

表 2-3　幼儿阅读投入初测问卷的临界比值结果（N=263）

题项	决断值	题项	决断值	题项	决断值
T1	4.675***	T10	6.806***	T19	13.459***
T2	3.447**	T11	7.374***	T20	4.772***
T3	8.208***	T12	9.254***	T21	5.941***
T4	8.740***	T13	3.027**	T22	9.764***
T5	3.532**	T14	12.478***	T23	11.697***
T6	5.538***	T15	8.207***	T24	10.590***
T7	3.611**	T16	6.594***	T25	7.560***
T8	6.016***	T17	9.293***		
T9	8.028***	T18	11.933***		

注：* 表示 $p < 0.05$，** 表示 $p < 0.01$，*** 表示 $p < 0.001$。

（1）本研究采用同质性检验，对问卷项目再次筛选。具体操作如下：本研究将阅读投入总分与各题项进行相关分析，删除同质性不高的题项，即删除相关系数小于等于 0.30 的题项。如表 2-4 所示，第 13 题与问卷总分的相关系数小于 0.300，因此，删除鉴别力较差的第 13 题。

表 2-4　幼儿阅读投入初测问卷的项目分析结果（N=263）

题项	问卷总分	题项	问卷总分	题项	问卷总分
T1	0.327***	T10	0.451***	T19	0.657***
T2	0.355***	T11	0.471***	T20	0.459***
T3	0.521***	T12	0.418***	T21	0.456***
T4	0.551***	T13	0.290***	T22	0.579***
T5	0.302***	T14	0.695***	T23	0.604***

续表

题项	问卷总分	题项	问卷总分	题项	问卷总分
T6	0.372***	T15	0.509***	T24	0.531***
T7	0.369**	T16	0.448***	T25	0.334***
T8	0.385***	T17	0.521***		
T9	0.518***	T18	0.641***		

注：* 表示 $p < 0.05$，** 表示 $p < 0.01$，*** 表示 $p < 0.001$。

2. 探索性因素分析

首先，本研究采用 KMO 度量和 Bartlett's 球形检验对问卷的适当性进行检验，KMO 值越高，就越适合做因素分析。

其次，本研究采用 Bartlett's 球形检验进行检测，要求样本呈现多元正态分布，如果球形检验的统计量值越高，显著性水平就越小，就越适合做因素分析。如表 2-5 所示，阅读投入问卷的 KMO 值为 0.784，Bartlett's 球形检验达到 0.000 的显著水平，所以该问卷可以做因素分析。

表 2-5　KMO 值与 Bartlett's 球形检验结果（$N=263$）

KMO		0.784
Bartlett's 的球形检验	近似卡方	702.624
	自由度	190
	显著性	0.000

再次，本研究采用主成分分析法进行因素分析。在因素探索过程中，本研究按以下标准删除不适合的题项：

（1）抽取主成分后的共同度低于 0.200 的题项；

（2）因子负荷值小于 0.400 的题项；

（3）在两个因子上都超过 0.400 负荷的题项；

（4）某一主要成分上少于 2 的题项；

（5）与所在主成分的其他项目意义差异很大的题项。

每次删除一个题项，重新进行因素分析。经过多次反复探索之后，删除第 1、2、20、21 题。

最终的《幼儿阅读投入问卷》共包括 20 个题项，分别归属于四个维度，这四个维度解释了总方差的 58.354%。其中第一因子有 6 项，根据题项内容，将第一因子命名为"兴趣"；第二因子有 4 项，根据题项内容，将第二因子命名为

"价值";第三因子有4项,根据题项内容,将第三因子命名为"坚持";第四因子有6项,根据题项内容,将第四因子命名为"专注"。碎石图如图2-2所示,各因子特征根及方差贡献率见表2-6,因素矩阵见表2-7。

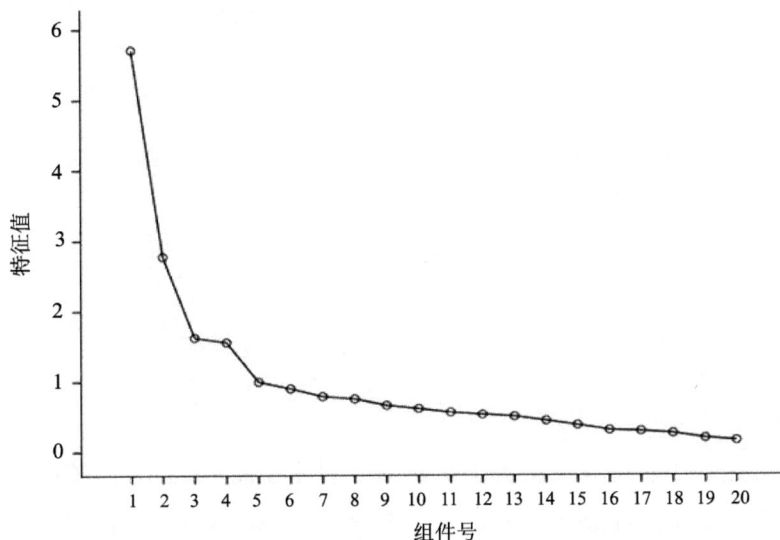

图2-2　幼儿阅读投入问卷因素分析碎石图

表2-6　幼儿阅读投入问卷各因子特征根与方差贡献率

因子	旋转前方差			旋转后方差		
	特征根	方差贡献率 /%	累积方差贡献率 /%	特征根	方差贡献率 /%	累积方差贡献率 /%
兴趣	5.708	28.541	28.541	3.376	16.880	16.880
价值	2.777	13.887	42.428	2.986	14.930	31.810
坚持	1.626	8.129	50.558	2.903	14.517	46.327
专注	1.559	7.796	58.354	2.405	12.027	58.354

表2-7　幼儿阅读投入问卷旋转后的因素矩阵（N=263）

题项	兴趣	价值	坚持	专注	共同度
T15	0.732				0.602
T14	0.723				0.652
T19	0.712				0.646
T16	0.673				0.474
T18	0.662				0.561
T17	0.630				0.501

续表

题项	兴趣	价值	坚持	专注	共同度
T24		0.786			0.741
T23		0.750			0.706
T22		0.728			0.653
T25		0.701			0.529
T11			0.780		0.665
T9			0.749		0.680
T12			0.721		0.523
T10			0.711		0.598
T7				0.741	0.567
T5				0.728	0.576
T6				0.650	0.493
T8				0.608	0.579
T4				0.435	0.472
T3				0.425	0.452

3. 信度分析

本研究采用 Cronbach's α 系数分析幼儿阅读投入初测问卷各维度和总问卷的内部一致性信度。如表 2-8 所示，总问卷的 Cronbach's α 系数为 0.853（大于 0.800），分问卷的 Cronbach's α 系数介于 0.754 ~ 0.789（大于 0.700），因此幼儿阅读投入问卷具有较好的信度，测评结果具有可靠性。

表 2-8　幼儿阅读投入初测问卷的信度分析结果

总问卷及各分问卷	项目/个	Cronbach's α 系数
总问卷	20	0.853
"专注"分问卷	6	0.789
"坚持"分问卷	4	0.754
"兴趣"分问卷	6	0.789
"价值"分问卷	4	0.785

三、正式问卷的修订与施测

（一）研究方法

经过初测问卷的项目分析、探索性因素分析和信度分析后，幼儿阅读投入正式问卷最终保留 20 个题项，分别为专注、坚持、兴趣和价值四个因子。根据初始测验中幼儿教师的反馈，并结合学前教育专家的意见，研究者适当修改表述不清的题项，最终以修改后的《幼儿阅读投入问卷》作为正式施测的研究工具。

（二）研究对象

本研究的施测对象是杭州市某省一级幼儿园的小、中、大班的幼儿及其家长。共发放问卷 110 份，经整理后，删除不符合要求的问卷，共获得有效问卷98 份，有效率达 89.09%。详见表 2-9。

表 2-9　正式施测对象的基本情况（N=98）

性　别	年　段			合　计
	小班人数	中班人数	大班人数	
男	16	17	19	52
女	15	14	17	46
合计	31	31	36	98

（三）研究结果

1. 验证性因素分析

本研究根据研究构思及探索性因素分析的结果，得到《幼儿阅读投入问卷》的四个维度，以此做验证性因素分析，从而检验问卷的结构效度。本研究使用Amos 24.0 进行验证性因素分析，将《幼儿阅读投入问卷》中的四个分问卷作为潜变量，将问卷各题项分数作为观察变量，再根据问卷各项目分数的协方差矩阵，采用常用极大似然估计法（ML）进行参数估计。详见表 2-10。

表 2-10　幼儿阅读投入模型的拟合指数（N=98）

χ^2	df	χ^2/df	RMSEA	GFI	CFI	IFI	NFI	AGFI	RFI
184.763	164	1.127	0.037	0.840	0.970	0.972	0.893	0.894	0.860

在衡量模型拟合效果的指标中，RESEA 值越低越好，若低于 0.050 说明模型拟合度较好，若低于 0.080 表示模型尚可接受；GFI、CFI、IFI、NFI、AGFI、RFI 的值越接近 1，则模型拟合效果越好，通常来说，其值高于 0.900 就被认为模型拟合效果良好。

从表 2-10 可以看出，χ^2/df 的数值为 1.127；RESEA 的数值为 0.037；CFI、IFI 分别为 0.970、0.972，均大于 0.900；GFI、NFI、AGFI、RFI 分别为 0.840、0.893、

0.894、0.860，均接近 0.900。从分析结果可以看出，模型各拟合指标均较为理想。这说明《幼儿阅读投入问卷》具有良好的结构效度。问卷的验证性分析路径及标准化参数估计值见图 2-3。

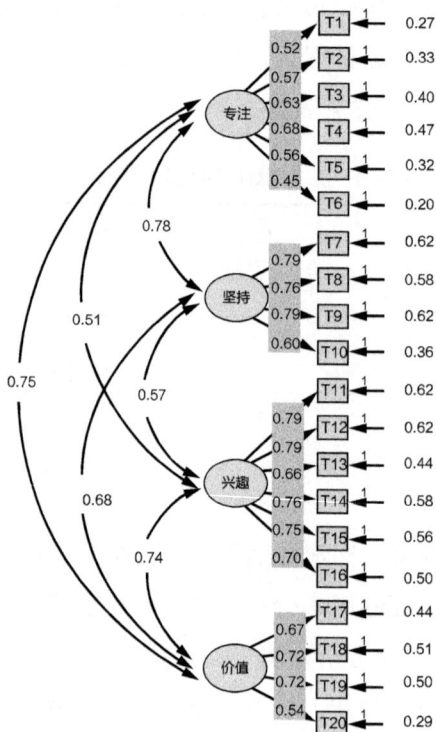

图 2-3　幼儿阅读投入问卷结构模型路径图

2. 信度分析

正式问卷采用 Cronbach's α 系数检验《幼儿阅读投入问卷》各因子和总问卷的内部一致性信度，具体结果详见表 2-11。总问卷的 Cronbach's α 系数为0.909（大于 0.900），分问卷的 Cronbach's α 系数介于 0.738 ~ 0.880（均大于0.700），说明幼儿阅读投入问卷具有较好的信度，测评结果具有可靠性，可用于测评幼儿的阅读投入情况。

表 2-11　幼儿阅读投入问卷的信度分析结果

总问卷及各分问卷	项目 / 个	Cronbach's α 系数
总问卷	20	0.909

续表

总问卷及各分问卷	项目 / 个	Cronbach's α 系数
"专注"分问卷	6	0.738
"坚持"分问卷	4	0.818
"兴趣"分问卷	6	0.880
"价值"分问卷	4	0.748

3. 效度分析

内容效度是指施测内容的适宜性和符合度。本研究收集了与阅读投入相关的研究文献，以萧费利（2002）编制的《学习投入量表》、孙蔚雯编制的《中学生学习投入量表》为基础改编而成。对幼儿家长进行关于幼儿阅读投入的访谈并分析访谈结果，结合学前教育学专家和幼儿园教师的意见，修订了问卷题项，最终形成幼儿阅读投入的初测问卷。因此，该问卷具有较好的内容效度。

结构效度是指依据问卷编制的标准，问卷各维度得分与总分之间应该具有高度相关性（即相关系数介于 0.700～0.950），各维度之间应具有中低度相关性（即相关系数介于 0.450～0.650）。由表 2-12 可知，专注、坚持、兴趣和价值四个维度之间呈现正相关，且相关系数介于 0.418～0.646。而问卷总分与专注、坚持、兴趣和价值的相关系数分别为 0.780、0.828、0.830、0.810，说明问卷总分与各分问卷相关程度较高。因此，《幼儿阅读投入问卷》具有较好的结构效度。

表 2-12　幼儿阅读投入问卷各维度与总问卷的相关性（N=98）

维度	专注	坚持	兴趣	价值	问卷总分
专注	1				
坚持	0.646***	1			
兴趣	0.418***	0.520***	1		
价值	0.577**	0.560***	0.601***	1	
问卷总分	0.780***	0.828***	0.830***	0.810***	1

注：* 表示 $p < 0.05$，** 表示 $p < 0.01$，*** 表示 $p < 0.001$。

4. 小结

经历了查阅文献、半结构化访谈、专家评定、对阅读投入初测问卷的项目分析、探索性因素分析、对阅读投入正式问卷的验证性因素分析及信效度检验，结果显示，《幼儿阅读投入问卷》具有四个维度，即专注、坚持、兴趣和价值。经检验，总问卷及各分问卷的内部一致性信度均在 0.700 以上，达到统计测评学的标准，该问卷具有较好的信度。此外，结合阅读投入问卷内容效度和结构效度的分析结果来看，该问卷具有较好的效度。因此，该问卷具有良好的信效度，可用于评估和测评幼儿的阅读投入水平，同时也可使用阅读投入问卷对幼儿阅读领域进行进一步的探索和研究。

第四节　三者关系研究

一、研究目的

本研究旨在通过《幼儿阅读理解能力测评量表》《幼儿家庭阅读环境问卷》及自编《幼儿阅读投入问卷》的施测，了解幼儿的阅读理解能力、阅读投入及其家庭阅读环境的现状，进行不同背景变量条件下阅读理解能力、阅读投入及其家庭阅读环境的差异分析，研究阅读理解能力、阅读投入及其家庭阅读环境之间的关系，探讨家庭阅读环境通过阅读投入的中介作用对阅读理解能力产生的影响。

二、研究方法

（一）研究对象

本研究的正式施测对象是杭州市某省一级幼儿园的小、中、大班的幼儿及其家长。共发放问卷 210 份，经整理后，删除作答不认真的问卷，共获得有效问卷 188 份，有效率达 89.52%。其中男童 93 人，占 49.47%；女童 95 人，占 50.53%。小、中、大班幼儿分别有 63 人、61 人、64 人，分别占总数的 33.51%、32.45%、34.04%。幼儿的平均年龄为 57.4 ± 10.463 个月（46.973 ～ 67.863 个月）。具体情况见表 2–13。

表 2-13　正式施测对象基本情况（N=188）

性　别	年　龄			合　计
	小班人数	中班人数	大班人数	
男	31	30	32	93
女	32	31	32	95
合计	63	61	64	188

（二）研究工具

（1）《幼儿阅读理解能力测评工具》。该问卷包括"明显性问题"（对画面背景的理解、对画面内容的理解）和"隐含性问题"（对画面人物的理解、对画面间关系的理解和对画面主题的理解）两个维度，共有 10 个题项。该问卷按幼儿回答的准确度计"0、1、2"分。分数越高，代表幼儿的阅读理解能力越好。

该问卷包括两个维度：①"明显性问题"，包括第 1 ~ 5 题；②"隐含性问题"，包括第 6 ~ 10 题。王静的研究表明，编码的内部信度检验一致率达到0.873，结构效度介于 0.712 ~ 0.826，具有较高的信度和效度。

（2）修订后的《幼儿阅读投入问卷》。该问卷发放对象是幼儿家长，目的是研究幼儿在阅读过程中的投入情况，包括四个维度，共有 20 个题项。问卷采用Likert 5 点计分法，按"完全不符合、有点不符合、不确定、有点符合、完全符合"五级评定，分别计 1 ~ 5 分。该问卷要求幼儿家长按照幼儿的实际情况如实作答，分数越高，代表幼儿的阅读投入情况越好。

该问卷包括四个维度：①专注维度，包括第 1 ~ 6 题；②坚持维度，包括第 7 ~ 10 题；③兴趣维度，包括第 11 ~ 16 题；④价值维度，包括第 17 ~ 20题。其中第 3 ~ 7 题为反向计分题。研究一显示总问卷的 Cronbach's α 系数为0.909，四个分问卷的 Cronbach's α 系数介于 0.738 ~ 0.880，问卷总分与各维度的相关系数介于 0.780 ~ 0.830，因此问卷的信度和效度较好。

（3）《家庭阅读环境问卷》。该问卷针对的是幼儿家长，包括父母对早期阅读的态度、父母的阅读行为、亲子阅读互动策略、父母的成就动机和家庭阅读资源五个维度，共 21 个项目。问卷采用 5 点计分法，要求幼儿家长按实际情况如实作答，分数越高，代表幼儿家庭阅读环境越好。经统计，问卷内部一致性为 0.825，各维度和总分间的相关系数介于 0.604 ~ 0.758，具有较好的信度和效度。

（三）研究程序

（1）进行幼儿阅读理解能力测试。在幼儿熟悉并安静的密闭教室，主试与被试幼儿进行一对一的阅读理解能力测试。主试皆为学前教育专业研究生，语言能力均为普通话二级甲等，测验前均经过培训，能严格按照要求进行测验。

测试前，主试与被试幼儿进行简单的交流及自我介绍，缓解幼儿可能出现的害羞和紧张的情绪。测试中，主试请幼儿在完整地阅读绘本后回答设置好的问题，并复述故事。主试对测验表进行打分，并以录音的形式进行记录。测试结束后，主试给幼儿小贴纸礼物。此外，在幼儿出现不理解的情况时，主试可以重复指导语，或在不改变指导语原意的前提下，适当调整指导语。

（2）发放并回收《幼儿阅读投入问卷》和《家庭阅读环境问卷》。主试向幼儿园主班老师介绍研究内容，委托主班老师向家长发放并回收《幼儿阅读投入问卷》及《家庭阅读环境问卷》。

（3）数据统计及分析。研究者输入数据，并使用 SPSS 24.0 对收集的数据进行差异性分析、相关分析和回归分析。

三、研究结果

（一）幼儿阅读理解能力的现状调查

1. 幼儿阅读理解能力的整体水平分析

本研究对幼儿阅读理解能力的整体水平进行了描述性统计，统计结果如表 2-14 所示。按问卷三级评分标准，问卷总均分在 1 分以上，说明幼儿的阅读理解能力处于中等水平。在阅读理解能力问卷中，"明显性问题"得分高于"隐含性问题"，说明 3 ～ 6 岁幼儿对"明显性问题"的理解更好。同时，幼儿阅读理解能力各维度及总分的标准差均高于 0.300，说明幼儿阅读理解能力存在个体差异。

表 2-14　幼儿阅读理解能力现状描述统计（N=188）

变量	最低分	最高分	平均分	标准差
明显性问题	0.40	1.80	1.234	0.313
隐含性问题	0.20	1.80	0.953	0.364
阅读理解能力总分	0.40	1.70	1.094	0.306

2. 不同性别幼儿阅读理解能力的差异分析

本研究采用独立样本 t 检验来探讨性别在幼儿阅读理解能力的各维度及总分上导致的差异。统计结果如表 2-15 所示：幼儿阅读理解能力的各维度及总分在性别变量上均存在显著差异。女生在"明显性问题""隐含性问题"及阅读理解能力的总体水平上的得分均高于男生，说明女生的阅读理解能力普遍优于男生。

表 2-15　幼儿阅读理解能力的性别差异

变量	男生	女生	t
明显性问题	1.116±0.313	1.350±0.269	−5.491***
隐含性问题	0.869±0.387	1.036±0.320	−3.227**
阅读理解能力总分	0.993±0.321	1.193±0.254	−4.740***

注：* 表示 $p < 0.05$，** 表示 $p < 0.01$，*** 表示 $p < 0.001$。（下同）

3. 不同年龄幼儿阅读理解能力的差异分析

本研究以年龄（小班、中班、大班）为自变量，分别以幼儿阅读理解能力总分及各维度为因变量做方差分析。研究结果显示，不同年龄的幼儿在"明显性问题"（F=97.455，$p < 0.001$）、"隐含性问题"（F=100.940，$p < 0.001$）和阅读理解能力总分（F=118.841，$p < 0.001$）上均存在显著性差异。统计结果见表 2-16 和图 2-4。

为详细了解差异出现在哪里，本研究进行了事后检验分析，结果显示，在"明显性问题"上，大班幼儿、中班幼儿的理解能力显著高于小班幼儿，同时中班幼儿和大班幼儿不存在明显差异。因此可以看出，幼儿对"明显性问题"的理解在中班有显著提高。在"隐含性问题"上，大班幼儿的理解能力显著高于中班和小班幼儿，而中班和小班幼儿不存在显著差异。因此可以看出，幼儿对"隐含性问题"的理解在大班有显著性提高。在阅读理解能力总分上，大班幼儿显著高于中班幼儿，中班幼儿显著高于小班幼儿。

表 2-16　不同年龄幼儿阅读理解能力水平的年龄差异

变量	年龄	M（SD）	F	Scheffe
明显性问题	小班 (A)	0.924(0.228)	97.455***	C, B > A
	中班 (B)	1.341(0.249)		
	大班 (C)	1.438(0.178)		
隐含性问题	小班 (A)	0.714(0.266)	100.940***	C > B, A
	中班 (B)	0.823(0.210)		
	大班 (C)	1.313(0.276)		
阅读理解能力总分	小班 (A)	0.819(0.222)	118.841***	C > B > A
	中班 (B)	1.082(0.203)		
	大班 (C)	1.375(0.183)		

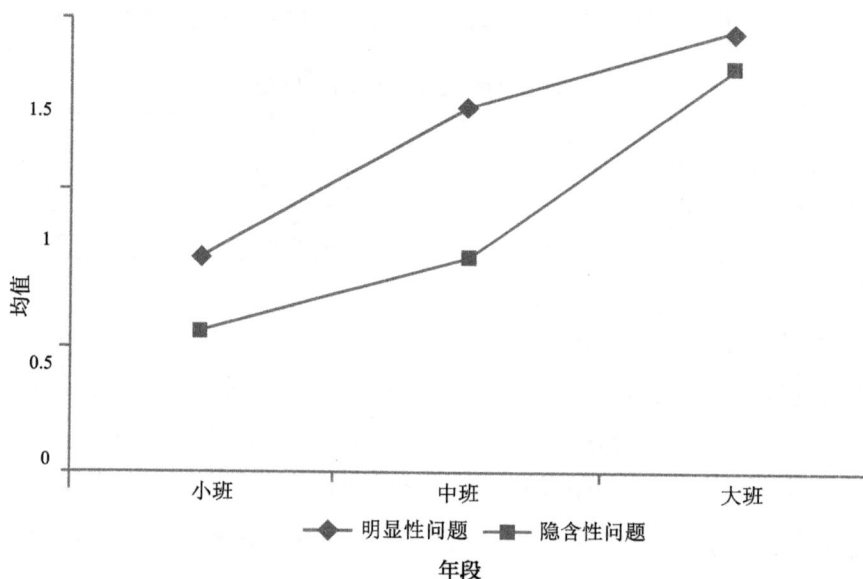

图 2-4　不同年龄幼儿的阅读理解能力得分

4. 幼儿阅读理解能力的性别与年龄的交互作用

为进一步探究性别与年龄对幼儿阅读理解能力的影响，本研究将阅读理解能力作为因变量，将性别、年龄作为自变量，进行协方差分析。表 2-17 显示，性别、年龄在阅读理解能力上的主效应显著，年龄和性别在阅读理解能力的交互作用显著，因此，进行简单效应分析。结果显示：小、中班幼儿阅读理解能力的性别差异显著（p=0.000），大班幼儿阅读理解能力的性别差异显著（p=0.041），女童阅读理解能力的得分显著优于男童。阅读理解能力的性别差异随着年龄增长而减小。男、女童的阅读理解能力得分均随着年龄的增长显著提升（p=0.000）。

表 2-17　性别与年龄对幼儿阅读理解能力的交互作用

变异来源	平方和	自由度	均方	F 检验
性别	1.967	1	1.967	67.455***
年龄	9.900	2	4.950	169.744***
性别 * 年龄	0.399	2	0.200	6.844**
误差	5.308	182	0.029	
总和	242.320	188		

（二）幼儿阅读投入的现状调查

1.幼儿阅读投入的整体水平分析

本研究对幼儿阅读投入的整体水平进行描述性统计，统计结果如表2-18所示。按问卷五级评分标准，问卷总均分在3分以上，说明3～6岁幼儿的阅读投入总体处于中等水平。在阅读投入的四个维度中，价值维度水平最高，专注水平次之，兴趣水平再次之，坚持水平最低。这说明幼儿在阅读投入方面的价值认知和专注度普遍较好。

表2-18 幼儿阅读投入现状描述统计（N=188）

变量	最低分	最高分	平均分	标准差
专注	2.50	4.50	3.913	0.328
坚持	2.00	4.50	3.556	0.551
兴趣	2.83	4.50	3.601	0.429
价值	3.00	4.75	4.013	0.420
阅读投入总分	2.75	4.55	3.768	0.351

2.不同性别幼儿阅读投入差异分析

本研究采用独立样本t检验探讨幼儿阅读投入在各维度及问卷总分上的差异。统计结果如表2-19所示：女童在专注、坚持、兴趣及阅读投入水平上均显著高于男童，说明女童在阅读上的投入普遍高于男童。

表2-19 不同性别幼儿阅读投入水平的性别差异

变量	男生	女生	t
专注	3.792±0.378	4.032±0.213	−5.374***
坚持	3.347±0.602	3.761±0.404	−5.541***
兴趣	3.402±4.172	3.797±0.344	−7.089***
价值	3.954±0.448	4.071±0.385	−1.913
阅读投入总分	3.618±0.378	3.915±0.247	−6.337***

3.不同年龄幼儿阅读投入差异分析

本研究以年龄（小班、中班、大班）为自变量，分别以阅读投入各维度及总分为因变量做方差分析。研究结果显示，不同年龄在阅读投入各维度及总分上均存在显著差异。统计结果如表2-20所示。

进一步多重比较后结果显示，在专注、坚持、兴趣及阅读投入总分上，随着年龄的增长，幼儿的阅读投入均有着显著的提高。

表 2-20　不同年龄幼儿阅读投入的年龄差异

变量	年龄	M（SD）	F	Scheffe
专注	小班 (A)	3.720(0.383)	24.761***	C ＞ B ＞ A
	中班 (B)	3.934(0.271)		
	大班 (C)	4.083(0.192)		
坚持	小班 (A)	3.298(0.594)	18.038***	C ＞ B ＞ A
	中班 (B)	3.529(0.447)		
	大班 (C)	3.836(0.465)		
兴趣	小班 (A)	3.389(0.344)	19.468***	C ＞ B ＞ A
	中班 (B)	3.587(0.337)		
	大班 (C)	3.823(0.477)		
价值	小班 (A)	3.857(0.430)	9.193***	C ＞ B ＞ A
	中班 (B)	4.016(0.365)		
	大班 (C)	4.164(0.514)		
阅读投入总分	小班 (A)	3.564(0.365)	27.614***	C ＞ B ＞ A
	中班 (B)	3.766(0.262)		
	大班 (C)	3.972(0.291)		

注：* 表示 $p ＜ 0.05$，** 表示 $p ＜ 0.01$，*** 表示 $p ＜ 0.001$。（下同）

4. 性别与年龄变量对幼儿阅读投入的交互作用

为进一步探究性别与年龄对幼儿阅读投入的影响，本研究将阅读投入作为因变量，性别、年龄作为自变量，进行协方差分析。如表 2-21 所示，性别、年龄在阅读投入上的主效应显著，性别和年龄在阅读投入上交互作用显著，因此，进行简单效应分析。结果显示：小班、中班幼儿的性别差异显著（$p=0.000$），大班幼儿的性别差异显著（$p=0.260$），女童的得分显著高于男童。男童、女童的得分随着年龄增长而显著提高（$p ＜ 0.05$）

表 2-21　性别与年龄对幼儿阅读投入的交互作用

变异来源	平方和	自由度	均方	F 检验
性别	4.234	1	4.234	59.268***
年龄	5.375	2	2.687	37.620***
性别 * 年龄	0.541	2	0.270	3.786*
误差	13.001	182	0.071	
总和	2692.407	188		

（三）幼儿家庭阅读环境的现状分析

1. 幼儿家庭阅读环境的整体水平分析

本研究对幼儿家庭阅读环境的整体水平进行了描述性统计，统计结果如表 2-22 所示。总问卷的平均分是 3.630，按问卷五级评分标准，说明幼儿家庭阅读环境处于中等偏上水平。

表 2-22　幼儿家庭阅读环境现状描述统计（N=188）

变量	最低分	最高分	平均分	标准差
家庭阅读资源	2.00	3.33	2.693	0.339
家长阅读态度	3.00	5.00	4.610	0.451
家长阅读行为	2.17	4.67	3.338	0.580
亲子阅读策略	3.00	4.50	3.655	0.365
家长成就动机	2.00	5.00	4.115	0.724
家庭阅读环境总分	2.81	4.20	3.630	0.300

2. 不同性别幼儿家庭阅读环境差异分析

本研究采用独立样本 t 检验探讨性别在幼儿家庭阅读环境各维度及总分上的差异。统计结果如表 2-23 所示，家庭阅读环境各维度及总分上均无性别差异。

表 2-23　不同性别幼儿家庭阅读环境的差异

变量	男生	女生	t
家庭阅读资源	2.667±0.371	2.719±0.305	−1.062
家长阅读态度	4.613±0.439	4.607±0.474	0.089
家长阅读行为	3.296±0.582	3.379±0.577	−0.984
亲子阅读策略	3.629±0.391	3.681±0.338	−0.963
家长成就动机	4.039±0.780	4.190±0.661	−1.425
家庭阅读环境总分	3.596±0.312	3.662±0.285	−1.515

3. 不同年龄幼儿家庭阅读环境差异分析

本研究采用单因素 anova 检验探讨年龄在幼儿家庭阅读环境各维度及总分上的差异，统计结果如表 2-24 所示。

本研究经过事后进一步检验发现，在家庭阅读资源、亲子阅读策略和家庭阅读环境中，大班幼儿的得分显著高于小班幼儿。

表 2-24　不同年龄幼儿家庭阅读环境的差异

	年龄	M（SD）	F	Scheffe
家庭阅读资源	小班（A）	2.614（0.360）	4.032*	C＞A
	中班（B）	2.683（0.341）		
	大班（C）	2.781（0.298）		
家长阅读态度	小班（A）	4.503（0.555）	2.731	—
	中班（B）	4.661（0.357）		
	大班（C）	4.667（0.403）		
家长阅读行为	小班（A）	3.307（0.684）	1.122	—
	中班（B）	3.279（0.492）		
	大班（C）	3.424（0.542）		
亲子阅读策略	小班（A）	3.556（0.404）	6.308**	C＞A
	中班（B）	3.632（0.354）		
	大班（C）	3.776（0.302）		
家长成就动机	小班（A）	4.074（0.826）	0.232	—
	中班（B）	4.109（0.595）		
	大班（C）	4.162（0.737）		
家庭阅读环境总分	小班（A）	3.559（0.335）	4.717**	C＞A
	中班（B）	3.611（0.292）		
	大班（C）	3.717（0.250）		

注：* 表示 $p < 0.05$，** 表示 $p < 0.01$，*** 表示 $p < 0.001$。（下同）

（四）幼儿阅读理解能力、阅读投入、家庭阅读环境的关系

1. 幼儿阅读理解能力与阅读投入的关系

（1）幼儿阅读理解能力与阅读投入的相关关系

为考察幼儿阅读理解能力与阅读投入之间的相关关系，本研究对幼儿阅读理解能力及阅读投入进行相关分析，从表 2-25 可知，阅读理解能力各维度及总得分与阅读投入各维度及总得分呈显著的正相关。

表 2-25　幼儿阅读理解能力与阅读投入的相关分析

变量	专注	坚持	兴趣	价值	阅读投入总分
明显性问题	0.650***	0.595***	0.595***	0.415***	0.686***
隐含性问题	0.600***	0.467***	0.497***	0.420***	0.598***
阅读理解能力总分	0.690***	0.582***	0.600***	0.462***	0.707***

注：* 表示 $p < 0.05$，** 表示 $p < 0.01$，*** 表示 $p < 0.001$。（下同）

（2）幼儿阅读理解能力与阅读投入之间的回归分析

为进一步探索变量之间的关系，探讨阅读投入对阅读理解能力的预测作用，本研究将阅读投入各维度作为预测变量，采用"Enter"方法进行回归分析。

从表2-26可知，阅读投入对阅读理解能力存在显著的正向预测作用，在四个维度中，专注和兴趣可以解释总变异的52.9%，说明在阅读投入中，专注和兴趣是阅读理解成绩的重要预测变量。

表2-26　幼儿阅读理解能力与阅读投入的回归分析

因变量	预测变量	R	R² 修正	F	B	Std	Beta	t
阅读理解能力总分	专注	0.735	0.529	105.899***	0.477	0.058	0.511	8.176***
	兴趣				0.213	0.044	0.300	4.795***

注：* 表示 $p < 0.05$，** 表示 $p < 0.01$，*** 表示 $p < 0.001$。

2. 幼儿阅读理解能力与家庭阅读环境的关系

（1）阅读理解能力与家庭阅读环境的相关分析

为了考察幼儿阅读理解能力与家庭阅读环境的相关关系，本研究进行了相关分析，具体结果详见表2-27。家庭阅读环境与阅读理解能力呈现显著的正相关。

表2-27　家庭阅读环境与阅读理解能力的相关分析

变量	家庭阅读资源	家长阅读态度	家长阅读行为	亲子阅读策略	家长成就动机	家庭阅读环境总分
明显性问题	0.327***	0.221**	0.187*	0.455***	0.162*	0.422***
隐含性问题	0.460***	0.186*	0.289***	0.557***	0.211**	0.542***
阅读理解能力总分	0.441***	0.224**	0.268***	0.564***	0.209**	0.538***

注：* 表示 $p < 0.05$，** 表示 $p < 0.01$，*** 表示 $p < 0.001$。

（2）阅读理解能力与家庭阅读环境的回归分析

为进一步探索变量之间的关系，本研究运用回归分析探讨家庭阅读环境对阅读理解能力的预测作用。从表2-28可知，阅读投入对阅读理解能力存在显著的正向预测作用。在五个维度中，家庭阅读资源和亲子阅读策略可以解释总变异的38%，说明在阅读投入中，家庭阅读资源和亲子阅读策略是阅读理解成绩的重要预测变量。

表 2-28　家庭阅读环境与阅读理解能力的回归分析

因变量	预测变量	R	R² 修正	F	B	Std	Beta	t
家庭阅读环境	家庭阅读资源	0.630	0.380	23.956***	0.231	0.057	0.256	4.067***
	亲子阅读策略				0.338	0.057	0.404	5.930***

注:* 表示 $p < 0.05$,** 表示 $p < 0.01$,*** 表示 $p < 0.001$。

3. 幼儿阅读投入与家庭阅读环境的关系

（1）阅读投入与家庭阅读环境的相关分析

本研究对幼儿阅读投入与家庭阅读环境进行了相关分析,以探讨两者之间关系,具体结果详见表 2-29：①幼儿家庭阅读环境与阅读投入之间呈现正相关。②家庭阅读资源、家长的阅读行为、亲子阅读策略及家庭阅读环境总水平与阅读投入各维度均呈现显著相关。③家长的阅读态度与幼儿的专注、兴趣和价值显著相关。④家长成就动机与幼儿的坚持、兴趣和价值显著相关。

表 2-29　家庭阅读环境与阅读投入的相关分析

变量	家庭阅读资源	家长阅读态度	家长阅读行为	亲子阅读策略	家长成就动机	家庭阅读环境总分
专注	0.227**	0.165*	0.261***	0.470***	0.110	0.421***
坚持	0.226**	0.135	0.211**	0.295***	0.148*	0.341***
兴趣	0.181*	0.145	0.181*	0.366***	0.222**	0.367***
价值	0.232**	0.204**	0.216**	0.239**	0.163*	0.340***
阅读投入总分	0.256***	0.188*	0.257***	0.416***	0.199**	0.441***

注:* 表示 $p < 0.05$,** 表示 $p < 0.01$,*** 表示 $p < 0.001$。

（2）阅读投入与家庭阅读环境的回归分析

从表 2-30 可知,家庭阅读环境对阅读投入存在显著的正向预测作用。在五个维度中,亲子阅读策略可以解释总变异的 19.5%,说明在阅读投入中,亲子阅读策略是阅读理解成绩的重要预测变量。

表 2-30　阅读投入与家庭阅读环境的回归分析

因变量	预测变量	R	R² 修正	F	B	Std	Beta	t
阅读投入	亲子阅读策略	0.465	0.195	10.062***	0.280	0.075	0.291	3.751***

注:* 表示 $p < 0.05$,** 表示 $p < 0.01$,*** 表示 $p < 0.001$。

4. 阅读投入对阅读理解能力及家庭阅读环境的中介效应

根据温忠麟提出的中介效应检验程序，对照根据本研究内容制作了中介变量图（如图 2-5 所示），按图 2-6 的几个步骤检验了阅读投入对阅读理解能力及家庭阅读环境的中介效应。

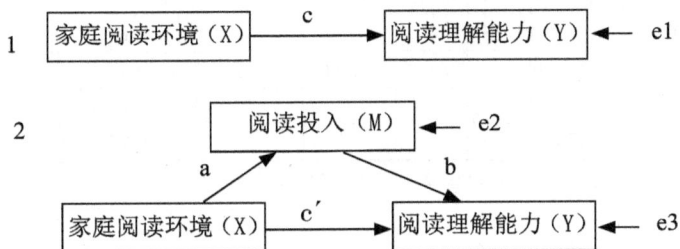

图 2-5　中介变量示意

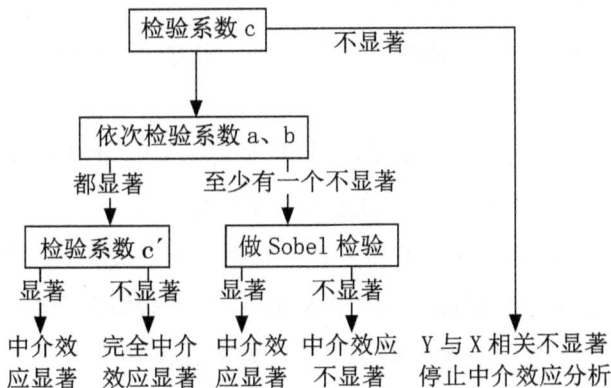

图 2-6　中介效应检验程序

首先对阅读理解能力、阅读投入、家庭阅读环境三个变量进行中心化，接下来的步骤是对采用中心化后的数据进行分析，减少偏误。①检验系数 c，即检验家庭阅读环境对阅读理解能力的总效应（将家庭阅读环境作为因变量，阅读理解能力作为自变量，进行线性回归），得出 $p=0.000$。②检验系数 a、b，即检验家庭阅读环境对阅读投入的效应（将阅读投入作为因变量，家庭阅读环境作为自变量），检验阅读投入对阅读理解能力的效应（将阅读理解能力作为因变量，阅读投入作为自变量），结果均为 $p=0.000$。③检验系数 c′，即检验家庭阅读环境、阅读投入对阅读理解能力的效应（将阅读理解能力作为因变量，家庭阅读环境和阅读投入作为自变量），得出 $p=0.000$。因此阅读投入的中介效应显著。具体结果如表 2-31 所示。

表 2-31　阅读投入中介效应依次检验

因变量	预测变量	R	R² 修正	F	B	Std	Beta	t
家庭阅读环境 (X)	阅读理解能力	0.538	0.286	75.883***	0.538	0.062	0.538	8.711***
阅读投入 (M)	家庭阅读环境	0.441	0.190	44.945***	0.441	0.066	0.441	6.704***
阅读理解能力 (Y)	阅读投入	0.710	0.502	189.335***	0.710	0.052	0.710	13.760***
阅读理解能力 (Y)	阅读投入	0.753	0.563	121.266***	0.587	0.054	0.587	10.893***
	家庭阅读环境				0.279	0.054	0.279	5.183***

注：* 表示 $p < 0.05$，** 表示 $p < 0.01$，*** 表示 $p < 0.001$。

四、小结

（一）幼儿阅读理解能力总体水平

幼儿的阅读理解能力总体处于中等水平。其中"明显性问题"的得分高于"隐含性问题"的得分。

不同性别的幼儿的阅读理解能力存在显著差异，女童的阅读理解能力在"明显性问题""隐含性问题"及总分上均高于男童。

不同年龄的幼儿的阅读理解能力存在显著差异，幼儿对"明显性问题"的理解能力在中班有显著性提高，对"隐含性问题"的理解能力在大班有显著性提高，而阅读理解能力总分随着年龄的增长均有显著提高。

性别和年龄在阅读理解能力上的交互作用显著。男童、女童的得分均随着年龄的增长显著提升。小、中、大班女童的得分均显著高于男童，但差异随着年龄的增长而减小。这说明男童、女童的阅读理解能力水平差异随着年龄增长逐渐减小。

（二）幼儿阅读投入总体水平

幼儿的阅读投入总体处于中等偏上的水平，其中价值得分＞专注得分＞兴趣得分＞坚持得分。

不同性别的幼儿的阅读投入存在显著差异，女童在专注、坚持、兴趣及阅读投入总分上均显著高于男童。

不同年龄的幼儿的阅读投入存在显著差异，在专注、坚持、兴趣及阅读投入总分上，随着年龄的增长，幼儿的阅读投入均有显著的提高。大班幼儿显著高于小班幼儿。

性别和年龄在阅读投入上交互作用显著。男童、女童的得分均随着年龄的增长显著提升。小、中、大班女童的得分均显著高于男童。这说明女童阅读投入水平在各个年龄段均高于男童。

（三）幼儿家庭阅读环境总体水平

幼儿家庭阅读环境整体处于中等偏上水平。

不同性别的幼儿的家庭阅读环境不存在差异；大班幼儿家庭的阅读资源和亲子阅读策略优于小班幼儿家庭。

（四）幼儿阅读理解能力、阅读投入的家庭阅读环境的关系

阅读理解能力与阅读投入呈显著的正相关，专注和兴趣能够有效地预测阅读理解能力。

家庭阅读环境与阅读理解能力呈显著的正相关，亲子阅读策略和阅读资源能有效预测阅读理解能力。

家庭阅读环境与阅读投入呈显著的正相关，亲子阅读策略能够有效预测阅读投入。

家庭阅读环境能通过阅读投入的中介效应影响阅读理解能力。

—— 第三章 ——

幼儿前书写能力初步发展的界定与测评

第一节　幼儿的前书写能力

幼儿的前书写行为对其身心发展有着不可估量的重要意义。有学者指出，幼儿在日常生活环境中学习与书写有关的知识，然后通过大脑中的已有知识和环境的相互作用，逐渐对文字生成自己的理解，这种理解促使幼儿的前书写技能和态度逐渐完善，而这些技能与态度在未来会给幼儿的正规书写发展带来良性影响。研究表明，幼儿的前书写水平与幼儿小学阶段的书写阅读表现存在显著的正相关。[①] 此外，幼儿进行前书写活动也有利于幼儿手指的精细动作的发展。幼儿在前书写活动中需要用纸笔等书写工具来传递信息和表达感情，而在涂写过程中，幼儿的小肌肉和手指之间的协调会得到充分锻炼，这就必然会使其小肌肉与精细动作技能发展得更好更快。[②] 还有学者对前书写活动的益处进行了全面的总结，他们认为幼儿的前书写活动能够很好地培养幼儿的书写兴趣，帮助幼儿获得必要的书写知识，掌握正确的书写姿势，以及形成良好的书写习惯。[③]

一、幼儿前书写的概念

前书写是指幼儿运用图画、符号和类汉字等多种元素，通过笔纸等工具进

---

① 周欣. 前阅读和前书写能力的发展和培养 [J]. 早期教育，2002（4）：4-5.

② 刘佳灵. 大班幼儿教师前书写评价行为研究 [D]. 成都：四川师范大学，2017：56-58.

③ 李文艺，王明晖. 关于幼儿园前书写教育：另一种观点 [J]. 学前教育研究，2003（Z1）：24-27.

行信息传递与情感表达的行为，该行为的发展水平对幼儿日后学习掌握正规汉字书写能力具有显著影响。对于 5 ～ 6 岁的幼儿而言，这一水平的高低显得更加重要，因为其即将面临进入小学后的正规汉字书写学习。提前了解幼儿的前书写水平发展状况，有助于教育者对幼儿的正规书写能力发展制定更有针对性的教育教学策略。然而，目前国内对 5 ～ 6 岁幼儿的前书写水平测评研究缺少关注，已有的研究也多倾向于从理论层面进行思辨，而非开展实证研究来编制出能够实际确定 5 ～ 6 岁幼儿前书写水平发展情况的工具。针对这一问题，本研究决定以 5 ～ 6 岁幼儿的前书写水平为研究对象，编制一套能够切实测评幼儿前书写水平的测评工具，以弥补当今国内在这一研究领域中的不足。

在国内，描述幼儿前书写行为的类似名称还有"书面表达""早期书写"等，虽然称呼不同，但是它们在概念界定方面有着近乎一致的内涵。

国内研究者对于前书写概念较为认可的界定来自周兢教授。她认为幼儿的前书写就是幼儿在接受正式的书写教育之前所发展出的运用图画、符号和类似文字等形式进行的活动。①

陈思也认为，幼儿的前书写行为就是学前幼儿在掌握正规书写技能之前，通过积累日常的文字和书写经验，从不会写字到掌握写字能力的发展过程中出现的一种特殊现象。除此之外，他还提出，对于使用汉语的幼儿（后称汉语幼儿）而言，读写萌发应该分为前阅读、前书写和前识字三大领域，而且各个领域之间联系密切，共同交织发展。②

王玮虹等表示，幼儿的前书写是指幼儿使用书写工具产生涂鸦、类文字或符号进行信息传递和表达的行为，幼儿通过前书写行为可以达成与同伴及成人的交流、互动和学习等目的。③

徐艳珍也提出，幼儿的前书写行为也可理解为幼儿运用纸笔等书写工具，创作图画符号和模拟文字来传达信息和表达感情的活动。④

综上所述，国内学者对于前书写行为的定义还是比较统一的，他们的关注

① 周兢 . 促进幼儿前书写经验形成的教育支持策略 [J]. 幼儿教育，2012（34）：13-16.

② 陈思 . 汉语儿童前书写发展研究 [D]. 上海：华东师范大学，2010：11-15.

③ 王玮虹，申毅，庞青 . 幼儿前书写活动的研究与实践 [J]. 学前教育研究，2004（5）：40-42.

④ 徐艳贞 . 幼儿前书写活动概念辨析 [J]. 山东教育，2007（27）：4-6.

点几乎都放在几个核心的内容上：第一，强调环境的作用，即幼儿对于汉字和书面表达的认识都是来自幼儿的切身生活经验。第二，强调表现形式的丰富多样性，即幼儿的前书写作品中会夹杂许多元素，包括图画、符号、文字及"似字非字"的错别字等。第三，强调表达，正如有的学者指出，读和写的目的是一样的，都是建构意义。只有当幼儿发现自身书写的作品存在意义时，他们才会对学习书写和前书写产生兴趣。[①] 因此，幼儿前书写活动的最终目的在于表达自己的想法，传递特定的信息，表达行为本身应该是幼儿前书写行为的真正研究重点和价值所在。

除了"前书写"，还有的学者使用"书面表达"这一称谓。比如，张庆认为，幼儿的书面表达能力是将幼儿的前书写和绘画两方面能力整合起来发展的，它是"幼儿通过文字、数字、符号或绘画来表达、体验和描述外界环境的交际活动，它以口头表达能力为基础，是幼儿语言能力中的核心能力"[②]。

实际上，由前面的概念对比我们可以看出，对于幼儿来讲，前书写本质上和书面表达的侧重点是一致的，虽然前书写这一称呼中带有"书写"两字，但是"前"字其实是对正规书写行为的重新定义。所以前书写与书面表达关注的都是幼儿表情达意这一行为本身的价值，而不是这一行为外在的呈现形式，即两者都认为幼儿可以通过多种书面形式来传递信息、表达感情，而不仅仅局限于文字，其真正内核在于幼儿的表达意图与表达行为。

此外，还有一个值得注意的概念叫做"绘画表达"。因为幼儿的前书写作品以涂鸦、图画和线条为主，所以幼儿的绘画表达和幼儿前书写行为有着十分相近的表现形式。王盼美惠认为，因为幼儿尚未习得正规的文字书写技能，所以绘画成为幼儿自我表达的重要形式。[③] 而关于幼儿绘画表达的概念界定，有学者认为，幼儿的绘画表达活动就是幼儿有目的地使用纸笔等工具，利用色彩、线条等艺术形式和构图、上色等艺术手法，创作出可视的图案来表征事物，进

① [美] 莱斯利·曼德尔·莫罗. 早期儿童读写能力发展：帮助儿童读和写 [M]. 叶红，王玉洁，毛卓雅，译. 南京：南京师范大学出版社，2013：12-14.

② 张庆. 3～6 岁幼儿书面表达能力的现状研究 [D]. 长春：东北师范大学，2015：32-35.

③ 王盼美惠. 5～6 岁幼儿绘画表征特征研究 [D]. 南京：南京师范大学，2014：17-19.

而展现自我的感受与认知。[1] 骈岑则指出，幼儿的绘画表现是指幼儿在绘画过程中表现出的行为、作品艺术形式以及作品内容题材等多方面的整合。[2]

国内学者较为一致地认为，绘画是幼儿在掌握正式书写前的一种思想表征系统，这与前书写系统的本质作用比较相似。已有研究指出，幼儿的绘画表达是幼儿表达情感和思想的重要途径和手段。由此可见，幼儿的前书写行为和绘画表达对于幼儿有着相似的功能和作用。然而，针对幼儿的绘画表达研究在凸显绘画作品表征性和表达意义的基础之上，还会重点关注绘画作品的美术形式，比如，图画的色彩、线条、构图等方面。而幼儿的前书写研究则主要侧重于幼儿表达的内涵和欲望，关注的表达呈现形式也不如绘画表达那样丰富，而且还会兼顾与书写有关的一些特点，比如，空间顺序、汉字、读音等。因此，幼儿的前书写行为与绘画表达各有侧重，研究时需做仔细区分。

二、幼儿前书写研究的意义

（一）理论意义

我国的《幼儿园教育指导纲要（试行）》指出要运用多种方式激发幼儿的书写兴趣，培养幼儿的前书写能力。[3] 除此之外，《3～6岁儿童学习与发展指南》在语言领域的"阅读与书写"的"目标三"中也特意提出了3～4岁、4～5岁、5～6岁幼儿书面表达的愿望与技能，这些愿望与技能主要是希望幼儿能在掌握正规书写技能之前，可以先尝试用前书写这种特殊的写画行为来表现自我，并为幼儿进入小学阶段学习正规的汉字书写奠定一定的基础。[4]《3～6岁儿童学习与发展指南》在语言领域中关于前书写的叙述是对《幼儿园教育指导纲要（试行）》中前书写的要求的进一步细化，并且提出了更加明确的要求。

在幼儿前书写领域，目前国内许多研究的理论基础都是借鉴国外已有成果，并在此基础之上开展研究和论述。然而，这些成果是把拼音语言为母语的幼儿

---

[1] 王盼美惠. 5～6岁幼儿绘画表征特征研究 [D]. 南京：南京师范大学，2014: 17-19.

[2] 骈岑. 3～6岁儿童绘画表现能力发展的研究 [D]. 上海：上海师范大学，2014: 24-27.

[3] 中华人民共和国教育部. 幼儿园教育指导纲要（试行）[Z]. 2001: 16-19.

[4] 中华人民共和国教育部. 3～6岁儿童学习与发展指南 [Z]. 2012: 26-27.

作为研究对象，并在其本国政策与文化的大背景下所开展的研究中得出的，所以其结论多适用于当地文化与语言特点。汉语跟英语等拼音语言存在巨大的语言学差异，我国的教育政策和文化与国外也是大相径庭，这些差异必然导致汉语幼儿前书写的习得过程、发展阶段与水平特点与国外已有结论产生分歧，这一点已在本研究的预调查中得到了部分验证。

鉴于此，我们在借鉴和整理国内外已有文献的基础上，结合预调查所得到的结果，为汉语幼儿前书写这一行为给出更符合实际情况的理论定义与诠释，然后在该定义和解释之上，制定出一套适合量化汉语大班幼儿前书写水平的测评工具。新的定义与诠释会为国内幼儿前书写领域的研究增添不同的视野和认识，而该测评工具的制定既能弥补当前领域的研究空缺，还可以为其后的理论研究提供支持。

（二）实践意义

在理论层面上认识到幼儿前书写能力的重要性只是开展该领域研究目的的第一步，其最终目的仍是以理论指导实践，在日常的教育教学活动中，提升幼儿的前书写水平。该研究中对汉语幼儿前书写行为所下的新定义与解释能够帮助教育工作者丰富自己对于这一行为的认知，进而促使他们改变日常教学活动。而该研究所制定的测评工具一方面能够为以后的学者提供实验研究的帮助，另一方面，能够让教育工作者更加科学客观地了解幼儿的前书写能力实际水平，并以此为基础开展更加有针对性的教育教学活动，做到有的放矢地高效增强和改进幼儿的前书写能力。

虽然幼儿前书写能力的重要性得到了研究者与国家的一致重视，但是目前国内在幼儿前书写领域的实践研究仍存在一些问题，其中最主要的问题就是缺乏合适的工具来量化评估我国幼儿的前书写能力发展水平。一套合适的测评工具能够帮助研究者和教育工作者更加客观科学地认识我国幼儿前书写水平发展的实际状况，而对于这种实际状况的认识是开展相关教育活动以提升幼儿前书写能力水平的重要依据和基础。国内目前已有的研究大多关注幼儿的前书写发展阶段与特点，且绝大多数研究都停留于理论层面，缺乏实验数据的支撑，至于幼儿前书写水平测评工具的研究，更是鲜有人问津，而这一空缺的存在，将导致我国在幼儿前书写水平研究的领域反复打转，踟蹰不前。

基于以上种种原因，本研究决定以幼儿前书写水平测评工具的研制作为研究方向，以具有代表性的大班幼儿作为研究对象，力图制定出一套能够测评我国大班幼儿前书写发展水平的工具，为日后相关领域的研究与教育奠定基础。

第二节　幼儿前书写的发展阶段

一、幼儿前书写的发展阶段

（一）英语先书写的发展阶段

读写萌发概念的创始人克雷曾将英语幼儿的写字发展划分为六个阶段。[①]
第一阶段为绘画阶段（drawing），即幼儿开始通过绘画来表达要书写的文字，并尝试读出所画图画表达的意义。第二阶段为涂鸦阶段（scribbling），即幼儿到2岁时，开始出现写字和涂鸦混合的涂写活动，所涂写的内容不稳定，逐渐形成圆形或方形，继而变得更像字母，而涂写的方向能跟随正规的书写模式，即由左至右进行。第三阶段为字母书写阶段（letter-like forms），该阶段的幼儿处在3～4岁时期，他们开始明白成人为达到沟通目的而书写，并察觉到字词的构成需要特定的组合（例如，要构成一个可读的英文字词，需要特定的几个英文字母；如要构成一个可读的汉字，则需要特定的几个笔画），并且幼儿开始书写传统的字词，但还未能完全掌握正确的字形。第四阶段为学习过的内容阶段（well-learned units），即幼儿掌握字的概念后，便会结合学习过的内容，使用一系列看起来类似真正字母的符号，并结合图画，或使用不同的字母顺序组合成不同的字词。第五阶段为发明拼写阶段（invented spelling），即幼儿开始探索语音和字形的关系，开始时通常以一个字母代表一个字，或使用首尾两个字母代表一个字。第六阶段为传统的英语拼写阶段（conventional English orthography），即幼儿经历上述的探索阶段后，已经逐渐学会了书写传统的字形。通过分析克雷的理论可知，第六阶段为幼儿真正形成书写能力的阶段，而前五个阶段皆为

---

① Clay M. What Did I Write?[D]. Auckland: Heinemann Educational，1975: 42-44.

通向第六阶段的探索时期。因为幼儿的前书写行为本质上是幼儿学习正规书写过程中必经的一种探索与尝试，所以克雷的幼儿书写发展六阶段理论中的前五个阶段实质上可以被看作幼儿的前书写水平发展阶段。

在克雷的理论基础上，其他学者也建立了不同的幼儿前书写水平发展阶段理论。例如，戴森认为幼儿书写发展有两个宽泛的阶段。从出生到3岁，幼儿开始通过涂鸦探索书写的形式。3～6岁，幼儿开始由有控制的涂鸦逐渐发展成为他们可以说得出的认识的物体，也就是说涂鸦逐渐具备文字的特征，包括直线性、水平的方向性以及类似字母的形式。①

萨尔兹比（Sulzby）曾将幼儿的前书写发展粗略地分成三个大的过程：前创意拼写阶段、创意拼写阶段和常规拼写阶段。② 而这三个过程还可以细化为六个阶段。第一为通过绘画来书写；第二为通过涂鸦来书写；第三为通过写出类似字母的形式来书写；第四为通过再创造已知的字母组合和字符串来书写；第五为通过自创拼写来书写；第六为使用符合规范的拼写来书写。③

奥肯－怀特（Oken-Wright）等曾进一步将幼儿的前书写发展细分为七个阶段。④ 阶段一为涂鸦，即幼儿开始用涂鸦和线条假装书写，并且逐渐出现从左到右的顺序。阶段二为画图，即绘画开始成为幼儿重要的表达方式。阶段三为发明字母，即幼儿开始创造性地发明类似字母的符号，并为其赋意，这说明幼儿开始具备书写的意识。阶段四为随机字母，即当幼儿掌握了正规字母的书写技能后，便开始重复地书写特定的几个字母。阶段五为摹写单词，即幼儿开始用熟悉的字母拼写日常生活中常见的单词。阶段六为拼写发展，即幼儿的语音敏感性得到了进一步发展，能够提炼并使用单词中的关键音节字母来代表整个单词，这是拼音语言本身的特性所决定的发展阶段。阶段七为通达书写，即幼

---

① Dyson A H. Children's early interpretations of writing: Expanding research perspectives [J]. Metalinguistic Awareness and Beginning Literacy，1986: 38-41.

② Sulzby E, Hieshima J. Forms of writing and rereading from writing: A preliminary report [J]. Reading, 1989: 108-110.

③ Sulzby, E. Kindergarteners as writers and readers [J]. Advances in Writing Research, 1985: 127-199.

④ Oken-Wright, Pan. Transition to writing: Drawing as a scaffold for emergent writers [J]. Young Children, 1998: 76-81.

儿的书写能力开始成熟，基本符合正规的书写要求。需要注意的是，这些阶段并非在所有幼儿身上都能按部就班地被观察到，一些幼儿可能会跳跃式发展，而有些幼儿则会出现水平倒退的现象。

迈尔等从年龄的角度对幼儿的前书写发展阶段进行了探讨，他认为 2～3 岁的幼儿已经对绘画和涂鸦有了兴趣，3～5 岁的幼儿才开始对书写进行探索，此时的书面表征方式主要包括涂鸦、绘画、涂色、符号和个性化的字母组合等。[①]

（二）汉语先书写的发展阶段

《3～6 岁儿童学习与发展指南》在语言领域"阅读与书写准备"的"目标三"中提出了每个年龄段幼儿相对应的书面表达发展目标与特点。[②] 其中，3～4 岁幼儿应该喜欢用涂写与绘画来传递信息；4～5 岁幼儿应该喜欢用符号表达自己的愿望和想法，并且能在成人的提醒下保持正确的写画姿势；5～6 岁的幼儿应该喜欢用图画和符号表现事物或故事，会正确书写自己的名字，还要保持写画姿势正确。除了《3～6 岁儿童学习与发展指南》对幼儿前书写行为的发展阶段与特色提出了要求，诸多国内学者也针对这一问题提出了相关的理论与看法。

陈思在观察总结汉语幼儿前书写作品的基础之上，通过参考借鉴奥肯 - 怀特等针对英语幼儿提出的前书写发展七阶段理论，提出了相应的汉语幼儿前书写水平发展的七阶段理论。[③] 他认为在第一阶段，幼儿只会随意画线条与涂鸦，其中没有任何意义；在第二阶段，幼儿的作品虽然还是线条与涂鸦，但是它们有了意义，幼儿能说出他要表达什么，而且对汉字的方块字、一字一音等原则有了非常懵懂的经验积累；在第三阶段，幼儿开始能够书写阿拉伯数字、英语字母和一些简单的曲线型符号；在第四阶段，幼儿能够根据汉字的意思画出相应图形，或用一个字代替不认识的字；到了第五阶段，幼儿已能够写一些像字非字的符号，但成人很难辨认；第六阶段，幼儿开始能够书写汉字，但是存在一些错误，如笔画、空间方向等，但总体上能够被成人所识别；最后的第七阶

---

① Mayer K. Emerging knowledge about emerging writing [J]. Young Children，2007（62）: 34-40.

② 中华人民共和国教育部 . 3～6 岁儿童学习与发展指南 [Z]. 2012: 26-27.

③ 陈思 . 汉语儿童前书写发展研究 [D]. 上海：华东师范大学，2010: 11-15.

段，幼儿大体上已经能够书写正规的汉字，但仍存在部件位置不当、笔画不规范等小问题。

除了提出幼儿前书写水平发展的七阶段理论，陈思还提出了幼儿前书写水平发展所必需的三个核心经验以及每个经验所对应的三个发展阶段。[①] 核心经验和发展阶段的具体内容见表3-1。

表3-1　学前幼儿前书写核心经验与发展阶段

核心经验	发展阶段		
	初始阶段	稳定阶段	拓展阶段
建立书写行为习惯的经验	以随意的涂鸦和线条"假装"书写	有初步的与纸笔互动的"书写经验"	积累并能够书写一些简单的汉字字形
感知理解汉字结构的经验	感知汉字"方块字"的特点，并区别于"图画"	发现汉字"一字一音"的特点	理解汉字之间的间隔，书写时能逐步统一字的大小
学习创意书写表达的经验	模仿成人的书写，借助图画来表达想法	使用图画、符号、文字等多种形式，创意地表达比较复杂的意思	在创意书写中出现利用汉字同音、形似等特点进行的书写，能够表达更复杂的内容

除了以上的发展阶段理论，张庆的理论将幼儿前书写能力发展分为低、中、高三个层次。[②] 处于低级层次的幼儿不太会用类文字、符号、图画等多种元素来传递信息和表达感情，作品也不能紧扣主题；处于中级层次的幼儿开始会使用丰富的元素进行表达，但是水平一般，作品也能够部分反映主题；处于高级层次的幼儿能够灵活运用多种元素进行表达，而且作品能明确清晰地反映主题，还能够使用一些创意表达策略等。

二、幼儿前书写特点

不少学者针对幼儿前书写行为的特点也展开了相关研究。有研究者总结了幼儿前书写活动具备的五个特性。[③] 第一是游戏性，它是指幼儿的前书写行为更多的是一种游戏，而非正式的书写活动；第二是图画性，这一点是说儿童的前书写作品主要用涂鸦、图画等来表情达意，鲜有正式书写的规范性与格式化

---

① 陈思. 儿童前书写的核心经验和发展阶段 [J]. 幼儿教育，2012（34）：10-12.

② 张庆. 3～6岁幼儿书面表达能力的现状研究 [D]. 长春：东北师范大学，2015：32-35.

③ 王纬虹，申毅，庞青. 幼儿前书写活动的研究与实践 [J]. 学前教育研究，2004（5）：40-42.

要求；第三是过程性，它是指成人在看待幼儿的前书写活动时，以前书写行为的过程为主，而非看重幼儿的书写成果；第四是经验性，即幼儿的前书写行为主要是帮助幼儿体验书写表达的乐趣，积攒相关的书写经验，比如，更熟练地运用笔墨，书写动作更自然、过程更流畅，并且知道一些粗浅的书写常识和规范等；第五是兴趣性，它是指前书写应该注重激发幼儿的前书写兴趣，培养幼儿对待前书写行为的正确态度和情感，这对幼儿未来接受正规的书写教育意义深远。

还有学者选择幼儿前书写行为中的某些具体能力与意识作为研究对象，提出了相应的发展规律和特点。例如，读写萌发理论的创始人玛丽·克雷（Marie Clay）指出，姓名书写是幼儿前书写行为过程中的重要现象，它表明了幼儿对待正规书写的态度。而且，幼儿对于自己姓名中含有的字母和部件具有特殊的兴趣和偏好。[1] 基于这一观点，林泳海等对幼儿的姓名书写行为展开研究。他们发现，幼儿姓名书写水平在 3.5～6.5 岁保持稳定上升，5.5～6.5 岁开始快速上升。部分 5.5 岁儿童已掌握正规书写技能，大多数 6.5 岁幼儿能够正确书写姓名。[2]

新西兰的玛丽·克雷于 1966 年首次提出"读写萌发"（emergent literacy）的概念，而"前书写"（early writing）就属于这一概念。克雷认为，幼儿的读写行为是不断演化的，在此过程中，与读写相关的诸多能力都会得到发展，而其结果就是幼儿掌握了正规的读写技能。[3] 她进一步指出，幼儿可以通过日常生活中的经验积累来习得正规的书写技能。[4] 其实在此之前，人们普遍受到格赛尔（Gesell）成熟势力理论的影响，提出了"阅读准备"（reading readiness）理论，该理论认为，在正式开始学习读写之前，幼儿的生理水平（如小肌肉群发展、手眼协调能力等）以及认知水平（如对文字的意识、音素的认识等）必须达到

---

① 王雪. 基于汉字认知的儿童早期书写研究 [D]. 西安：陕西师范大学，2014: 21-23.

② 林泳海，李琳，崔同花，等. 幼儿早期书写与书写教育：思考与倡导 [J]. 学前教育研究，2004: 8-10.

③ Clay M M. Emergent reading behavior: Unpublished doctoral dissertation [M]. Auckland, New Zealand: University of Auckland，1966: 81-85.

④ Clay M M. Emergent reading behavior: Unpublished doctoral dissertation [M]. Auckland, New Zealand: University of Auckland，1966: 74-76.

一个所谓的成熟点才可以开始接受正规的读写训练。[①] 而克雷和其后的学者们改变了这一观点。正如之前所述，他们认为儿童的读写能力发展是一个自然过程，幼儿会从周围的环境中主动吸收关于文字的各种知识，这种环境包括书本、家庭、同伴、教师等，而这些行为就是幼儿读写萌发的根基。自克雷开辟了幼儿读写萌发和前书写的研究领域，并奠定了相应的理论基础之后，诸多国外研究者将幼儿作为研究对象，为幼儿的前书写行为增添了许多新的见解。

巴班（Baghban）发现大多数幼儿在 18 个月时就能用笔在纸上涂画，而且幼儿涂画的内容不确定，水平时好时坏，形式主要是涂鸦，这一点反映了幼儿的写画行为缺乏良好的协调和控制。[②] 弗里曼（Freeman）等表示，幼儿的书面表达能力是在绘画活动中获得了发展，正是在长时间的尝试后，幼儿才理解了文字的真正含义与功能。[③] 也有研究者认为，幼儿的书面表达行为会不断出现新的模式，但是新的模式出现并不意味着旧的模式会马上消失，只是其次数会逐渐减少。[④] 比如，早先只是凌乱的线条，少见文字与图画，到后来幼儿用图画和文字互相搭配解释来传递信息，但是凌乱的线条图案还是会出现。另外，也有学者提出，幼儿刚开始只会涂画凌乱的线条，随后开始画有规律的线条，而且他们开始专注于自我表达。还有研究者认为，大多数幼儿认为绘画和书写是同一种行为，因为两者都可以传递信息和表达感情。[⑤] 这一发展特点也印证了之前分析的观点：幼儿的前书写行为与绘画表达之间差异微妙，辨别的重点在于研究者站定的视角与选择的研究标准。

国内研究者从多个角度对幼儿的前书写展开了研究，这些角度具体包括幼儿前书写概念的界定、幼儿前书写水平的发展阶段、幼儿前书写行为的特点以

---

① 王波，王芳. 儿童读写萌发的研究进展 [J]. 中国特殊教育，2013（4）: 90—96.

② Baghban. Our daughter learns to read and write: A case study from birth to three [J]. Network International Reading Association, 1984: 25—28.

③ Freeman E & T. Sanders. Kindergarten children's emerging concepts of writing functions in the community [J]. Early Childhood Research Quarterly, 1989: 331—338.

④ Burns M S & R. Casbergue. Parent—child interaction in a letter—writing context [J]. Journal of Reading Behavior, 1992, 24（3）: 289—312.

⑤ Schickedanz J & M. Casbergue. Writing in preschool: Learning to orchestrate meaning and marks [M]. Newark, DE: International Reading Association, 2004: 10—12.

及幼儿姓名书写、文字意识、正字法意识、识字量等具体方面。虽然研究的层面多样，但是这些层面都潜在地将幼儿的前书写行为与汉字书写和汉字意识挂钩，偏向于认为幼儿前书写水平的发展等同于幼儿汉字水平（包括识字、正字法、文字意识等）的发展，这种思维与幼儿前书写行为的概念界定研究是自相矛盾的。通过之前的分析我们可以知道，国内学者并不认同将前书写水平单纯地等同于汉字水平，汉字只是幼儿用来完成自我表达这一最终目标的手段之一，它并不是唯一的手段和元素，所以这些具备汉字倾向的研究有些不符合幼儿前书写行为的核心精神与内涵。最后，国内多数的研究仍停留在理论思辨阶段，唯一能够获得的实践支撑也只是观察记录，目前尚缺乏真实的统计数据和实验来完善验证理论成果，而这一点便是因为没有有效的测评工具以客观量化幼儿实际的前书写发展水平。因此，当前在我国前书写水平测评工具的研究领域仍存在着广阔的探索空间与研究价值。

三、前书写相关测评工具

目前，国外唯一评定幼儿前书写水平的测评工具，是读写整合理论的创始人玛丽·克雷研制的《观察早期过程的评定技术》（*Rating Technique for Observing Early Process*）中关于幼儿书写的部分。[①] 该工具旨在评估幼儿书写表达的发展水平，并且可以作为满足幼儿教育需求的粗略指南。整个工具分为三个一级维度："language level"（语言水平）、"message quality"（信息质量）和"directional principle"（方向原则）。除此之外，当本研究以"emergent literacy"（读写萌发）、"early writing"（早期书写）、"scale"（量表）、"measurement"（测评）等关键词在 EBSCO 和 Springer 等外文网站上进行查询时，均没有得到相关测评工具的信息，这说明在真正意义上的幼儿前书写水平测评工具的研究方面，国外也没有太多相关研究。其实，从幼儿读写萌发的宏观角度上来讲，国外非常重视评估幼儿的读写萌发能力，相应的工具数量也非常多，比如，国外使用最广泛的两个读写萌发评估工具是《做好阅读准备》（*Get Ready to Read*，GRTR）和《个别化成长与发展预测因子》（*Individual Growth and Developmental Indicators*，

---

① Clay M M. In What did I write?[J]. Heinemann Educational，1975: 42–44.

IGDIs），还有《语音意识萌发量表（学前版）》（*Phonological Awareness Literacy Screen-PreK*，PALS–PreK），以及《幼儿早期读写量表》（*Test of Preschool Early Literacy*，TOPEL）等，这些工具对幼儿的读写萌发能力都能给予权威的诊断与评估。但问题是，以上提及的几个流行的工具，其侧重点都在于测评幼儿的阅读水平、语素意识或者口语发展水平，也就是说，国外的量表都在关注读写萌发的"读"，而非"写"。这是因为英语本身是一门拼音语言，其书写与发音有着一一对应的交互关系，所以学习英语的幼儿能够直接结合单词发音来书写。

国内相应的工具有香港的谢锡金等针对幼儿的汉字书写学习水平编制的相关的行为检核表。[①] 该表主要依据幼儿早期书写发展特征以及幼儿中文书写学习进程这两个标准制定，一共包含 15 个等第。检核表的具体内容如表 3–2 所示。

表 3-2　幼儿汉字书写表现等第（繁简体均适用）

等第	描述	附加说明 （样本符合多种描述时，以较高表现来评予等第）
1	未能或运用很少图画、线条或符号来表达自己的意思；或未能表达自己的意思。	幼儿表达自己的意思可能包括成人或其他幼儿的提示。
2	能用图画来表达自己的意思。	可能有幼儿书写的字，但别人无法辨认。
3	能用线条及／或符号代表字形来表达自己的意思。	
4	能用英文字母及／或阿拉伯数字来表达自己的意思。	
5	能用"自创字"来表达自己的意思。	"自创字"指由近似的笔画组成近似部件字样或方块字样的字，成人未能确定是哪个字，而须由幼儿亲自告诉成人他／她写了什么字。
6	请人或让人代写想要说的话或想要写的文字。	
7	能试着书写一些汉字来表达自己的意思；可能部分字形有谬误；可能书写字形接近、字音接近或意思相近的字代替要表达的字。	成人能辨认出是哪个字。

续表

等第	描述	附加说明 （样本符合多种描述时，以较高表现来评予等第）
8	能仿写一些字形正确的汉字来表达自己的意思。	仿写指依据别人的书写示范来抄写或依据提示来模仿书写；字形正确指笔画呈现书写传统字形，部件位置符合传统字形。不评鉴字的优美性，例如：大小、疏密等汉字字形方面，包括传统书写或印体字字形。
9	能独立书写一些汉字来表达自己的意思。	独立书写指幼儿书写时没有观看书写示范或接受他人指导，部分字形正确。
10	能仿写一些汉字词组来表达自己的意思。	部分字形正确。
11	能独立书写一些汉字短句来表达自己的意思。	部分字形正确。
12	能仿写一些汉字句子来表达自己的意思。	部分字形正确。
13	能独立书写一些部分字形正确的汉字句子来表达自己的意思。	句子中可能包含仿写字词。
14	能独立书写一些全部字形正确的汉字句子来表达自己的意思。	全部字形正确，句子中可能包含仿写字词。
15	能独立书写一些汉字句子来表达自己的意思，句型有变化，字形较为优美。	字形优美指字体整齐，有注意构字部件的变化；部件大小及结构疏密恰当；大部分字形正确，句子中可能包含仿写字词。

由内容可知，此表是关于幼儿的书写行为评定，但此表与上文论述的幼儿前书写活动都同样注重幼儿的意思表达与信息传递。不同的是，该表将表达的形式作为划分幼儿书写水平的重要依据，即从出现线条涂鸦到出现正确汉字，幼儿的书写水平是步步攀升的。但是幼儿的前书写行为不将汉字书写的规范性作为评判前书写水平的唯一标准，它同时记录幼儿前书写的表达意思和表达形式这两方面的表现，而重点则在于表达的意图和意识。

此外，本研究还发现有学者从幼儿识字量的角度进行研究并编制了相关工具。比如，香港的李辉以母语为汉语的儿童为研究对象，编制了《学前及初小儿童中文识字量表》（PPCLS）。整个量表从四个层次来测评儿童的汉字认知能力：汉字识别能力、音形辨析能力、汉字再认能力和词汇表达能力。其被试是选自新加坡和我国的北京、香港的汉语儿童。还有学者专门针对学前幼儿编制了《学前儿童汉字阅读测验》来测试幼儿的识字量。总之，这些测评工具都是针对幼儿的识字水平进行开发的，其侧重点与幼儿前书写行为研究存在一定偏差，但其量表具体内容可资借鉴，为维度编制提供思路。

综上所述，国外学者对幼儿前书写行为的研究开始的时间点非常早，而且研究的角度更加丰富，理论基础也更加完善、全面，尤其在幼儿前书写特点和发展阶段的划分方面，国外学者很早便做出了非常详尽的阐述，而且随着研究的深入在不断地更新迭代，这些成果也被国内学者很好地学习和借鉴。然而，在幼儿前书写水平测评工具的研究方面，国内外普遍不太重视，或者说研究的侧重点不在此方面，所以想通过借鉴国外前书写水平测评工具研究来开展汉语幼儿前书写水平测评工具研究有些许困难，可行的方法是对国外研究中关于幼儿前书写发展阶段的理论进行提炼，进而为工具维度的选择提供思路。

此外，通过对比国内外的研究和各种理论我们可以发现，不论是英语幼儿还是汉语幼儿，两者在前书写行为上有着本质的相似性。比如，两种幼儿都是从环境中自发地吸取了书面文字的经验，而且在前书写过程中使用的策略和方法都是涂鸦、符号、文字等，两者前书写的目的也都在于表达思想、信息，或者反映生活经验。另外，两种幼儿的前书写水平发展阶段在宏观层面上都是从了解书写表达到尝试书写表达再到正确有效的书写表达。但是，因为语言的根本差异，两种幼儿的前书写发展也存在着明显的差异。比如，作为拼音语言学习者，英语幼儿更多是通过听觉敏感性来辨认字母和单词，他们更强调字母—语素对应关系的听觉问题，只要掌握了规定数量的字母书写技能和字母发音，通过单词语句的发音就能够拼凑出书写内容，这一特点无疑大大降低了英语等拼音语言幼儿学习书写的难度。而作为使用象形文字的民族，汉语幼儿则侧重于使用视觉敏感性来识别文字，学习汉字的幼儿必须格外注意文字的部件组成与空间位置等平面视觉问题，而且汉字的部件与笔画规则的数量之庞大，导致幼儿无法全部识记，这也对汉语幼儿的前书写发展造成了一定的阻碍。因为这些语言复杂程度的差异，英语幼儿毫无疑问要比汉语幼儿更早地掌握正字法及正规书写规则，进而更早地进行流畅的书写。

第三节　5~6 岁幼儿前书写测评工具的编制

一、研究设计

研究目的：以 5 ～ 6 岁幼儿为对象，编制适合其前书写水平的测评工具。

本研究把 5 ～ 6 岁幼儿选为研究对象的原因有以下几点：

第一，5 ～ 6 岁的幼儿正好对应幼儿园中的大班，而大班幼儿正处在幼小衔接的重要阶段，已有理论表明，幼儿的前书写能力对幼儿日后的正规书写表现有显著的预测作用。[①] 因此，研究 5 ～ 6 岁幼儿前书写水平测评工具具有重要的现实意义与实践价值。

第二，通过实践与调查的结果显示，绝大多数 3 ～ 4 岁汉语幼儿在前书写任务表达过程中都表示自己不会书写汉字，只会用画图或者涂鸦来完成前书写任务，而且画图与涂鸦的水平也较低，如果不加入幼儿自身的口头解释，观察者很难理解他们的前书写作品所要传达的信息。有学者指出，随着年龄的增长，幼儿的前书写水平会呈现逐渐上升的趋势。所以相比较而言，5 ～ 6 岁的幼儿对汉字的认知与意识明显优于 3 ～ 4 岁幼儿。大多数 5 ～ 6 岁幼儿都会书写自己的姓名，还有部分幼儿甚至认识并会书写数十个汉字（通过预测验得知，该幼儿园要求大班教师必须开展课程教授幼儿书写自己的姓名，而且部分幼儿会在家中或园外参加识字写字兴趣班）。除此之外，虽然 5 ～ 6 岁幼儿的前书写作品也以图画为主，基本不掺杂汉字，但是其画图水平要明显优于 3 ～ 4 岁幼儿，这一点具体表现为观察者在结合幼儿口头解释的情况下，能够轻易从 5 ～ 6 岁幼儿的前书写作品中辨析出图画的象征性和作品所要表达的含义。由此可见，5 ～ 6 岁幼儿相比 3 ～ 4 岁幼儿具有更丰富的书面语言认知意识与日常生活经验，他们的前书写作品也比 3 ～ 4 岁幼儿的前书写作品要更加贴合本研究对于前书写水平的设想与认识。所以，为了获得更好的最终研究呈现效果，本研究选用 5 ～ 6 岁幼儿，显然比 3 ～ 4 岁幼儿更为合适。

---

① Clay M M. Emergent reading behavior: Unpublished doctoral dissertation [M]. Auckland, New Zealand: University of Auckland, 1966: 81—85.

二、研究思路

（一）草拟测评工具

通过查找文献，收集国内外关于汉语幼儿前书写水平发展的理论与实证研究成果，总结出对幼儿前书写行为的概念界定和相关特性，并且前往幼儿园进行实践与调查，然后以此为基础，归纳出本研究需要利用的幼儿前书写水平评定依据和标准，分成不同的维度和子项目，草拟出初步的《5～6岁幼儿前书写水平测评工具》，并且向专家和一线教师请教和论证，确定工具内容的合理性。

（二）选定测试主题与形式

根据初步制定的测评工具内容，在向专家、教师和幼儿园一线教师讨论和请教的基础上，制定出本次研究需要使用的测试主题与测试形式，并在幼儿园内选取适量幼儿展开预测试，检验确定的主题与形式是否具有可操作性，并对其进一步优化。

（三）第一次测试

前往幼儿园随机选取不少于300名普通幼儿，让幼儿们根据已经确定的主题与形式开展前书写表达，最后将其表达作品回收，并根据初步制定的《5～6岁幼儿前书写水平测评工具》对作品进行打分，再用SPSS等统计学软件对其进行项目分析、探索性因素分析等，根据分析提供的数据结果和来自专家、教师的意见对工具进行修改和调整，删除不符合要求的维度，形成第一版《5～6岁幼儿前书写水平测评工具》。

（四）第二次测试

重新进行随机抽样选择研究对象，人数依旧不少于300人，使用相同的《前书写主题表》，然后使用修订过的《5～6岁幼儿前书写水平测评工具》对收集到的5～6岁幼儿前书写作品进行分析，根据分析的数据情况和专家、教师的意见，对工具的模型进行验证性因素分析和信效度检验，保证工具内各维度和评分项目之间具有良好的拟合度和信效度，最终形成正式版《5～6岁幼儿前书写水平测评工具》。

具体研究思路见图3-1。

```
┌─────────────┐   ┌─────────────┐   ┌───────────────┐
│  前期实践观察  │───│  查阅文献资料  │───│  请教专家、教师  │
└─────────────┘   └─────────────┘   └───────────────┘
```

```
┌─────────────────────────────┐      ┌─────────────────┐
│ 初始《5～6岁幼儿前书写水平测评工具》 │      │  《前书写主题表》  │
└─────────────────────────────┘      └─────────────────┘
```

```
┌─────────────────┐
│   第一次正式测验   │
│   进行作品评分    │
└─────────────────┘
```

```
┌───────────┐              ┌───────────────┐
│  项目分析   │              │  探索性因素分析  │
└───────────┘              └───────────────┘
```

```
┌───────────────────────────────────┐
│  形成修订版《5～6岁幼儿前书写水平测评工具》  │
└───────────────────────────────────┘
```

```
┌─────────────────┐
│   第二次正式测验   │
│   进行作品评分    │
└─────────────────┘
```

```
┌───────────────┐              ┌───────────────┐
│  验证性因素分析  │              │   信效度检验    │
└───────────────┘              └───────────────┘
```

```
┌───────────────────────────────────┐
│  形成正式版《5～6岁幼儿前书写水平测评工具》  │
└───────────────────────────────────┘
```

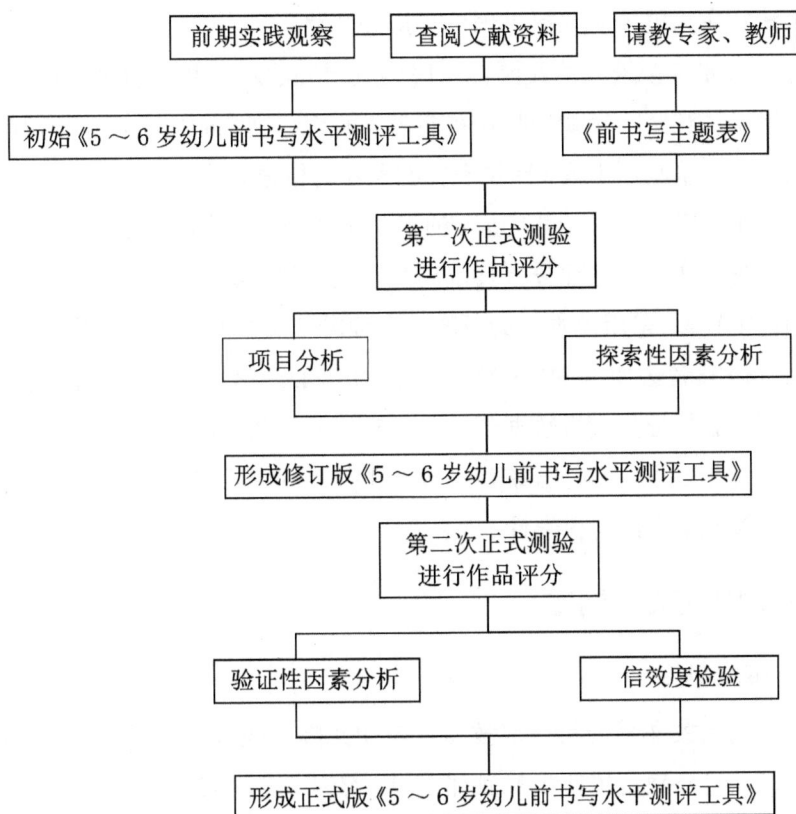

图 3-1　研究思路

三、研究方法

本研究在杭州市内随机选取了 A、B、C、D 四所幼儿园展开研究活动，四所幼儿园在教学理念和教学水平上均有所不同，这一点能够在一定程度上保证被试的多样性和测评工具的普适性。

本研究在上述四所幼儿园中共选取 621 名大班幼儿参与前书写表达活动，其中女幼儿 313 名，男幼儿 308 名，平均年龄为 5.75 岁。共发放前书写主题表 621 份，收回 621 份，但由于 6 名幼儿未在表中写画任何内容，故认定此 6 份表格为无效作品，不予分析，所以有效作品共 615 份，作品有效率为 99.03%。

本研究首先使用文献法对幼儿前书写的相关研究资料进行收集汇总，来源包括 CNKI、EBSCO、Springer 等电子媒介资料，也包括书籍、期刊等纸质资料，使用该方法意在为整体研究提供理论支撑和思路。

此外，研究者会进入幼儿园，使用调查研究法对幼儿的前书写行为及表现进行观察记录，观察与实践的收获将会为本研究编制《前书写主题表》和《5～6岁幼儿前书写水平测评工具》提供现实的参考与依据。

接着，本研究会要求幼儿完成《前书写主题表》的写画任务，并采用作品分析法对其前书写作品进行评分，其依据是研究者初步编制的《5～6岁幼儿前书写水平测评工具》。采用此方法的目的在于检验工具维度与项目的实际效果。

最后，研究者会使用 SPSS 23.0 和 AMOS 24.0 等软件开展统计分析法，对幼儿前书写作品的分数进行数据分析和处理，并以此为标准对《5～6岁幼儿前书写水平测评工具》中不符合统计学要求的维度和项目进行删除和调整，最终使其获得足够的合理性与科学性。

四、初始测评工具的制定

（一）维度划分

通过查阅相关文献资料，请教专家与幼儿园一线教师，并前往幼儿园展开实践调查，本研究制定出初步的测评工具。该工具包括3个一级维度："图形表达""符号表达""近似汉字表达"。其中，"图形表达"包括4个二级维度："线条与涂鸦""图画""意义""以图代字"；"符号表达"包括8个二级维度："类文字符号""类文字符号意义""阿拉伯数字""英文字母""正确""间距""大小""顺序"；"近似汉字表达"包括4个二级维度："一字一音""方块字""自创字""汉字部件"。每个二级指标又包括四级行为表现，根据作品中相应元素的数量对应4个评分等级，分别为0分、1分、2分、3分，分数越高，说明该作品在某二级维度上的效果越好；分数越低，说明该作品在该二级维度上的效果越差。详情如表3-3所示。

表3-3 初始《5～6岁幼儿前书写水平测评工具》

一级维度	二级维度	三级表现	评分
图形表达	线条与涂鸦	作品中没有"线条与涂鸦"	0
		作品中出现少量"线条"或"涂鸦"（2处以下）	1
		作品中出现多数"线条"或"涂鸦"（3～5处）	2
		作品中出现大量"线条"或"涂鸦"（6处及以上）	3
	图画	作品中没有出现"图画"	0
		作品中出现少量"图画"（区别于"线条与涂鸦"）（2处以下）	1
		作品中出现多数"图画"（区别于"线条与涂鸦"）（3～5处）	2
		作品中出现大量"图画"（区别于"线条与涂鸦"）（6处及以上）	3
	意义	作品中的"线条""涂鸦""图画"都无意义	0
		作品中的"线条""涂鸦""图画"少数有意义（2处以下）	1
		作品中的"线条""涂鸦""图画"多数有意义（3～5处）	2
		作品中的"线条""涂鸦""图画"大量有意义（6处及以上）	3
	以图代字	作品中没有"线条""涂鸦""图画"能代表字词	0
		作品中少量"线条""涂鸦""图画"能代表字词（2处以下）	1
		作品中多数"线条""涂鸦""图画"能代表字词（3～5处）	2
		作品中大量"线条""涂鸦""图画"都能代表字词（6处及以上）	3
符号表达	类文字符号	作品中没有出现"类文字符号"	0
		作品中较少出现"类文字符号"（2处及以下）	1
		作品中较多出现"类文字符号"（3～5处）	2
		作品中大量出现"类文字符号"（6处及以上）	3
	类文字符号意义	作品中的"类文字符号"都无意义	0
		作品中的少量"类文字符号"有意义（2处及以下）	1
		作品中的多数"类文字符号"有意义（3～5次）	2
		作品中的大量"类文字符号"有意义（6处及以上）	3
	阿拉伯数字	作品中没有出现"阿拉伯数字"	0
		作品中出现少量"阿拉伯数字"（2处及以下）	1
		作品中出现多数"阿拉伯数字"（3～5处）	2
		作品中出现大量"阿拉伯数字"（6处及以上）	3
	英文字母	作品中没有出现"英文字母"	0
		作品中出现少量"英文字母"（2处及以下）	1
		作品中出现多数"英文字母"（3～5处）	2
		作品中出现大量"英文字母"（6处及以上）	3
	正确	没有"阿拉伯数字""英文字母"正确	0
		少量"阿拉伯数字""英文字母"正确（2处及以下）	1
		多数"阿拉伯数字""英文字母"正确（3～5处）	2
		大量"阿拉伯数字""英文字母"正确（6处及以上）	3
	间距	"类文字符号""阿拉伯数字"或"英文字母"中间没有适当"间距"	0

续表

一级维度	二级维度	三级表现	评分
符号表达	间距	"类文字符号""阿拉伯数字"或"英文字母"中间有少量适当"间距"（2处及以下）	1
		"类文字符号""阿拉伯数字"或"英文字母"中间有较多适当"间距"（3～5处）	2
		"类文字符号""阿拉伯数字"或"英文字母"中间有大量适当"间距"（6处及以上）	3
	大小	没有"类文字符号""阿拉伯数字"或"英文字母"的"大小"统一	0
		少数"类文字符号""阿拉伯数字"或"英文字母"的"大小"统一（2处及以下）	1
		多数"类文字符号""阿拉伯数字"或"英文字母"的"大小"统一（3～5处）	2
		大量"类文字符号""阿拉伯数字"或"英文字母"的"大小"统一（6处及以上）	3
	顺序	没有"类文字符号""阿拉伯数字"或"英文字母"呈现从左至右的"顺序"	0
		少数"类文字符号""阿拉伯数字"或"英文字母"呈现从左至右的"顺序"（2处及以下）	1
		多数"类文字符号""阿拉伯数字"或"英文字母"呈现从左至右的"顺序"（3～5个）	2
		大量"类文字符号""阿拉伯数字"或"英文字母"呈现从左至右的"顺序"（6处及以上）	3
近似汉字表达	一字一音	没有汉字（不论正误）能对应一个发音	0
		少数汉字（不论正误）能对应一个发音（2处及以下）	1
		多数汉字（不论正误）能对应一个发音（3～5处）	2
		大量汉字（不论正误）能对应一个发音（6处及以上）	3
	方块字	没有汉字（不论正误）呈现方块结构	0
		少数汉字（不论正误）呈现方块结构（2处及以下）	1
		多数汉字（不论正误）呈现方块结构（3～5处）	2
		大量汉字（不论正误）呈现方块结构（6处及以上）	3
	自创字	作品中没有出现"自创字"	0
		作品中出现少量"自创字"（2处及以下）	1
		作品中出现多数"自创字"（3～5处）	2
		作品中出现大量"自创字"（6处及以上）	3
	汉字部件	作品中没有出现"汉字部件"	0
		作品中出现少量"汉字部件"（2处及以下）	1
		作品中出现多数"汉字部件"（3～5处）	2
		作品中出现大量"汉字部件"（6处及以上）	3

（二）评分标准

本研究制定的测评工具的评分标准是依据幼儿前书写作品中特定元素和现象出现的数量做出的。所有二级维度的评分都以"没有"出现某元素或现象为0分，"少量"出现某元素或现象为1分，"多数"出现某元素或现象为2分，"大量"出现某元素或现象为3分。根据先前的实践与观察，结合专家与一线教师的观点和建议，本研究将"没有"出现某元素或现象定义为出现"0处"，将"少量"出现某元素或现象定义为出现"3处及以下"，将"多数"出现某元素或现象定义为出现"4～6处"，将"大量"出现某元素或现象定义为出现"7处及以上"。根据此量化标准对5～6岁幼儿的前书写作品进行评分更贴合实际情况，且研究效果更为理想。

（三）二级维度

表3-4　初始《5～6岁幼儿前书写水平测评工具》二级维度说明

二级维度	释义	具体操作
线条与涂鸦	幼儿前书写作品中的基本表达元素，图形整体简单、抽象。	数出作品中"线条与涂鸦"的个数，重复图形只记一次，最后根据评分标准打分。
图画	较"线条与涂鸦"更具象、具体、复杂的表达图形。	数出作品中"图画"的个数，重复图形只记一次，最后根据评分标准打分。
意义	"线条与涂鸦"和"图画"等表达元素是否具备特定含义。	询问幼儿作品中所有图形的意义，计算具备意义的图形总数，要求意义切题，最后根据评分标准打分。
以图代字	幼儿以"线条与涂鸦"和"图画"等图形替代文字进行表达的现象。	在询问幼儿图形意义的基础上，计算作品中"以图代字"现象出现的次数，最后根据评分标准打分。
类文字符号	幼儿自创的类似文字的符号，有别于"线条与涂鸦"和"图画"等图形。	在询问幼儿符号含义的基础上，计算作品中"类文字符号"的个数，最终根据评分标准打分。
类文字符号意义	幼儿自创的"类文字符号"能够表征特定汉字。	在询问幼儿符号意义的基础上，计算作品中含有意义的"类文字符号"的个数，最终根据评分标准打分。
阿拉伯数字	日常使用的数学计算符号。	计算作品中"阿拉伯数字"的个数，重复数字只记一次，最终根据评分标准打分。
英文字母	日常使用的英语基本书写单位。	计算作品中"英文字母"的个数，重复字母只记一次，最终根据评分标准打分。
正确	"阿拉伯数字"和"英文字母"的书写正确性。	计算作品中书写正确的"阿拉伯数字"与"英文字母"的个数，重复的数字与字母只记一次，最终根据评分标准打分。

续表

二级维度	释义	具体操作
间距	"阿拉伯数字"和"英文字母"之间能够保持适当间隔。	计算"阿拉伯数字"和"英文字母"之间适当间隔的个数,要求间隔连贯、合理,最终根据评分标准打分。
大小	"阿拉伯数字"和"英文字母"能够保持相对一致的大小比例。	计算保持相对一致大小的"阿拉伯数字"和"英文字母"的个数,最终根据评分标准打分。
顺序	"阿拉伯数字"和"英文字母"呈现从左至右的线性顺序。	计算呈现从左至右线性顺序的"阿拉伯数字"和"英文字母"的个数,最终根据评分标准打分。
一字一音	幼儿写的错别字、"自创字"、正确字等具备一个特定的汉字发音。	在询问幼儿的基础上,计算具有一个发音的错别字、"自创字"、正确字等的个数,重复字只记一次,最终根据评分标准打分。
方块字	错别字、"自创字"等呈现明显的方块结构。	计算呈现方块结构的错别字、"自创字"等的个数,重复字只记一次,最终根据评分标准打分。
自创字	幼儿运用正规书写体系中存在的部件、笔画等创造出的非常规汉字。	在询问幼儿的基础上,计算"自创字"个数,重复字只记一次,最终根据评分标准打分。
汉字部件	幼儿书写的汉字偏旁部首及笔画。	计算"汉字部件"的个数,重复部件只记一次,最终根据评分标准打分。

1. 线条与涂鸦

"线条与涂鸦"是幼儿前书写行为萌发的重要象征,也是幼儿尝试表达自己和传递信息时使用的主要形式,这一元素将贯穿整个幼儿阶段的多种书面表达行为,其中也包括绘画表达等。因此,该维度意在衡量 5 ～ 6 岁幼儿对"线条与涂鸦"这一基本形式的使用情况,具体操作方法为数出幼儿前书写作品中出现的"线条与涂鸦"个数,重复的"线条与涂鸦"只计一次,并根据三级指标的评分标准打分。图 3-2 所示为典型的"线条与涂鸦"图形。

图 3-2　典型的"线条与涂鸦"

2. 图画

"图画"是一种不同于"线条与涂鸦"的表现元素,它是幼儿在掌握使用"线条与涂鸦"的基础上发展出的更加具象且细致的图形。因此,"图画"比"线条与涂鸦"的辨识度更高，表达难度更大，所以掌握"图画"表达的幼儿，其前书写水平也有所上升。而且，使用"图画"表达也是绘画表达与前书写表达的分水岭，当从艺术的角度，例如用色彩、线条、比例等来要求幼儿的"图画"时，幼儿书面表达就会往绘画表达方向发展，而当幼儿开始产生传递更多信息，表达更多情感的需求时，他们便会尝试模仿并创造符号与文字等来进行深度表达，而此时的幼儿书面表达就开始向前书写和正规书写方向发展。该维度的目的就在于考察 5～6 岁幼儿对于"图画"表达的使用水平。具体操作方法为数出幼儿前书写作品中出现的"图画"数量，重复图案只计一次，并根据三级指标的评分标准打分。图 3-3 所示为充满细节的"图画"人物与简单的"涂鸦"人物的对比。

图 3-3 "图画"人物与"涂鸦"人物对比

3. 意义

这里的"意义"是指在幼儿的前书写表达作品中出现的"线条""涂鸦""图画"都承载着一定的信息或情感，例如用一个圈代表苹果，几条线代表水流等。根据幼儿前书写发展特点与阶段的文献资料中所述，用笔在纸上乱涂乱画且其所呈现的内容没有具体意义，是幼儿前书写行为的最早期现象，这也是幼儿首次尝试与纸笔等书写媒介展开互动的过程，而当其涂画内容开始具备一定的信息和情感时，这说明幼儿产生了书面表达的意识和需求，这种意识与需求是前书写行为发展的基础和关键。但是在笔者前期的实际观察中发现，有部分 5～6 岁幼儿的前书写作品中依旧会出现毫无意义、不可辨认且与主题不相关的"线条""涂鸦""图画"，当教师询问其内容是什么时，幼儿常回答不知道，且面露困惑。因此，此维度着重考察幼儿运用"线条""涂鸦""图画"传递信息和表达感情的意识与能力。具体评判方法为当发现作品中有不可辨认的内容时，向幼儿询问其为何物，如果幼儿拒绝回答或回答不知道，则判定此内容无意义；如果幼儿回答的意义与表达主题不相关，也算作无意义。最后计算作品中具备意义的"线条""涂鸦""图画"的数量，并根据三级指标的评分标准打分。图 3-4 所示为幼儿的无意义涂鸦和线条，当研究者询问幼儿该图形有何意义时，幼儿回答"不知道"，甚至会拒绝回答。

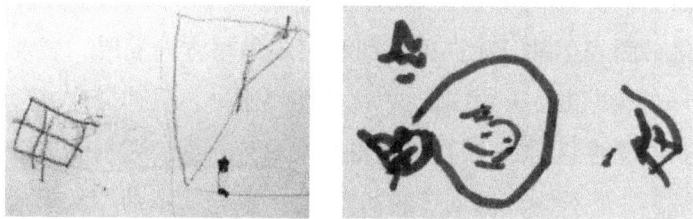

图 3-4　无意义图形

4. 以图代字

"以图代字"是一种前书写表达现象和策略，其具体表现为两种：一是当幼儿在前书写表达过程中，遇到书写某字的要求，但不会书写该字时，会使用与该字发音相似或相同的图形来替代该字，如画一颗心的图案来表示"馨"字；二是当幼儿不会用汉字表达某物时，幼儿会直接画出此汉字或词组对应的物体，如当主题要求幼儿写出自己喜欢的食物时，幼儿回答不会写"薯条"二字，但是在纸上画出了薯条的图形，这也算作"以图代字"的现象与策略之一。出现或运用"以图代字"策略，说明幼儿已经能够理解并结合主题要求来进行前书写表达，而且"以图代字"作为一种非常规的表达方式，它象征着幼儿开始产生创造性表达的萌芽，并且表明幼儿有着强烈的表达欲望与需求。该维度便是记录幼儿"以图代字"策略的使用情况，具体操作方法为数出幼儿前书写作品中出现的"以图代字"现象的次数，如遇无法辨认的图形，要询问幼儿其意义，如果幼儿的回答能够表明此为"以图代字"策略，也应计入总数，最后根据三级指标的评分标准进行打分。图 3-5 中的作品为幼儿用一颗心形图案代替名字中的"馨"字，用一朵云加雨滴的图案代表名字中的"雨"字，用薯条图画代替不会写的"薯条"二字。

图 3-5 幼儿的"以图代字"现象

5. 类文字符号

"类文字符号"是幼儿基于自身在日常生活中积攒的汉字经验所创造出来的一种符号，它是前书写行为的符号表达阶段中存在的一种独特的现象。"类文字符号"的出现意味着幼儿开始对汉字的"方块字"字形产生了印象与概念，但是仍不具备汉字的部件与结构意识，于是便使用类似汉字笔画的线条等方式来创造出类似汉字的符号进行表达，这说明幼儿的前书写表达行为进入了更高级的符号表达阶段。根据已有的文献资料，本研究结合早期实践观察经验发现，不同于"线条""涂鸦""图画"等图形，"类文字符号"一般由单纯的直线或曲线等线型构成，且多呈紧密的块状结构，部分也会呈现出分散的线条图案，此特征有助于研究者分辨出幼儿前书写作品中的"类文字符号"。该维度的目的在于考察幼儿是否会使用"类文字符号"，具体操作方法为根据"类文字符号"特征数出幼儿前书写作品中"类文字符号"的数量，并根据三级行为指标的评分标准进行打分。图 3-6 所示为幼儿创造的"类文字符号"。

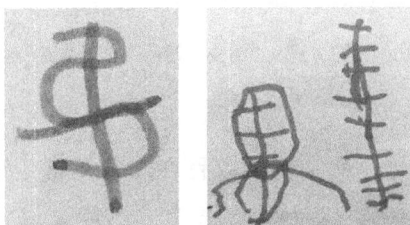

图 3-6 幼儿创造的"类文字符号"

6. 类文字符号的意义

"类文字符号"的意义是指幼儿在前书写作品中呈现的"类文字符号"所表征的汉字或者其他含义。在早期观察中，部分幼儿能够创造出"类文字符号"，但是当研究者询问幼儿此符号是什么时，有些幼儿会说出此符号是什么字，但也有一些幼儿会回答"不知道"，甚至不予回答，这说明幼儿对"类文字符号"的使用并不一定具有明确的目的性，他们单纯认为这是一种区别于"线条""涂鸦""图画"的东西，而且可以将它作为汉字使用，但是他们不清楚该符号具体表征哪一个汉字，也不知道该符号应该传递什么信息。因为正规书写本质就是使用某种社会与文化普遍认可的符号进行信息传递的行为，所以仅从模式的角度而言，使用"类文字符号"进行书面表达已经非常接近使用正规汉字进行书面表达。因此，能够创造出具有意义的"类文字符号"的幼儿，其前书写水平要高于只能创造出没有意义的"类文字符号"的幼儿。该维度的目的就在于考察幼儿使用的"类文字符号"是否具有一定的意义，具体操作方法为找出幼儿前书写作品中的"类文字符号"，与幼儿一一核实其含义，并将具有意义的符号进行计数，最后根据三级行为指标的评分标准进行打分。图3-7所示为幼儿创造的有意义的"类文字符号"与无意义的"类文字符号"，当研究者询问左图的幼儿作者此为何字时，幼儿回答这是"爸爸"二字，而当研究者询问右图的幼儿作者此为何字时，幼儿回答"不知道"，但仍认为这是汉字。

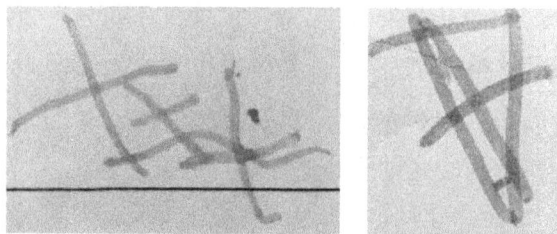

图3-7　幼儿创造的有意义"类文字符号"与无意义"类文字符号"

7. 阿拉伯数字

"阿拉伯数字"本身是一种结构简单且在幼儿日常生活中经常遇见和使用的符号，加之幼儿园都会开展"阿拉伯数字"书写教学活动，所以5～6岁的幼儿普遍都能够书写"阿拉伯数字"，区别在于数字的数量和正确率。简单易学的"阿拉伯数字"既能加深幼儿对于正规书写符号与系统的认识，也能锻炼幼儿按照要求和规定书写正规符号的能力，而且幼儿对于许多"阿拉伯数字"具有的独特曲线造型充满了书写的兴趣。本维度意在考察幼儿对于"阿拉伯数字"的使用情况，它反映了幼儿对书写规则和意识的认识水平，具体操作方法为数出幼儿前书写作品中出现的"阿拉伯数字"的数量，重复数字只计一次，并按照三级行为指标的评分标准进行打分。图 3-8 所示为幼儿书写的"阿拉伯数字"，幼儿偏好书写 2、6、8、3 等曲线型"阿拉伯数字"。

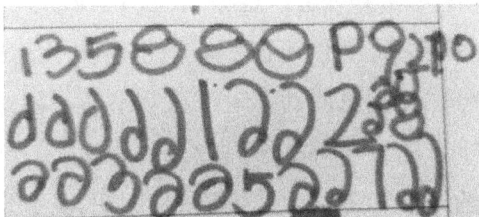

图 3-8 幼儿书写的"阿拉伯数字"

8. 英文字母

"英文字母"与"阿拉伯数字"类似，都具有简单的结构，而且频繁出现在幼儿的日常生活等场景之中，便于幼儿学习掌握。不同的是，"阿拉伯数字"多为一笔写成，而"英文字母"时常以两笔构成，而且意义和用法远比"阿拉伯数字"丰富。陈思等认为，因为"英文字母"具有简单而有规律的曲线和直线笔画结构，所以汉语幼儿在前书写发展阶段的早期比较喜欢书写"英文字母"。[①] 因此，书写"英文字母"既能够培养汉语幼儿的前书写兴趣，帮助幼儿理解正规的语言符号书写体系规则，也能够帮助研究者判定幼儿的符号书写能力和意识。该维度的具体操作方法为数出幼儿前书写作品中的"英文字母"数量，重复字母只计一次，并根据三级行为指标的评分标准进行打分。图 3-9 所示为幼儿书写的"英文字母"，5～6 岁的幼儿在日常生活中或多或少积攒了一定的"英文字母"经验，有部分幼儿甚至参加了园外英语培训班。

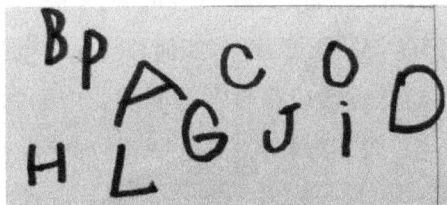

图 3-9 幼儿书写的"英文字母"

---

① 陈思. 汉语儿童前书写发展研究 [D]. 上海：华东师范大学，2010: 11–15.

9. 正确

此处的"正确"是指幼儿书写"阿拉伯数字"和"英文字母"的书写正确率。在早期实践观察中，多数幼儿都能够书写多个"阿拉伯数字"或"英文字母"，但是其中存在不少的书写错误问题。能够书写"阿拉伯数字"及"英文字母"，表明幼儿已经对正规书写系统有了一定的认识；如果幼儿能够做到正确书写"阿拉伯数字"及"英文字母"，则说明幼儿对于正规书写系统的要求，比如，笔画的相对位置、数字及字母的方向等有了更加深入的了解，这将有助于幼儿日后理解和学习正规汉字的结构和笔画。该维度的目的就在于统计幼儿前书写作品中书写正确的"阿拉伯数字"和"英文字母"的数量，具体操作方法为数出作品中正确的"阿拉伯数字"和"英文字母"数量，重复的正确数字及字母只计一次，并根据三级行为指标的评分标准进行打分。图 3-10 所示为部分幼儿书写的"阿拉伯数字"和"英文字母"，其中存在书写方向颠倒的现象，这是幼儿前书写表达中普遍存在的现象，被称为"镜像字现象"。

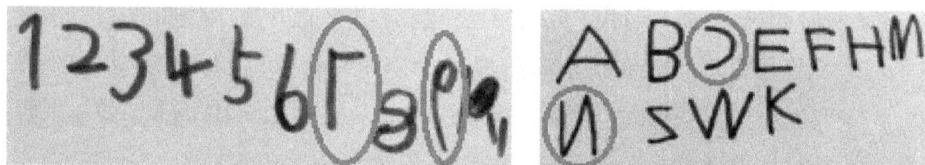

图 3-10 幼儿书写的错误"阿拉伯数字"和"英文字母"

10. 间距

"间距"是指每个"阿拉伯数字"或"英文字母"之间形成的适当空隙。周兢认为，幼儿对于书写物之间空间间隔的把握属于幼儿感知理解汉字结构的核心经验之一。[①] 如果幼儿能够在"阿拉伯数字"和"英文字母"这类简单的符号系统中产生间隔意识，这将有利于其随后理解如何在汉字之间保持合理的空间间隔。该维度的目的在于了解幼儿对系统符号书写间隔要求的掌握，具体操作方法为数出作品中"阿拉伯数字"或"英文字母"之间连续间隔的数量，要求每一间隔大小相似且保持连贯，并根据三级行为指标的评分标准进行打分。图 3-11 和图 3-12 分别展示了幼儿书写的没有适当间距与有适当间距的"阿拉伯数字"及

---

① 周兢.学前儿童语言学习与发展核心经验 [M].南京：南京师范大学出版社，2014：52-54.

"英文字母"的对比。

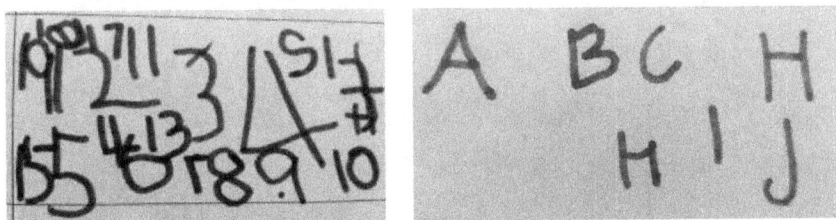

图 3-11 没有适当间隔的"阿拉伯数字"与"英文字母"

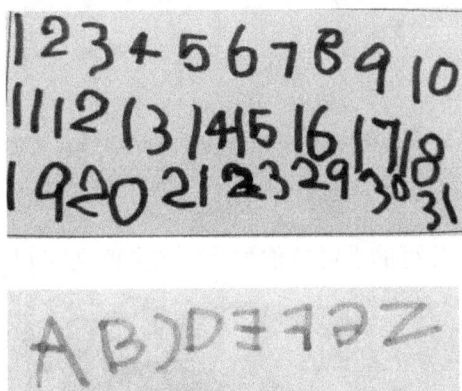

图 3-12 间隔适当的"阿拉伯数字"与"英文字母"

11. 大小

"大小"是指每个"阿拉伯数字"或"英文字母"能够保持相对一致的大小比例。能够将每个符号或汉字按统一尺寸进行书写，是正规书写的基本要求和规则之一。幼儿能将每一个"阿拉伯数字"或"英文字母"书写成统一的大小格式表明了其对于书写规则的理解，也说明幼儿开始在空间尺寸这一维度上将每个符号联系起来，而不再将它们视为一个个割裂的符号。该维度意在考察幼儿是否对符号书写的尺寸规则产生相应的意识，具体操作方法为数出幼儿前书写作品中大小相对一致的"阿拉伯数字"或"英文字母"的数量，并根据三级行为指标的评分标准进行打分。图 3-13 和图 3-14 分别展示了幼儿书写的大小不一致与大小相对一致的"阿拉伯数字"及"英文字母"的对比。

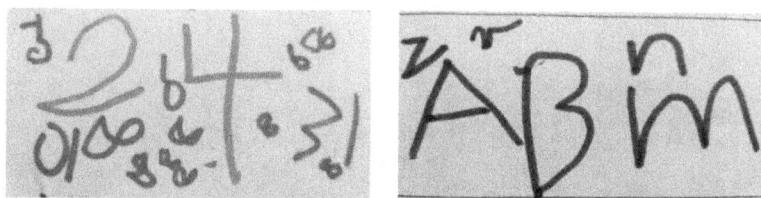

图 3-13　大小无法保持一致的"阿拉伯数字"和"英文字母"

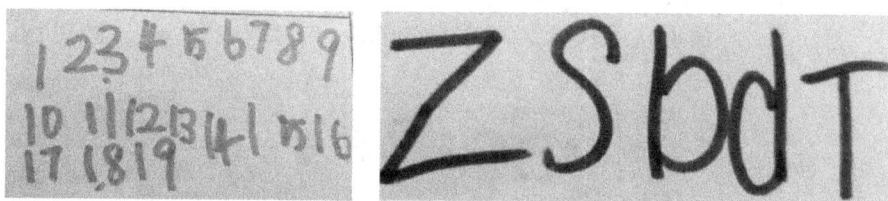

图 3-14　大小保持相对一致的"阿拉伯数字"和"英文字母"

12. 顺序

"顺序"是指幼儿书写的"阿拉伯数字"或"英文字母"能够呈现从左到右的明显线性顺序。有学者认为，幼儿学会将符号或文字等按照从左至右的顺序书写，是幼儿前书写行为中重要的现象，它象征着幼儿对正规书写的规则和要求有了进一步的理解。该维度旨在考察幼儿前书写中的"顺序意识"，具体操作方法为数出按照从左至右线性排序的"阿拉伯数字"或"英文字母"的数量，数量越多说明"顺序意识"越强，最终按照三级行为指标的评分标准进行打分。图 3-15 和图 3-16 展示了幼儿书写的顺序凌乱与呈现从左至右顺序的"阿拉伯数字"及"英文字母"的对比。

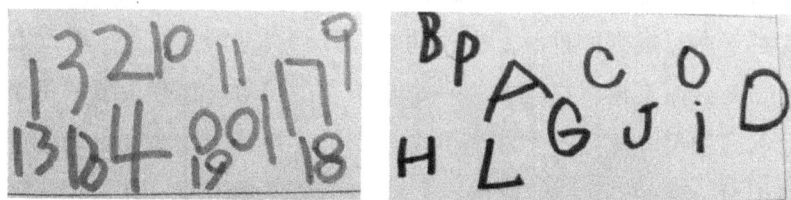

图 3-15　顺序凌乱的"阿拉伯数字"和"英文字母"

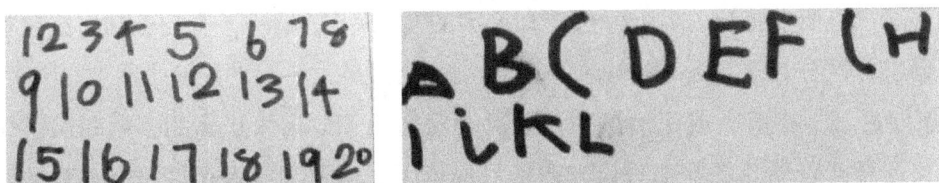

图 3-16　呈现从左至右书写顺序的"阿拉伯数字"和"英文字母"

13. 一字一音

"一字一音"是指一个错别字、"自创字"或者正确汉字能够对应一个发音，它是正规汉字书写系统当中必备的重要意识之一。部分幼儿能够书写汉字（不论是错别字、"自创字"，还是正确汉字），但是无法说出该汉字有何意义，这种现象大多是因为幼儿缺乏汉语的"一字一音"意识，他们不清楚一个汉字应该对应一个发音。因此，具备"一字一音"意识能够帮助幼儿更好地理解汉字的意义，进而帮助幼儿书写出承载着特定信息的汉字或符号，这是区别幼儿有意识书写和无意识书写的标志之一，也是幼儿从图形认知书写过渡到意义认知书写的关键一环。该维度意在考察幼儿的"一字一音"意识，判断幼儿是否认识他们写下的每一个近似汉字或正确汉字。此题具体操作方法为询问幼儿其前书写作品中存在的每一个错别字、"自创字"或正确汉字的发音，并记录幼儿的回答，数出具有对应发音的错别字、"自创字"或正确汉字的数量（不论发音对错），重复的字只记一次，并根据三级行为指标的评分标准进行打分。图 3-17 所示为幼儿书写的不认识的汉字，当研究者询问作品的幼儿作者此为何字时，幼儿回答"不知道"，只是见过。

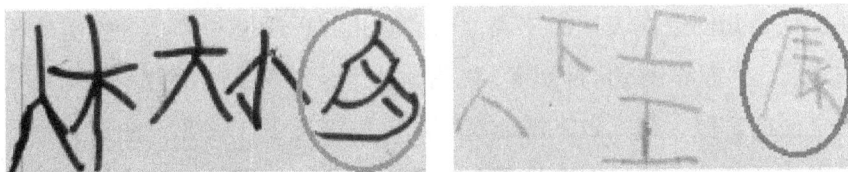

图 3-17　幼儿书写不认识的汉字

14. 方块字

"方块字"是指幼儿前书写作品中的错别字、"自创字"或正确汉字呈现方块结构。"方块字"结构是汉字特有的空间结构，也是汉语书写体系中的核心特征和要求。有研究指出，幼儿学会感知汉字的"方块字"结构，有助于其将汉字与图形进行区分，这也是幼儿前书写行为的核心经验之一。[①] 能够书写"方块字"（错别字、"自创字"或正确汉字均可）表明幼儿了解何为正确的字形和汉字样式，这意味着幼儿的前书写认知变得更加全面，也更加接近正规汉字书写的认知。该维度目的在于考察幼儿的"方块字"意识水平，具体操作方法为数出幼儿前书写作品中呈现正规汉字方块结构的错别字、"自创字"或正确汉字的数量，重复的字只记一次，并根据三级行为指标的评分标准进行打分。图 3-18 所示为幼儿书写的不呈现正规方块结构与呈现正规方块结构的汉字的对比。

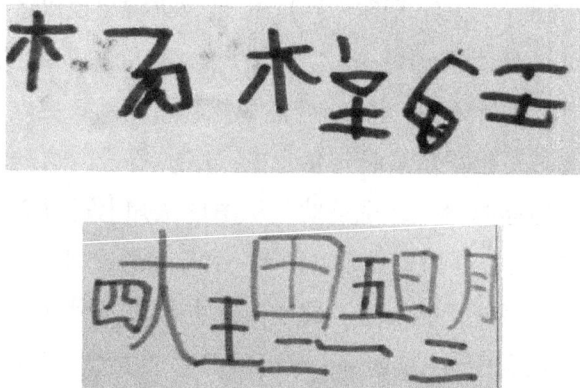

图 3-18　不呈现正规方块结构与呈现正规方块结构的汉字

15. 自创字

"自创字"是指幼儿运用文字系统中已有的字母、笔画或部件组合创造出来的新字。国内外诸多研究显示，"自创字"是幼儿前书写行为中普遍存在的现象，这是幼儿创造性表达的体现，也是幼儿对正规书写体系产生新的理解与认识的象征。[②] 能够创造"自创字"说明幼儿已经对汉字的部件、笔画和结构有了较为全面的掌握，只不过在缺乏汉字经验的情况下，幼儿只能灵活运用自己已经习得的经验，有机地组合出符合汉字视觉认知的字形来完成信息和意义的传递和表达，这是幼儿在前书写行为中大胆且极富创造性的表达尝试，也是幼儿前书写水平更加高阶的表现。"自创字"与"类文字符号"和错别字的区别在

---

① 陈思. 儿童前书写的核心经验和发展阶段 [J]. 幼儿教育，2012（34）：10-12.

② Clay M. What Did I Write?[J]. Heinemann Educational，1975: 42-44.

于，"类文字符号"仅仅由杂乱的线条构成，不存在正规的汉字部件和笔画等，错别字是幼儿在试图书写某个特定正确汉字时发生笔画、部件或结构错误所产生的结果，其与所要表达的正确汉字区别不大，可直观辨识。而"自创字"是幼儿在遇到表达需求时，由于汉字经验的匮乏而运用其他笔画或结构替代原有结构来创造出的完全不属于正规汉字体系的字，但其总体仍呈现"方块字"结构。该维度的目的在于考察幼儿是否有"自创字"的现象，具体操作方法为数出幼儿前书写作品中"自创字"的数量，并询问该字代表的含义，重复的字只记一次，并根据三级行为指标的评分标准进行打分。图 3-19 展示了幼儿书写的"爸爸""紫""怡""四""五"等自创汉字。

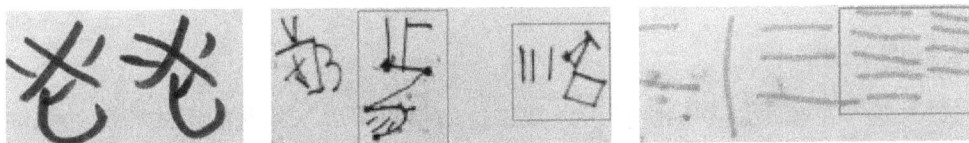

图 3-19　幼儿的"自创字"

16. 汉字部件

"汉字部件"是指幼儿在前书写表达过程中写出的汉字的偏旁部首或笔画。有研究表明，幼儿书写的汉字多缺乏正字法意识，即其书写的汉字多由割裂的笔画或部件构成，无法形成整体。因此，幼儿书写的某些特定汉字通常可以被分为几个独立的部件来看待，幼儿是通过记忆这些部件来拼凑组合成新的汉字，这也是汉语学习者学习汉字的主要方式。所以幼儿能够书写的"汉字部件"越多，说明其前书写的水平越接近正规书写的要求和规则，这是幼儿积攒和实践汉字经验，完成从前书写跨越到正规汉字书写的关键步骤。该维度的目的在于测查幼儿"汉字部件"书写的情况，具体操作方法为数出幼儿前书写作品中"汉字部件"的数量（单部件汉字算作一个部件，多部件汉字按照实际部件数计算），重复的部件只记一次，最后根据三级行为指标的评分标准进行打分。图 3-20 展示了幼儿书写的"黄""戴""张""雅"等汉字以明显的"汉字部件"形式所存在。图 3-21 所示为幼儿偏爱的书写结构及笔画简单的单部件汉字。

图 3-20　幼儿书写的"汉字部件"

图 3-21　幼儿书写的结构简单的单部件汉字

（四）测试主题

根据早期实践观察的经验可以知道，如果采用单一主题的形式收集幼儿的前书写作品，内容会过于单调稀少，这将导致随后运用初始工具进行前书写水平评分缺乏足够的评判依据。因此，在采纳专家与幼儿园一线教师的意见后，本研究决定采用前书写主题表的方式引导幼儿进行前书写表达。该表是一份多主题综合的表格，类似个人名片，经过多次调整之后，一共包含 9 个主题：主题一为"姓名"，主题二为"家庭成员"，主题三为"好朋友"，主题四为"喜爱的游戏"，主题五为"爱吃的食物"，主题六为"喜爱的小动物"，主题七为"会写的阿拉伯数字"，主题八为"会写的英文字母"，主题九为"会写的汉字"。所有主题均贴合 5～6 岁幼儿的日常生活经验，便于幼儿理解表达（见表 3-5）。

表 3-5　《前书写主题表》说明

主题名称	要　求	目　的
姓名	幼儿写下自己的姓名，不会写姓名的可写学号。	考察幼儿"汉字部件""方块字""阿拉伯数字"等内容。
家庭成员	幼儿描述自己的家庭成员，如外貌、爱好等，可写可画。	考察幼儿"线条与涂鸦""图画""意义"等内容。
好朋友	幼儿描述自己的好朋友，如姓名、学号、外貌等，可写可画，不限数量。	考察幼儿"线条与涂鸦""图画""阿拉伯数字"等内容。
喜爱的游戏	幼儿介绍自己喜爱的游戏，可写可画，不限数量。	考察幼儿"线条与涂鸦""图画""意义"等内容。

主题名称	要　　求	目　　的
爱吃的食物	幼儿介绍自己爱吃的食物，可写可画，不限数量。	考察幼儿"线条与涂鸦""图画""意义""汉字部件"等内容。
喜爱的小动物	幼儿介绍自己喜爱的小动物，可写可画，不限数量。	考察幼儿"线条与涂鸦""图画""汉字部件"等内容。
会写的阿拉伯数字	幼儿写出自己会写的阿拉伯数字，不限数量。	考察幼儿"阿拉伯数字""间距""大小"等内容。
会写的英文字母	幼儿写出自己会写的英文字母，不限数量。	考察幼儿"英文字母""顺序""间距"等内容。
会写的汉字	幼儿写出自己会写的汉字或部件，数量不限。	考察幼儿"汉字部件""一字一音""方块字""自创字"等内容。

因为 5～6 岁幼儿仍不具备足够的汉字经验以认识每一主题的文字，所以本表中的每一主题都以文字加相关图片的方式呈现在幼儿面前，如"喜爱的小动物"字样旁加小熊猫的图片，实际表格以黑白打印，但图片内容清晰可辨。经过前期测验，幼儿能够完全理解该表的内容，知道哪张图片对应的方框应该写画什么内容，而且主题难度适中，适合大多数 5～6 岁幼儿展开前书写表达。因此，使用该表收集幼儿的前书写作品能够保证获得有效的分析素材与评分依据。表格详情见附录 3-1。

具体而言，主题一"姓名"。要求幼儿写出自己的姓名，因为本研究所在的四所幼儿园均开展过姓名书写教学活动，所以大部分幼儿都能够顺利书写自己的姓名，但是仍有部分幼儿会写错姓名或声称不会写姓名。针对不会写姓名的幼儿，研究者允许其写下自己在班级中的学号。通过分析幼儿书写的姓名或学号，我们可以检测初始工具中"汉字部件""方块字"等多个维度的有效性。图 3-22 所示为幼儿书写的姓名与学号。

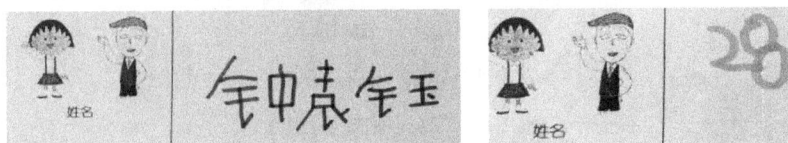

图 3-22　幼儿书写的姓名及学号

主题二"家庭成员"。要求幼儿介绍自己家庭中有哪些成员，如爸爸、妈妈、哥哥、姐姐等。多数幼儿表示不会书写"爸爸""妈妈"等汉字，此时研究者允许幼儿通过画出家庭成员的画像来替代。该主题既可以检测初始工具中与汉字、符号等有关的维度，也可以检测与图形有关的维度。图 3-23 所示为幼儿采用图文结合或单纯的"图画"等形式来展示自己的家庭成员。

图 3-23　幼儿展示的家庭成员

　　主题三"好朋友"。要求幼儿介绍自己的好朋友，画图或写汉字均可，表达内容不限，与好朋友有关即可，可以同时介绍多位好朋友。该主题可以检验初始工具中与画图、汉字、符号相关的所有维度。图 3-24 为幼儿通过图画、汉字、学号等多种形式展示自己的好朋友。

图 3-24　幼儿展示的好朋友

　　主题四"喜爱的游戏"。要求幼儿介绍自己喜欢的游戏，画图或写汉字均可，表达内容不限，与游戏相关即可，可同时展示多种游戏。该主题可以检测初始工具中与画图、汉字、符号等相关的所有维度。图 3-25 为幼儿展示的"玩沙""跳绳"及"123 木头人"等喜爱的游戏。

图 3-25 幼儿展示的喜爱的游戏

主题五"爱吃的食物"。要求幼儿介绍自己爱吃的各类食物，画图与写汉字均可，种类与数量不限，与食物有关即可。该主题同样可以检测初始工具中与画图、汉字、符号等相关的所有维度。图 3-26 为幼儿使用"以图代字"策略展示的自己爱吃的食物。

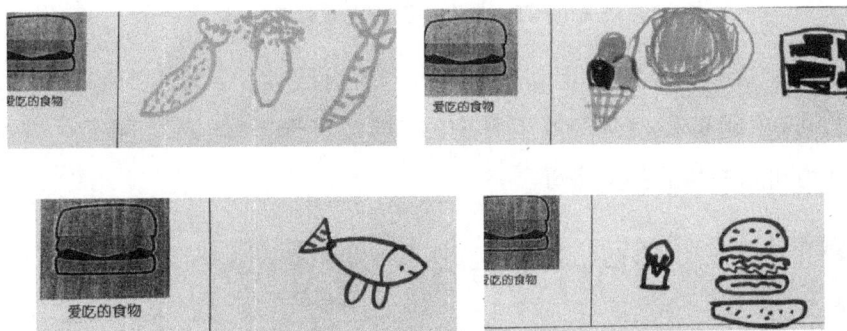

图 3-26 幼儿展示自己爱吃的食物

主题六"喜爱的小动物"。要求幼儿介绍自己喜欢的小动物，画图与写汉字均可，种类与数量不限，与动物有关即可。该主题可以检测初始工具中与画图、汉字、符号等相关的所有维度。图 3-27 为幼儿使用图画和汉字等形式展示自己喜爱的小动物。

图 3-27　幼儿展示自己喜爱的小动物

　　主题七"会写的阿拉伯数字"。要求幼儿写下自己所有会写的"阿拉伯数字"，数量不限。该主题重在检测初始工具中的"阿拉伯数字""间距""顺序"等维度。图 3-28 为幼儿书写的阿拉伯数字。

图 3-28　幼儿书写的阿拉伯数字

　　主题八"会写的英文字母"。要求幼儿写下自己所有会写的"英文字母"，数量不限，该主题重在检测初始工具中的"英文字母""间距""顺序"等维度。图 3-29 为幼儿书写的英文字母。

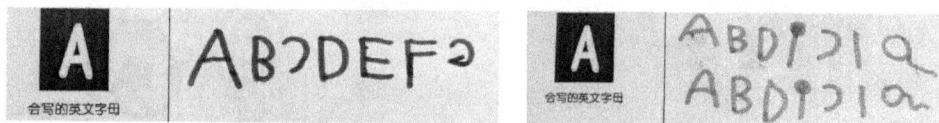

图 3-29　幼儿书写的英文字母

　　主题九"会写的汉字"。要求幼儿写下自己所有认识的汉字，数量不限，只写某些"汉字部件"亦可。该主题重在检测初始工具中的"汉字部件""一字一音""方块字"等维度。图 3-30 为幼儿书写的汉字部件及完整汉字。

图 3-30　幼儿书写的汉字

（五）测试过程

进行测试时，笔者携带事先打印好的《前书写主题表》，随机选取幼儿园中的一个大班，在主班教师的协助下组织幼儿进行集中，随后由笔者本人向幼儿做自我介绍："小朋友们好，我是你们的 XXX 老师，今天老师想让小朋友们完成一个小任务，请小朋友们拿好自己的画笔，回到自己的座位上，然后老师告诉小朋友们要怎么做，好不好？"完成介绍后，幼儿解散并各自拿好水彩笔（水彩笔为班级为每位幼儿日常配备的套装画笔），回到各自的座位坐下。

随后，笔者为每位幼儿分发打印好的《前书写主题表》，待每位幼儿都持有一份表格之后，研究者向幼儿介绍具体任务要求："现在小朋友们手里都有一张老师发的纸，对不对呀？现在老师告诉小朋友们该怎么做，等老师讲完了小朋友们再开始动笔，好不好？让我们先看看纸的正面，在纸的最上面一栏是不是有两个小朋友的图画呀？那请小朋友们在这个图画的后面写上自己的姓名。"之后的八个主题均按照"先介绍图画，再介绍图画对应的写画"要求向幼儿做一一介绍。待主题全部介绍完成之后，笔者向幼儿做进一步补充说明："小朋友们如果实在不会写字，可以用画画代替，用什么颜色的画笔都是可以的喔！请小朋友们开动小脑筋，多写多画，如果表格内画不下，可以画在表格外面，如果还有什么问题，可以及时问 X 老师喔，老师会一直看着小朋友们完成任务的，现在请小朋友们开始吧！"

补充说明完成之后，笔者全程持续观察幼儿的作品完成情况，并时刻为有疑惑的幼儿进行解答，当遇见表达有困难或不愿表达的幼儿，笔者会予以特别开导，提示幼儿可以写画什么内容，为幼儿提供思路和鼓励，但笔者不会代替幼儿进行表达。全程由主班教师协助维持纪律。

当多数幼儿完成作品后，在主班教师及笔者本人的指导下，幼儿排队向笔者一一汇报自己作品的内容，笔者用纸笔记录幼儿作品内容中承载的信息和意义,尤其是无法辨识的内容,笔者会特别询问幼儿其含义。当询问完成后,笔者将幼儿的作品统一收集带回分析,测试全部结束。

五、初始测评工具的修订

(一)项目分析

项目分析主要是为了检验工具中所有维度的合适程度,具体方法包括临界比值法和同质性检验。

临界比值法(Critical Ratio,CR)又称为极端值法,该方法一般认为 $t < 3.000$ 的维度不符合要求,应该被剔除。

根据统计学要求,Pearson 相关系数 r 的标准值被定为 0.400,这意味着在 $p < 0.05$ 时,如果 $r < 0.400$ 则说明个别维度与整体测评工具的同质性不高,应该被剔除。

对于共同性检验而言,其统计标准值一般被定为 0.200,如果共同性值小于 0.200(此时的因子负荷量小于 0.450)则表明个别维度与共同因子的关系较弱,应该被剔除。

1. 临界比值

当 $p < 0.05$ 时对应的是第二栏的 t 值;当 $p > 0.05$ 时对应的是第一栏的 t 值。如表 3-6 所示,"类文字符号"与"类文字符号意义"两个维度的 $t < 3.000$,应该予以删除。

表 3-6　独立样本 t 检验结果

维　度	是否假设方差相等	方差相等的 Levene 检验		t 值
		F 检验	显著性	
线条与涂鸦	假设方差相等	146.315	0.000***	7.937***
	不假设方差相等			8.832***
图画	假设方差相等	13.505	0.000***	15.870***
	不假设方差相等			16.518***
意义	假设方差相等	167.882	0.000***	7.899***
	不假设方差相等			8.798***
以图代字	假设方差相等	10.870	0.001**	12.158**
	不假设方差相等			12.599**

维　度	是否假设方差相等	方差相等的 Levene 检验		t 值
		F 检验	显著性	
类文字符号	假设方差相等	4.195	0.042*	1.128*
	不假设方差相等			1.106*
类文字符号意义	假设方差相等	2.764	0.098	0.860
	不假设方差相等			0.845
阿拉伯数字	假设方差相等	197.376	0.000***	11.942***
	不假设方差相等			13.217***
英文字母	假设方差相等	1.117	0.292	10.912
	不假设方差相等			10.909
正确	假设方差相等	102.584	0.000***	9.342***
	不假设方差相等			10.251***
间距	假设方差相等	137.646	0.000***	11.715***
	不假设方差相等			12.911***
大小	假设方差相等	108.199	0.000***	10.923***
	不假设方差相等			11.970***
顺序	假设方差相等	142.704	0.000***	11.205***
	不假设方差相等			12.356***
一字一音	假设方差相等	193.204	0.000***	14.452***
	不假设方差相等			16.108***
方块字	假设方差相等	164.364	0.000***	16.302***
	不假设方差相等			18.154***
汉字部件	假设方差相等	43.681	0.000***	12.941***
	不假设方差相等			13.733***
自创字	假设方差相等	37.776	0.000***	3.961***
	不假设方差相等			3.782***

注：*** 表示 $p < 0.001$，** 表示 $p < 0.01$，* 表示 $p < 0.05$。

2. 同质性检验

根据已有分析数据，本研究得出维度与总分之间的相关系数。当 $p < 0.05$ 时，如果 $r < 0.400$ 则说明该维度与整体测评工具的同质性不高。如表 3-7 所示，维度"自创字"在 $p < 0.05$ 的情况下，$r < 0.400$，因此该维度应该予以删除。

表 3-7　各维度与总分的相关性检验结果

维　度	显著性	r 值
线条与涂鸦	0.000***	0.505***
图画	0.000***	0.647***
意义	0.000***	0.553***
以图代字	0.000***	0.575***
阿拉伯数字	0.000***	0.708***
英文字母	0.000***	0.566***
正确	0.000***	0.720***
间距	0.000***	0.744***
大小	0.000***	0.711***
顺序	0.000***	0.726***
一字一音	0.000***	0.749***
方块字	0.000***	0.738***
汉字部件	0.000***	0.699***
自创字	0.000***	0.221

注：*** 表示 $p < 0.001$，** 表示 $p < 0.01$，* 表示 $p < 0.05$。

（二）探索性因素分析

1. 适合性检验

在进行测评工具因子分析的适合性检验时，普遍以 KMO 检验（取样适切性量数检验）与 Bartlett's 球形检验为主要的检测方法。表 3-8 展示了剩余 13 个维度的 KMO 检验与 Bartlett's 检验结果。

表 3-8　13 个维度 KMO 与 Bartlett's 球形检验结果

项　目	检验指标	数　值
KMO 取样适切性量数检验		0.824
Bartlett's 球形检验	近似卡方分布	3392.635
	自由度	78
	显著性	0.000***

注：*** 表示 $p < 0.001$，** 表示 $p < 0.01$，* 表示 $p < 0.05$。

根据统计学要求，只有当 KMO 值 > 0.800 时，测评工具各维度才可以进行因子分析。根据表 3-8 所示，本研究的测评工具剩余 13 个维度的 KMO 值为 0.824（大于 0.800），说明适合进行因子分析。

Bartlett's 球形检验结果显示，近似卡方分布值为 3392.635，自由度为 78，显著性为 0.000（小于 0.001），说明测评工具 13 个二级维度适合进行因子分析。

2. 抽取共同因子

表 3-9 为剩余 13 个维度的初始共同性与主成分分析法抽取主成分后的共同性检验结果。共同性越低说明该二级维度越不适合进行主成分分析，共同性越高说明该维度越适合进行主成分分析。一般而言，共同性低于 0.200 的维度可以予以删除。如表 3-9 所示，本研究测评工具剩余 13 个维度的共同性都大于 0.200，说明不必删除任何维度。

表 3-9　13 个维度共同性检验结果

维　　度	初　　始	提　　取
线条与涂鸦	1.000	0.803
图画	1.000	0.543
意义	1.000	0.786
以图代字	1.000	0.586
阿拉伯数字	1.000	0.684
英文字母	1.000	0.623
正确	1.000	0.680
间距	1.000	0.895
大小	1.000	0.817
顺序	1.000	0.861
一字一音	1.000	0.865
方块字	1.000	0.842
汉字部件	1.000	0.803

累计贡献率。根据统计学要求，特征值大于 1 的因子适合作为主成分因子。表 3-10 中特征值大于 1 的因子有 3 个，3 个共同因子的累计贡献率为 80.376%，说明保留抽取 3 个因子的测评工具的结构效度良好。

表 3-10　累计贡献率

因 子	初始特征值			提取载荷平方和		
	总计	方差 /%	累积 /%	总计	方差 /%	累积 /%
1	6.003	46.180	46.180	4.807	36.979	36.979
2	2.643	20.334	66.514	3.022	23.247	60.226
3	1.802	13.863	80.376	2.620	20.151	80.376

旋转后的成分矩阵。进行该分析的目的在于重新调整各个维度所属因子的关系。表 3-11 为旋转后的成分矩阵结果。

表 3-11　旋转后的成分矩阵

维　度	成　分		
	因子一	因子二	因子三
阿拉伯数字	0.936		
英文字母	0.909		
正确	0.908		
间距	0.870		
大小	0.850		
顺序	0.798		
线条与涂鸦		0.952	
图画		0.932	
意义		0.882	
以图代字		0.563	
一字一音			0.916
方块字			0.905
汉字部件			0.882

统计学分析一般将因子负荷量 0.400 当作标准，从表 3-11 中可知，因子一包含"阿拉伯数字""英文字母""正确""间距""大小""顺序"六个维度；因子二包括"线条与涂鸦""图画""意义""以图代字"四个维度；因子三包括"一字一音""方块字""汉字部件"三个维度。

图 3-31 为碎石图分析结果。根据评判标准，我们应该保留坡线陡峭的因子，删除坡线平缓的因子。由图可知，坡线在第四个因子处开始放缓，说明我们应该保留前三个因子，并将其作为主成分因子。

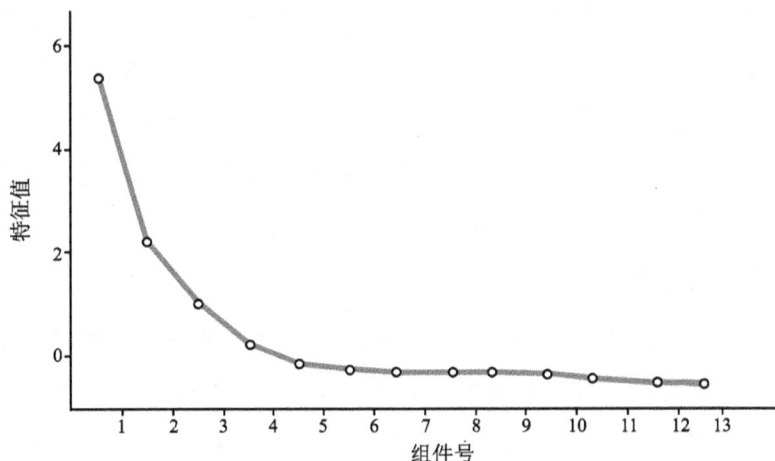

图 3-1 碎石图

（三）测评工具初步形成

经过项目分析、同质性检验与探索性因素分析后，本研究初步确定测评工具保留 13 个维度，共分为 3 个共同因子，每个共同因子都满足了至少包含 3 个维度的要求，且每个维度在其所属的因子中的负荷量都大于 0.400，说明测评工具结构合理。而且此时的因子与维度划分与最初编制的《5～6 岁幼儿前书写水平测评工具》中的一级维度与二级维度的划分完全一致，说明数据分析得出的 3 个共同因子可以和最初编制的测评工具中的三个一级维度一一对应，共同因子一为"符号表达"，其中包含"阿拉伯数字""英文字母""正确""间距""大小""顺序"六个维度。该因子重在考察 5～6 岁幼儿对于正规符号系统，如"阿拉伯数字"和"英文字母"等的书写规则的理解与掌握，这一水平将会对幼儿日后了解汉字正规书写的要求，尤其是空间结构，如各汉字保持大小一致、汉字间距得当和从左至右呈线性书写汉字等产生积极影响；共同因子二为"图形表达"，其中包括"线条与涂鸦""图画""意义""以图代字"四个维度，该因子侧重于了解 5～6 岁幼儿使用线条等图形进行前书写表达的情况和水平。对于未掌握正规汉字书写能力的幼儿而言，图形是其能够运用的最为丰富且有效的书面表征形式，能够适当运用图形进行前书写表达，充分证明了幼儿强烈的书面表达欲望与灵活的书面表达技巧；共同因子三为"汉字意识"，其中包括"一字一音""方块字""汉字部件"三个维度，因为原有的"自创字"一题被删除，而且剩下的三题均代表了幼儿对于汉字空间形象的意识与认知，而非正规汉字的书写表达，所以将该因子从原本的"近似汉字表达"更改为"汉字意识"更加合适，而且这一改动能够在一定程度上避免本研究的核心——幼儿前书写行为——与正规汉字书写行为产生混淆。

（四）测评工具的检验

通过上述一系列统计学分析，本研究优化了初始测评工具的结构与内容。为了进一步检验测评工具的合理性，本研究在 C、D 两所幼儿园中随机选取了307 名幼儿参与第二次测试。此次测试依旧使用之前编制的《前书写主题表》让幼儿进行前书写表达，且测试流程与操作和第一次测试时相同，即先通过集中讲解让幼儿了解测试要求，然后研究者统一询问幼儿作品含义，最后将作品全部收回，运用初步形成的《5～6岁幼儿前书写水平测评工具》进行打分，并将分数输入 SPSS 23.0 和 AMOS 24.0 进行统计分析。

1. 测评工具的信度检验

本研究采用 Cronbach α 系数来评判测评工具的内在信度。表 3-12 展示了测评工具的各维度与总测评工具的信度。

表 3-12　Cronbach α 系数检验结果

维　度	维度数	α 系数
图形表达	4	0.875
符号表达	6	0.952
汉字意识	3	0.925
总测评工具	13	0.897

根据信度检验的评判标准，当维度的 α 系数高于 0.750 时，可以认为该维度及总体测评工具具有良好的信度。由表 3-12 可知，该测评工具的三个维度及总测评工具的 α 系数均高于 0.750，所以其均具有良好的信度。

2. 测评工具的效度检验

（1）内容效度

本研究编制的《5～6幼儿前书写水平测评工具》的一级维度、二级维度及各个行为指标都是建立在大量国内外相关文献的基础之上的，而且研究者在幼儿园中进行了长期的早期实践观察，请教了多位学前教育专业的专家，听取并采纳了他们的意见，对测评工具和《前书写主题表》进行了多次修改，最后形成了这份测评工具。本研究编制的《5～6岁幼儿前书写水平测评工具》内容符合本研究所在地区的5～6岁幼儿的前书写发展水平的实际情况，因此，测评工具整体具有良好的内容效度。

（2）结构效度

在编制测评工具时，研究者根据已有研究的框架，选取一定数量的样本进行测试，并对测试结果进行统计学分析检验，如果参与测试的幼儿获得的分数能够有效地解释研究中测评工具所要测评的行为水平，则可以认为该测评工具具有良好的结构效度。本研究决定采用相关分析法和验证性因子分析法来检验测评工具的结构效度。

3. 相关分析

本研究首先使用相关分析法来检验通过项目分析和探索性因子分析之后形成的《5～6岁幼儿前书写水平测评工具》的各维度和总测评工具之间的相关程度。根据评判标准，当各维度与总测评工具之间的相关系数高于0.300，而各维度及各维度与总测评工具间的相关系数高于0.100时，可以认为该测评工具的各维度之间呈现中高度的相关性。表3-13展示了本研究测评工具各维度与总测评工具之间的相关性检验结果。由表3-13可知，该测评工具中所剩13个维度与总测评工具的相关系数介于0.521～0.808，因此呈现统计学意义上的显著相关。

表3-13　各维度与总测评工具间的相关性检验结果

维　度	r 值
线条与涂鸦	0.523***
图画	0.541***
意义	0.569***
以图代字	0.521***
阿拉伯数字	0.808***
英文字母	0.745***
正确	0.779***
间距	0.784***
大小	0.702***

续表

维　度	r 值
顺序	0.766***
一字一音	0.676***
方块字	0.664***
汉字部件	0.609***

注：*** 表示 $p < 0.001$，** 表示 $p < 0.01$，* 表示 $p < 0.05$。

表 3-14 展示了各维度及各维度与总测评工具之间的相关系数。由表 3-14 可知，各维度之间及各维度与总测评工具之间的相关系数介于 0.286 ～ 0.851，因此呈现统计学意义上的显著相关。

表 3-14　各维度及各维度与总分间的相关性检验结果

维　度	图形表达	符号表达	近似汉字表达	总测评工具
图形表达	1.000			
符号表达	0.286***	1.000		
近似汉字表达	0.331***	0.366***	1.000	
总测评工具	0.643***	0.851***	0.696***	1.000

注：*** 表示 $p < 0.001$，** 表示 $p < 0.01$，* 表示 $p < 0.05$。

4. 验证性因子分析

（1）路径模型分析

本研究将目前的测评工具三个维度分别定义为三个潜在变量：F1——图形表达、F2——符号表达、F3——汉字意识。随后，本研究将 13 个维度分别定义为 13 个观测变量：V1——线条与涂鸦、V2——图画、V3——意义、V4——以图代字、V5——阿拉伯数字、V6——英文字母、V7——正确、V8——间距、V9——大小、V10——顺序、V11——一字一音、V12——方块字、V13——汉字部件，并为每一个维度设置了误差变量 e1—e13。最后，本研究对所有潜在变量与观测变量进行因子间的路径模型拟合，即通过潜在变量与观测变量间的相关与负荷反映和解释各因子间的路径。图 3-32 所示即为路径模型拟合图。

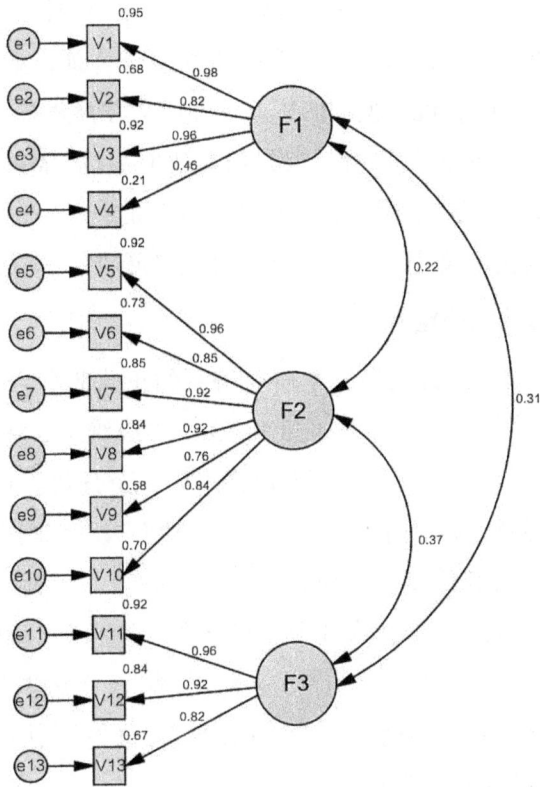

图 3-32　路径模型拟合

（2）模型拟合指标

表 3-15　模型拟合指标结果

χ^2	df	χ^2/df	GFI	AGFI	CFI	RMR	RMSEA
109.142	62	1.760	0.949	0.925	0.988	0.039	0.049

由表 3-15 可知，模型拟合优度卡方值（χ^2）是 109.142，模型自由度（df）是 62，卡方自由度比值（χ^2/df）是 1.76 ＜ 3.00，以上数据综合表明模型的拟合良好。拟合优度指数（GFI）和调整拟合优度指数（AGFI）这两个指标的数值应该介于 0 ～ 1，并且结果越接近 1 说明拟合效果越好。本研究中的 GFI 和 AGFI 值分别为 0.949 和 0.925，可以认为数值非常接近 1，说明模型拟合较为标准。比较拟合指数（CFI）也是结果越接近 1 说明拟合越好，本研究中 CFI 值为 0.988（大于 0.900），可以认为模型的拟合良好。近似误差均方根（RMSEA）

的数值越接近 0 表示模型拟合越好，越远离 0 表明模型拟合越差，根据评判标准，当 RMSEA 的值小于 0.080 时，说明模型的拟合合理，本研究中的 RMSEA 值为 0.049（小于 0.080），说明模型的拟合标准。均方根残差（RMR）的数值小于 0.050 时，可以认为模型的拟合较好，而本研究中的 RMR 值为 0.039（小于 0.050），符合模型拟合标准。因此，本研究所编制的《5～6 岁幼儿前书写水平测评工具》的结构与内容合理，正式测评工具最终形成，详情见附录 3-2。

（五）测评工具的最终结构

经过一系列检验与修订之后，本研究编制的正式版《5～6 岁幼儿前书写水平测评工具》一共包含 3 个一级维度和 13 个二级维度，每一个二级维度包含 4 个三级行为指标，而每一个行为指标都对应一个分数。具体而言，测评工具的三个一级维度分别为"图形表达""符号表达""汉字意识"。一级维度"图形表达"中包括 4 个二级维度，分别为"线条与涂鸦""图画""意义""以图代字"；一级维度"符号表达"中包含 6 个二级维度，分别为"阿拉伯数字""英文字母""正确""间距""大小""顺序"；一级维度"汉字意识"中包含 3 个二级维度，分别为"一字一音""方块字""汉字部件"。详情见附录 3-2。

1. 测评工具统计学分析结果

测评工具 3 个一级维度的累计贡献率达到 80.376%，说明结构效度良好。13 个二级维度的 KMO 值为 0.824，Bartlett's 球形检验的显著性为 0.000，达到显著水平。测评工具的 α 系数为 0.897，说明其具有良好信度。各维度与总测评工具间的相关系数介于 0.521～0.808，呈现显著相关性，各维度及各维度与总分间的相关系数介于 0.286～0.851，也呈现显著相关。在模型拟合方面，模型的卡方自由度比值 χ^2/df 为 1.760，拟合优度指数（GFI）和调整拟合优度指数（AGFI）这两个指标分别为 0.949 和 0.925，比较拟合指数（CFI）为 0.988，近似误差均方根（RMSEA）的值为 0.049，均方根残差（RMR）的值为 0.039，以上数据均符合模型拟合标准，说明模型拟合良好，测评工具的结构效度合理。

2. 测评工具评分释义

最后，每一个二级维度都对应了 0、1、2、3 四个分数，测评工具总分为 39 分。本研究以临界比值法对作品进行分析时，取 27% 为高低分的临界点，获得相应的低分为 18 分，高分为 34 分，因此本研究将 5～6 岁幼儿的前书写水平划分为"一般"（0～18 分）、"良好"（18～34 分）、"优秀"（34～39）分三个层次，幼儿的前书写水平可参照此划分标准进行定位评估。

虽然本研究制定出了结构与内容合理有效的《5～6 岁幼儿前书写水平测评工具》，但是回顾整个研究过程，依然有环节可以进一步完善。其一是对于参与研究的幼儿的选择。本研究选取的四所幼儿园虽然在研究地区内具备一定的人口学代表性，但是由于该地区内各个园所开展的教学活动和侧重的教学理念有所差异，所以参与本研究的幼儿的前书写水平较该地区所有幼儿的前书写水平还是存在一定的局限性，这一点可能会导致测评工具的适用范围缩小。其二是本研究从开始到实施再到结束的周期较长。从早期的搜集文献资料和进行实践观察，到中期的正式测试和收集作品分析，再到后期的第二次测试与分析，一共历时八个月。在此期间，幼儿的前书写水平与经验保持着不断的变化与发展，这种延迟性导致了本研究的测评工具中确定的 5～6 岁幼儿的前书写行为关键现象与实际的幼儿前书写水平发展存在一定的偏差。其三是测评工具本身的维度数量。从研究起始阶段的 16 个维度到最后的 13 个维度，本研究制定的《5～6 岁幼儿前书写水平测评工具》的维度数量总体偏少，这可能导致使用该测评工具测得的 5～6 岁幼儿的前书写水平无法全面完整地代表幼儿实际的前书写水平，是否应该进一步增加维度数量，应该由开展更深入的文献资料搜集与更细致的实践观察所决定。

基于上述部分提出的本研究中存在的不足与待改进之处，后人可在本研究的基础之上对正式版《5～6 岁幼儿前书写水平测评工具》进行以下几个方面的优化与深度检验。第一是样本的代表性。本研究的研究者因受到时间与个人能力的限制，研究开展的园所与参与测试的幼儿的代表性仍然受到一定的限制，为使该测评工具具有更加宽广的适用范围，后续研究可增加选取的幼儿园与幼儿的数量，使类型更加多样化。第二是在具体的研究过程中，依旧是受到研究者个人能力与时间等因素的限制，幼儿进行的前书写表达行为无法受到细致的一对一指导，而且随后对幼儿作品的表述记录也过于粗糙，这两点会成为影响幼儿前书写表达效果和作品评分的潜在干扰因素，因此，后人可在此基础上对幼儿的前书写表达过程进行更加有针对性的指导与帮助，并且对幼儿作品的表述进行更全面的记录，这能够在一定程度上帮助幼儿更加全面地展现自己的前书写水平，进而帮助研究者获得更好的幼儿前书写作品效果。第三是后续研究可以在文献资料整理分析和实践调查环节中进行深入研究，以本研究制定的《5～6 岁幼儿前书写水平测评工具》为基础，归纳总结出更多的工具维度，对此测评工具的结构和内容进行更加全面完整的充实与优化，以使该测评工具测得的 5～6 岁幼儿前书写水平结果更加有效可靠。

CHAPTER 4

—— 第四章 ——

小学生读写结合测评工具的编制与应用

阅读和写作的研究是我国语文界的重要课题。目前许多国家的研究热点是学生的阅读素养。阅读素养是学生学习所有学科的基础，是学生必备的重要能力，对学生的个人发展具有重要价值。阅读素养最早由国际教育成就评价协会（IEA）的国际阅读素养进展研究项目 PIRLS（Progress in International Reading Literacy Study）发起。相比之下，近年来，对读写结合的研究则相对较少。有人认为"读写结合只不过是把读物作为写作样本和仿效的对象"，"读写结合的效果缺乏数据说明"，等等。但无论从母语教学的传统和特色来看，还是从时代发展和教学需要来看，读写结合都是必要的。读写结合（reading and writing combination）从文章内容出发，使阅读、写作、思维三者融为一体，通过读带动写、写带动读的训练模式，使学生的思维得到发展，能力得到增强。目前，国内缺乏专门的国际学生评估项目（PISA）式读写结合测验，针对处于小升初的六年级小学生的语文读写结合测验更为缺乏。编制六年级小学生语文读写结合素养测评工具，有助于学校和家庭根据六年级小学生在读写结合素养及具体维度上所存在的不足制订相应的培养计划，做到有的放矢地提高六年级小学生的读写结合素养，更能为读写结合素养的培养提供有价值的实证证据和理论指导。

第一节 阅读素养的概念、结构与测评

一、阅读素养的概念

国际阅读素养进展研究项目（PIRLS）将阅读素养定义为：儿童阅读者能在理解的基础上，运用社会上所需要的和（或）个人觉得有价值的书面语，并能从各类文章中构建意义的能力，然后他们通过阅读去学习或参与到其他阅读群体中去，并进行娱乐。[①]

国际学生评估项目（PISA）认为，阅读素养不单是学生在学校接受教育期间必须具备的阅读能力，更是他们在今后的人生中面对不同的情景时，能够自己（或和同伴的共同交流下）构建的一种拓宽知识、拓展技能的修养。[②] 与以往传统阅读测试学生掌握多少学科知识不同，国际学生评估项目（PISA）测验重点评价中学生的生活技能。阅读素养是人类参与这个高度信息化社会的一项重要生活技能，同时也是学生必须具备的语文素养，对学生的创造性和个人"终身发展"具有重要的价值。对中小学生而言，阅读素养也是其核心素养之一。

二、阅读素养的结构

阅读素养的结构由三个维度组成：提取信息、解释信息、反思和评价。提取信息，就是把一段文字的中心内容提取出来，从而得到自己所需要的信息；解释信息，即要求学生能够确定文章主题并为文本命名，并联系上下文推断具体句子的含义，了解某一特定人物的情感或意图、掌握事件的原因及其作用等；反思和评价，是指学生联系文本中的信息和自己所积累的知识经验，并用自己的知识结构来评价文本中观点的能力。其中，反思和评价要求阅读者不受文本影响，客观地思考文本，并评价它的性质和适用性。[③]

[①] 于丹丹.国际学生评级项目（PISA）——阅读素养的研究 [D].武汉：华中师范大学，2009: 10.

[②] 付雪婷.国际学生评价项目及其对我们的启示 [J].中学语文教学，2006（11）: 342.

[③] 同①。

三、阅读素养的测评

（一）阅读素养测评的框架

国际学生评估项目（PISA）给出的阅读素养测评的基本框架如图 4-1 所示。

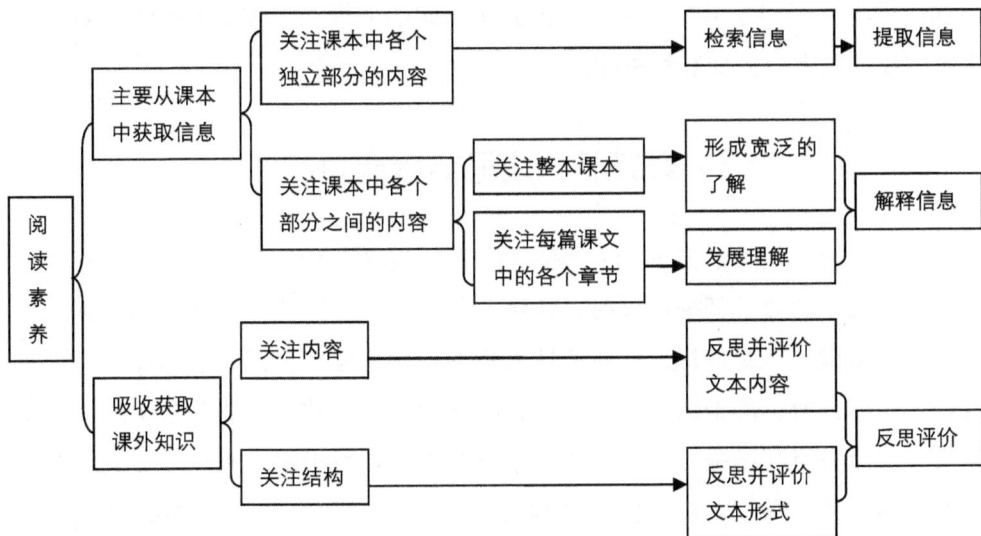

图 4-1　国际学生评估项目（PISA）给出的阅读素养基本框架

（二）阅读素养测评的结构

国际学生评估项目（PISA）测评主要从情景、文本和测试题三个维度来考察学生的阅读素养。材料的"情景"具体包含为了个人而阅读、为了公共应用而阅读、为了工作而阅读、为了教育而阅读四个方面；"文本"则是指具体阅读时所遇到的阅读材料的具体形式，具体分为连续性文本和非连续性文本，连续性文本如杂志、报纸或小说等，非连续性文本指文件、公文、图标、地图等格式的文本；"测试题"是国际学生评估项目（PISA）针对学生阅读后的定量检测他们阅读成果和阅读能力的指标。[①]

（三）阅读素养的测评方式

国际学生评估项目（PISA）阅读素养评价主要通过问卷的形式，收集与学

---

① OECD Knowledge and Skill for Life: First Results from PISA 2000.

生阅读学习有关的背景信息，此外，学生的纸笔测试是整个测评系列中最为重要的部分，主要评价学生的知识和能力水平。

学生的背景调查问卷的调查内容包括：学生的家庭背景、阅读兴趣、阅读策略以及对学校的态度。笔试测试内容都是基于课本且来源于生活，主要是通过营造学生在现实生活中可能会遇到的实际问题情景，来客观评价学生对这些实际问题的思考、应变和解决能力。

第二节　读写结合能力

读写结合，是为了根据"读"和"写"共同发展、相互迁移的规律，在完成两者相对独立的教学任务的同时，达到"读"和"写"互相促进的目的。读写结合是指以阅读文章为前提，从所阅读文章的内容出发，使阅读、写作、思维三者融为一体，通过读带动写、写促进读的读写训练模式。它能使学生的思维得到发展，能力得到增强，因此，读写结合的训练在整个语文教学环节之中是尤为重要的。叶圣陶先生曾说过："读与写甚有关系，读之得法。所知广博，眼光提高，大有助于写作练习。"[①] 叶老的话应该道出了"读"和"写"之间关系的真谛。"读"和"写"，不仅是内容上的结合，也是形式上、情感上、方法上的结合，"读"与"写"在形式与内容、运用和学习上的关系是辩证统一的。

一、读写结合能力的结构

（一）阅读能力的结构

阅读是一种由视觉引发的心理过程。这一智力活动需要感觉、知觉、思维、想象、记忆等多种心理因素参与，同时，学生的个性、情绪、动机、兴趣等心理因素对阅读活动也直接有着调节的功能。史密斯（Smith）认为，阅读活动需要认读、理解、吸收、鉴赏四种能力的参与。[②] 目前在小学阶段，理解能力和吸收能力是培养小学生的阅读培养的关键所在。

---

① 金毅. 关于小学语文读写结合策略的研究 [D]. 上海：上海师范大学，2011: 26.

② 同上。

根据"活动—因素分析法"，莫雷经实验确定了小学六年级学生阅读测验的六因素旋转矩阵，并发现中国语文阅读能力由语言解码、组织连贯、模式辨别、筛选贮存、语感、阅读迁移能力组成。语言解码能力，指的是分析和理解语言的能力；组织连贯能力，指的是对阅读材料进行组织和系统化的能力；模式辨别能力，是指运用平时所具备的语言形式模型去辨别具体语言材料的形式的能力；筛选贮存能力，是指对阅读材料选择后记忆的能力；语感能力，指的是对阅读材料敏锐的感受能力；阅读迁移能力，指的是根据从阅读材料里得到的原理、观点和写作方法且应用到新阅读任务的能力。[①]

（二）写作能力的结构

写作是一个言语交际的活动，是一个从思想到语言的由内而外的心理过程。弗劳尔和海斯（Flower & Hayes）认为，写作认知模型是将写作过程转化为思维的过程，在这一过程中，写作者经过组织思想进而构成篇章。[②]弗劳尔和海斯的模型并不关注最终得到的作品怎样，而是强调写作过程中应用了哪些程序。经实验证明，写作是解决问题的过程。在写作过程中，写作者要首先确定将要解决问题的空间，然后运行一系列与该问题相关的心理特征，直到完成目标。这个过程主要由三个部分组成：任务环境（task environment）、学生的长时记忆（long-term memory）和学生的工作记忆（working memory）。

《义务教育语文课程标准（2011年）》表明，"写作是人类使用语言文字达到表达和交流目的的重要方式，是人类认识世界和自我、进行创造性表述的一个过程"。写作能力是综合体现语文素养的一个重要指标，是语文教学中的一个重要任务。祝新华经实验测评分析认为，小学六年级学生写作能力模型由六个因素组成：立意能力、表达能力、选材能力、确定详略能力、组织材料能力、语言表达能力。立意能力，是指正确理解题意，紧扣题旨，进而表述思想和观点的能力；选材能力，包括写作的材料及其思想；确定详略能力，要求文章的内容能够突出重点并详略得当；组织材料能力，要求层次段落过渡衔接自然、条理清晰；语言表达能力，是指熟练应用语言表达的能力；应用修辞能力，是指会用

① 汪潮.中国语文读写结合相关研究[J].杭州大学学报，1991（21）：142.

② 朱晓斌.写作教学心理学[M].杭州：浙江大学出版社，2007：134.

常见的修辞方法。①

（三）阅读和写作的关系

阅读是吸收并内化的心理过程，写作是将思维外化为语言表达的心理过程，可以说，阅读和写作有着共同的语言机制。阅读和写作在认知和语言学上的相似之处引起了人们的很大关注，覃建巧将阅读与写作的关系归纳为三层：第一层是直接关系，读者把储存在长时记忆中的结构、体裁等阅读知识运用到写作中，也会把相关知识运用到阅读中去；第二层是间接关系，对读者进行阅读训练会提高其写作技能，同样，对读者进行写作技能训练，其阅读技能也会相应提高；第三层是双向关系，阅读与写作既相互独立又相互作用，它们的关系是多层次的。②

二、读写结合的理论基础

读写结合的理论依据主要有以下两点：

一是读写结合符合学生学习迁移的规律。根据迁移理论，学生要形成迁移，必须具备经验的类比（概括化）和共同因素这两个必要条件。沙纳汉（Shanahan）和尚克林（Shanklin）均提出，由于有单一的认知能力作为阅读与写作的基础，一个领域的能力提高会导致另一个领域能力的提高。故相较于分别独立训练学生的阅读与写作能力，读写结合更好一些。③

二是读写结合符合学生的心理特点。能力的发展靠积累、靠模仿、靠内化、靠积淀。根据儿童的"模仿性"特点，教材提供了大量的范句、范段、范文作为读写结合的"媒介"；根据儿童的"表现欲"特点，教学借助于大量写片段的形式，及时让学生运用阅读所学到的知识进行写作，满足了儿童这一心理上的需要。④

① 朱晓斌. 写作教学心理学 [M]. 杭州：浙江大学出版社，2007: 134.

② 覃建巧. 综合阅读与写作——实现教学上的读写连接 [J]. 黔南民族师范学院学报，2003（4）：50-54.

③ 金毅. 关于小学语文读写结合策略的研究 [D]. 上海：上海师范大学，2011: 50-54.

④ 朱作仁. 读写结合理论的初步探讨 [J]. 云南教育，1988（2）：93.

三、读写结合的重要途径

在实际的语文教学中，读写结合是指阅读和写作的相互作用和紧密联系。从中国语文读写结合的发展历史来看，读写结合的最基本形式是仿写。模仿是仿写的心理活动，是连接阅读和写作的桥梁。模仿是指仿效一定的文章原型而引起与文章原型相似行为的一种心理活动，也是基本的写作学习手段。[①]学生在掌握书面语言的过程中进行模仿，会加速其从阅读理解到写作表达的转化过程。武进之等的研究指出："儿童的语法结构来源于对成人或其他儿童的语法范型，再结合自己的习惯加以改进和重新组合。"[②]皮亚杰认为："模仿所产生的表象，可以从任何外部动作中分离出来，其动作的内部轮廓被保持下来，为以后形成思维做准备。"[③]

汪潮的实验和研究将小学生仿写水平可划分为以下四个级别[④]：

一是句型仿写。要求学生能够对范文进行完整仿写，这一活动的心理特征是识辨句型。处于这一仿写水平的学生多为小学一二年级的学生。

二是结构仿写。要求学生能够从课文中寻找表达一定的人、事、景物的相应写作方式，多数是记叙文结构仿写，这一活动的心理特征是认识简单的结构。处于这一仿写水平的学生多为三年级的小学生。

三是综合性仿写。要求学生能够对几篇所给范文进行综合性的模仿，尤其突出对描写特征的训练，这一活动的心理特征是比较。处于这一仿写水平的学生多为四年级的小学生。

四是初创性仿写。要求学生在借鉴所给范文的基础之上，有自己初步的创造性，既能仿照范文的形式，又能在文章中写出自己的真情实感。这一活动的重点在于开展对文思的训练，联想是这一活动的心理特征。处于这一仿写水平的学生多为小学五六年级的学生。

---

① 朱晓斌.写作教学心理学 [M].杭州：浙江大学出版社，2007：154.

② 武进之.影响儿童语言获得的几个因素 [J].心理科学通讯，1982（5）：36.

③ 皮亚杰，英海尔德.儿童心理学 [M].吴福源，译.北京：商务印书馆，1982：44.

④ 汪潮.汪潮教育研究论集 [M].乌鲁木齐：新疆大学出版社，1996：122.

第三节　小学生读写结合测评工具的编制

根据现有资料可知，我国读写结合的语文教学观自西汉便已出现，更有生理学实验表明，中国人偏于用右脑进行思维，而右脑的主要功能是对事物进行具体、综合的推理。右脑的这些思维特长在我们的母语中得到充分的开发和体现。因为汉语不仅注重意会，还讲究风神和韵味，并追求流动的韵律和节奏，侧重于感受和体验。[①] 这就决定了中国人主要靠感性的体验去习得母语，而"读写结合"便为这种感性的体验提供了最直接、最充分、最有效的方法。因此，编制一个针对六年级小学生语文读写结合素养的测评工具十分有必要。

目前比较流行的国际学生评价项目（PISA）是终身学习的一个动态教育质量监控模型，虽然国内有很多针对国际学生评价项目（PISA）阅读素养的综述性论文，但是国内尚无相应的小学生语文阅读素养测试，更没有相应的针对六年级学生语文读写结合素养的测评工具。因此，我们有必要编制出一份科学有效的语文读写结合素养测评工具，为今后的国际学生评价项目（PISA）研究提供更开阔的空间。在总结以往研究的基础上，我们拟从以下三方面开展研究：

（1）六年级小学生语文读写结合素养的测评工具的编制。通过开放式访谈、问卷调查、探索性因素分析和验证性因素分析等方法，形成一份符合心理测评学指标的六年级小学生语文读写结合素养的测评工具。

（2）在编制六年级小学生语文读写结合素养的测评工具的基础上，分析在读写结合策略和非读写结合策略的影响下学生的写作成绩是否存在显著差异。

（3）六年级小学生的读写结合素养及其阅读素养各维度的特点调查。

一、研究目的

本研究通过系统、严格的程序，综合国内外已有成果，对六年级小学生语文读写结合素养测评工具进行编制，获得一份较为科学、严谨的六年级小学生语文读写结合素养测评工具。

---

① 申小龙. 历史性的反拨——中国文化语言学 [J]. 学习与探索，1987: 57-61.

二、研究方法

本研究采用开放式问卷调查了 12 名小学六年级语文教师，被试分布情况见表 4-2。具体问卷内容见附录 4-1。半结构式访谈见附录 4-2。

表 4-2　小学六年级语文教师的分布

项 目	类 别	人 数
性别	男	4
	女	8
学校	城市	5
	农村	7

三、研究过程

本研究对于六年级小学生语文读写结合素养测评工具的维度概括是基于以下两点的：首先，经济合作与发展组织（OECD）对国际学生评价项目（PISA）阅读素养的结构有明确的规定，将所测阅读素养分为信息提取、解释信息以及反思和评价三个维度；其次，写作是学生表达自己的思想和情感的活动，活动中需要应用以前所学到的语文知识，如字、词、句、标点和篇章结构等，而且形象、创造性、逻辑思维、生活体验等均会不同程度地出现在写作过程中。

基于以上两个原因，本研究把写作环节加入原先经济合作与发展组织（OECD）所编制的阅读素养测评工具中，以考察学生从阅读素养到写作创作素养过程的迁移效果，这样就达到了综合考察学生读写结合素养的目的。因为写作创作部分受学生在阅读部分所积累的语文知识、由此引发的反思评价、之前的生活经验等的影响，故最终本研究将所得到的写作成绩作为考察学生读写结合素养的指标。六年级小学生的国际学生评价项目（PISA）式语文读写结合素养测评共分为两个部分：第一部分是阅读素养测评，第二部分是仿写创造测评部分。其中阅读素养测验部分由三个维度组成，即信息提取、解释信息、反思和评价。

世界卫生组织认为青少年阶段最重要的任务是学习和掌握日常生活技能，并建议家长和教师要对青少年给予大力帮助。但此"生活技能"并非指类似洗衣、做饭和整理内务这样的生存技能，而是指一个人在社会生存中的心理社会能力。世界卫生组织对心理社会能力（Psychosocial Competence）给出的定义是：一个人能够有效处理日常生活中的各种挑战和需要的能力，一个人能够在接触他人、环境和社会的过程中表现出的较为正确和适当行为的能力。心理社会能力具体包含六种能力：自我认知能力、人际关系能力、换位思考能力、缓解压力能力、决策能力和自律能力。六年级小学生处于少年心理向青年心理的过渡期，他们已经确立了比较稳定的性格，但是对自己本身个性的认识不是很清楚。

故本研究的阅读分测验中的阅读材料只选取"了解自身特点能力"作为测验情景，以期通过阅读部分的成绩来初步了解六年级小学生分析自身个性认知的能力。文本体裁则为连续文本。本测验题目分为两部分：阅读测验部分包括客观选择题、开放性问答题、填空题三种类型，共 12 道试题；写作部分为写作题目，共 1 题。本测试按照国际学生评价项目（PISA）编码评分的做法设立评分等级，分为满分、部分得分、零分三等。写作成绩的评价标准为朱作仁的《小学生作文六项评定量表》[①]。

结合六年级学生的特点，以可读性、时效性、趣味性为选材的基本原则，本研究最终保留了由一篇阅读材料和与其内容相关的写作题目组成的"读写"材料。表 4-3 是本研究确定的"读写"材料题目分类。

表4-3 "读写"材料分类

类别	阅读	写作
题数	12	1

注："阅读"材料来自获得 2002 年美国奥斯卡最佳动画长片《怪物史瑞克》的剧情简介。

本研究请专家对题目提出意见，进行调整后形成《六年级学生语文读写结合素养测评工具》的初始测验。测试题目见附录 4-3。《专家意见调查表》具体见附录 4-2。

四、初测问卷的施测

（一）被试

本研究采取整群抽样法，选择了来自河南省的 10 所城镇小学作为被试，以

---

① 朱作仁 . 小学生作业量表 [M]. 西安：陕西人民出版社，1990.

班级为单位，随机选取六年级小学生作为测试对象，包括马楼小学、唐庄小学。研究共发放问卷 310 份，并当场回收，删除无效问卷后，得到有效问卷 299 份，有效率为 96.5%。被试母语为汉语，智力正常，在平均年龄、性别比例等方面无显著差异。被试分布情况见表 4-4。

表 4-4　有效被试的分布情况

项目	类别	人数	占比 /%
性别	男	132	44.15
	女	167	55.85
学校	马楼小学	195	65.22
	唐庄小学	104	34.78

（二）程序

本研究以班级为单位进行测评，采取纸笔施测的方式。具体测评流程和框架见图 4-2。

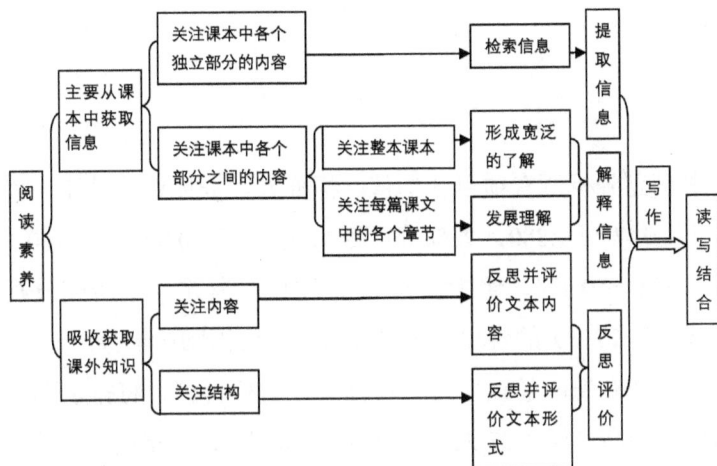

图 4-2　测评流程

（三）数据评价指标及数据处理

本测验共分为两部分：阅读测试部分和写作部分。本研究通过考察学生初创型仿写的写作成绩来衡量学生的读写结合素养。

阅读测试部分按照国际学生评价项目（PISA）编码评分的做法设立评分等

级，分为零分、部分得分、满分三等，并借鉴国际学生评价项目（PISA）的评分理念，如学生的答案推断合理、存在创新之处等都会合理给分。另外，允许细微差错，如答案中有错别字的话暂不扣分等。

写作部分的满分为一百分。写作成绩评分标准依据的是朱作仁的《小学生作文六项评定量表》，该量表信度 Cronbach α 系数为 0.660，与语文成绩的相关系数为 0.610，与教师评级的相关系数为 0.710。该量表适用于小学和初中低年级学生，主要从中心、质料、详略、条理、语言表达基本功、修辞六个方面评定作文成绩，每个项目都有四个等级的标准，各项目区分度系数都在 0.300 以上。本研究严格按照评分标准进行评分，所有被试的写作成绩由两名评分者单独评定，评分顺序完全随机，以平均分作为最后的作文成绩。两名评分者评定结果的相关系数为 0.734，$p=0.000$，评分者一致性系数较好。

测验调查所获得的数据直接用 SPSS 11.5 和 AMOS 4.0 专业软件包进行统计处理，主要采用项目分析、探索性因素分析、相关分析及验证性因素分析的方法。

（四）结果

1. 项目分析

首先，本研究分析所有项目的均值、标准差等描述性统计量，发现所有项目的均值介于 0.347～0.880，大部分项目的均值介于 0.600～0.700，各题项的标准差介于 0.325～0.476，绝大多数大于 0.500。其次，本研究分析问卷总分高低分组被试（各 27%）的各项目差异显著性，将以阅读部分的 12 道题目做探索性因素分析的 300 份问卷按照总分由高到低进行排列，将排名两端各占 27% 的学生分别命名为高分组（81 人）、低分组（81 人），再将两组学生在每个题项上得分的均数进行独立样本 t 检验。

由表 4-5 可知，除了第 11 题，两组被试在问卷的其他项目上的得分均存在显著差异，因此，将第 11 题删除。

表4-5 高分组与低分组各项目得分差异检验（M±SD）

项 目	高分组	低分组	t
1	1.00±0.00	0.62±0.49	7.017***
2	0.99±0.11	0.57±0.50	7.359***
3	0.99±0.12	0.51±0.50	8.357***
4	0.97±0.16	0.49±0.50	8.378***
5	1.00±0.00	0.27±0.45	14.863***
6	1.00±0.00	0.16±0.37	20.735***
7	1.00±0.00	0.15±0.36	21.737***
8	1.00±0.00	0.07±0.26	32.031***
9	1.00±0.00	0.02±0.16	56.921**
10	1.00±0.00	0.04±0.19	46.184***
11	0.99±0.11	0.01±0.11	0.562
12	0.95±0.22	0.00±0.00	39.243***
13	90.32±65.98	4.31±5.13	32.838***

注：*** 表示 $p < 0.001$，** 表示 $p < 0.01$，* 表示 $p < 0.05$。

2. 阅读素养测验探索性因素分析

根据项目分析结果，此时测验所有题目分布状况见表4-6。

表4-6 经项目分析后测验所有题目分布状况

编号	测验分类	题目数
1	阅读素养测验部分	11
2	仿写部分	1

本研究采用主成分分析法，进行最大旋转，对阅读部分剩下的11个项目进行探索性因素分析，根据因素分析项目筛选的四个标准对这11个项目进行探索性因素分析。

由表4-7可知，KMO抽样适当性参数为0.859，Bartlett's球形检验结果显示 $p < 0.001$，说明适合做因素分析。

表4-7 KMO值和Bartlett's球形检验结果

KMO	0.859	
Bartlett's球形检验	卡方值	2250.067
	自由度	55
	显著性	0.000

探索性因素分析抽取出的3个因子共同解释了项目总方差的78.544%。本

研究以特征值为纵坐标，以因素个数为横坐标，得到碎石图（如图4-3所示）。其因子负荷见表4-8，各因子特征值和贡献率见表4-9。

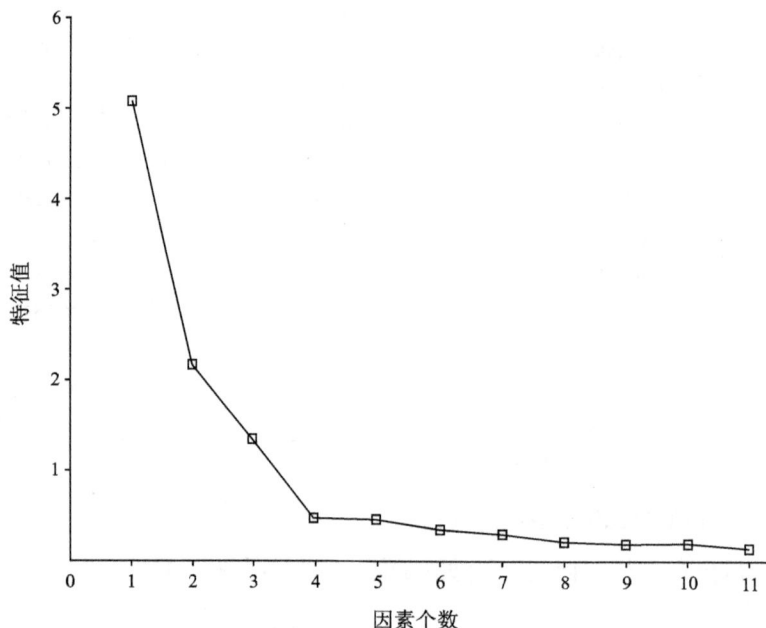

图4-3 "六年级小学生语文读写结合素养测验"中"阅读素养分测验"的因素分析碎石图

表4-8 因素负荷

项目	解释信息	提取信息	反思和评价	共同度
7	0.882			0.642
6	0.873			0.748
8	0.863			0.778
5	0.770			0.852
4		0.910		0.641
3		0.865		0.830
2		0.850		0.838
1		0.777		0.835
11			0.866	0.833
10			0.865	0.846
9			0.860	0.797

表 4-9　"阅读素养分测验"各因子的旋转因素特征值和贡献率

因素	特征值	贡献率 /%	累计贡献率 /%
提取信息	0.657	28.451	28.451
解释信息	0.840	27.673	56.124
反思和评价	0.788	22.420	78.544

从表 4-8 可以得出，11 个项目因素负荷量的绝对值都在 0.699 以上，因此，都为有效项目，全部可以使用。从表 4-9 可以看出，3 个因素解释了项目总方差的 78.544%。特征值、碎石图和因子负荷表明这些项目包含了三个因子，第一个因子包含了 4 个项目，表示提取信息，命名为提取信息题；第二个因子包含了 4 个项目，表示解释文本，命名为解释信息题；第三个因子包含了 3 个项目，命名为反思和评价题。

3. 验证性因素分析

本研究使用 AMOS 4.0 统计软件，采用最大似然法（Maximum Likelihood Estimation）对阅读素养分测验的因素结构进行验证性因素分析。通过验证性因素分析，本研究得到《六年级小学生语文读写结合素养测评工具》的阅读素养分测验部分的拟合指数（见表 4-10）。

表 4-10　"阅读素养分测验"的三因素结构模型的拟合指数

模型	α^2	α^2/df	RMSEA	NFI	TLI	CFI
一阶	47.613	1.161	0.023	0.973	0.978	0.979

从表 4-10 可以看出，模型的拟合指数 CFI 为 0.979，Tucker-Lewis 指数 TLI 为 0.978。一般认为 CFI > 0.90 则模型拟合较好，TLI > 0.90 则模型拟合也较好，本研究的这两个指数都符合要求。近似误差均方根 RMSEA 是评价模型不拟合的指数，本研究的 RMSEA=0.023，RMSEA < 0.05，说明构想的一阶三因素模型的拟合指数满足拟合优度模型的条件，编制的《六年级小学生读写结合素养测评工具》的阅读素养分测验在结构上是合理的，可以作为《六年级小学生语文读写结合素养测评工具》中测评六年级小学生的阅读素养的分测验。由以上拟合指数得出，验证性因素分析结果支持探索性因素分析的结论。

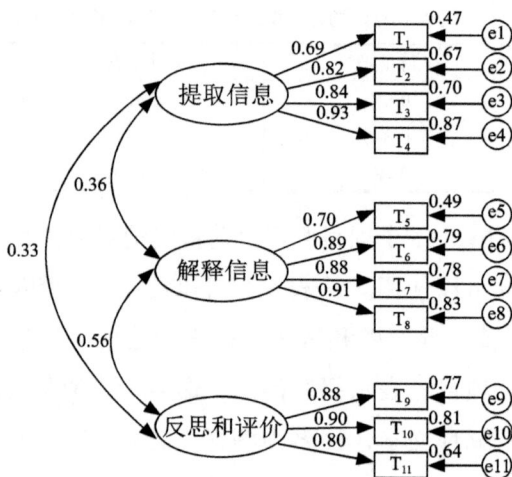

图4-4　三因素模型

4. 信度检验

根据探索性因素分析和验证因素性分析结果，得出了阅读素养分测验的结构，接下来采用克伦巴赫系数公式计算《六年级小学生语文读写结合素养测评工具》的同质性信度。

由表4-11可知，各维度的内部一致性系数都在0.800之上，分半信度也在0.700以上，表明六年级小学生语文读写结合素养测验具有较好的信度。

表4-11　六年级小学生语文读写结合素养测验的信度

信度	阅读素养分测验			写作分测验	总量表
	提取信息	解释信息	反思和评价		
Alpha 系数	0.897	0.909	0.893	0.863	0.883
分半信度	0.894	0.910	0.870	0.905	0.759

5. 效度检验

根据心理测评理论可知，阅读素养测验总分与其三个维度题目之间的相关系数可以作为测验《六年级小学生语文读写结合素养测评工具》的内容效度的衡量指标。结果发现，三个维度上的测验项目相关系数如表4-12所示。

表4-12　六年级小学生语文读写结合素养测验三维度及测验总分的相关矩阵

因素	提取信息	解释信息	反思和评价	写作	总量表
提取信息	1.000	0.339**	0.304**	0.260**	0.651**
解释信息		1.000	0.510**	0.294**	0.823**
反思和评价			1.000	0.580**	0.817**
写作				1.000**	0.703**

注：*** 表示 $p < 0.001$，** 表示 $p < 0.01$，* 表示 $p < 0.05$。

由表4-12可以看出，《六年级小学生语文读写结合素养问卷》的阅读测验的各维度与总分的相关均达到显著水平，表明该测评工具具有较好的内容效度。

五、讨论与结论

本研究编制的《六年级小学生语文读写结合素养测试》由两部分组成。第一部分为阅读素养测验部分，共三个维度：提取信息、解释信息、反思和评价；第二部分为写作部分，由一个与第一部分内容相关联的写作题目组成。本研究对最终编制成的《六年级小学生语文读写结合素养测评工具》进行工具的施测，通过对工具第一部分所有题目的探索性因素分析，共抽取了以下三个因子：提取信息、解释信息、反思和评价，这三个因素可以解释的方差总变异量为78.544%，验证性因素分析的结果表明，测验的构想效度也较好。六年级小学生读写结合素养测评工具的总体内部一致性系数为0.883，各维度的内部一致性系数介于0.863～0.909，说明测验维度的同质性较好。此外，分半信度的结果也比较让人满意，基本符合心理测评学的要求，说明本研究编制的《六年级小学生语文读写结合素养测验工具》具有较好的信度，满足了心理测评学的指标。

第四节　"读写结合"策略对六年级小学生的写作成绩的影响

一、研究目的

本研究的目的是探索"读写结合"策略对不同写作水平的六年级小学生的写作成绩提高是否存在显著影响，同时实验结果也为编制六年级小学生的读写结合素养的测评工具提供一定的理论依据。

二、实验假设

本研究安排了两种实验情景："读写结合"策略和"非读写结合"策略，目的在于比较六年级小学生在这两种实验情景下的写作成绩是否存在显著差异。"读写结合"策略是给学生安排一篇文字生动活泼的记叙文题材的电影影评，且该阅读材料后面有 11 道阅读题目，写作任务是让学生写一篇与阅读材料有关的记叙文；"非读写结合"策略是给学生安排一篇文字生动活泼的记叙文题材的电影影评，且该阅读材料后面有 11 道阅读题目，无写作任务。麦卡琴（McCutchen）等认为，学生对工作记忆资源的管理水平会影响其写作水平，若所需资源大于工作记忆容量，写作活动就会受到相应限制；低水平或年幼的写作者在写作中会尝试并适应各种需要，如通过仔细阅读的方式去理解和表征文章，根据标准和计划去构思文章，选择和调整写作策略；然而，高水平写作者的这些过程已经趋于自动化，其写作水平较少受工作记忆资源限制，此外，高水平写作者还具备把工作记忆中的认知加工导向更高级的认知目标的能力。故本研究实验假设如下：

（1）策略（"读写结合"和"非读写结合"）主效应显著，写作水平（高水平组和低水平组）主效应显著，策略和写作水平的交互效应显著。

（2）施加"读写结合"策略后，六年级小学生的写作成绩均得到显著提高；施加"读写结合"处理后，六年级小学生的写作成绩提高幅度显著大于"非读写结合"处理后六年级小学生的写作成绩提高幅度。

（3）对施加"读写结合"处理的六年级学生来说，低写作水平的六年级小学生的写作成绩提高幅度显著大于高写作水平的六年级小学生的写作成绩提高幅度。

三、研究方法

（一）被试

依据实验材料和实验类型，本研究随机抽取河南省某城镇的 12 个班的学生作为研究对象。其中，6 个班的 318 个学生接受"非读写结合"处理，6 个班的 343 个学生接受"读写结合"处理，共 661 名被试。本研究选取学生分类的标准为：首先，以班为单位，以 2010—2011 学年第二学期的四次语文习作的写作平均分作为学生平时的写作水平指标，将学生的作文水平进行从高到低的排列；其次，将排名位于前 27% 的学生归为高水平的写作者，将排名位于后 27% 的学生划分为低水平的写作者。有效被试共 358 名。此外，要求被试智力正常，母语为汉语，平均年龄、性别比例等无显著差异，以进行平衡处理（见表4-13）。

表 4-13　有效被试的分布

项目	类别	人数	人数占比 /%
性别	男	360	54.46
	女	301	45.54
学校	顺河小学（乡镇）	256	38.73
	冯庄小学（乡镇）	214	32.38
	实验小学（城市）	191	28.89

（二）材料

实验共采用两套测试题：第一套测试题采用自己编制的《六年级小学生读写结合素养测试》，具体见附录 4-3；第二套测试题采用自己编制的《六年级小学生读写结合素养测评工具》中的阅读素养分测验，即从第 1 题到第 11 题，具体问卷见附录 4-4。本问卷按照国际学生评价项目（PISA）编码评分的做法设立评分等级，写作成绩评分标准依据朱作仁的《小学生作文六项评定量表》。

（三）实验设计

实验采用 2（写作水平：高水平组、低水平组）×2（策略："读写结合""非读写结合"）被试间设计。因变量为六年级小学生的写作成绩。

（四）实验程序

实验采用团体测验的方式。

接受"读写结合"处理的六年级小学生完成第一套测试题，接受"非读写结合"处理的六年级小学生完成第二套测试题。

学生完成上述程序后，进行一个课时的记叙文写作任务，实验指导如下："同学，根据你对刚才文章的理解，请你发挥你的想象，写一篇 500 字左右的作文，题目自拟，要求字迹清楚。"

（五）数据处理

实验采用 SPSS 11.5 描述性统计、t 检验、方差分析。

四、结果分析

"读写结合"策略对六年级小学生的写作成绩的影响的差异分析如表 4–14 所示。

表 4–14 "读写结合"策略下六年级小学生的写作成绩描述统计

处理方式	写作水平	N	M	SD
读写结合	高	86	93.938	2.685
	低	86	67.976	5.219
非读写结合	高	93	88.296	4.331
	低	93	60.976	5.219

为了考察四个实验组的写作成绩是否存在差异，需要对数据进行两因素方差分析。本研究以六年级小学生的写作成绩为因变量，以写作水平和策略为自变量，采用方差分析考察各因素对实验结果的作用及因素间的交互作用（见表 4–15）。

表 4–15 各变量间主效应检验方差分析

变异来源	离差平方和	Df	均方	F
策略	12784.626	1	6392.313	260.736***
写作水平	91769.425	1	91769.425	3743.181***
读写结合 * 写作水平	177.755	2	88.877	3.625*

注：*** 表示 $p < 0.001$，** 表示 $p < 0.01$，* 表示 $p < 0.05$。

表 4–15 结果显示了各变量主效应检验的方差分析结果。策略对高、低写作水平的六年级小学生的组间差异显著，F=260.736，p=0.000（小于 0.001）；写作水平的主效应显著，F=3743.181，p=0.000（小于 0.001）；写作水平和策略的交互作用显著，F=3.625，p=0.027（小于 0.05）。这说明六年级小学生的写作成绩同时受策略和写作水平的影响。不同写作水平的六年级小学生在不同策略下的写作成绩的简单效应如图 4–5 和图 4–6 所示，交互作用如图 4–7 所示。

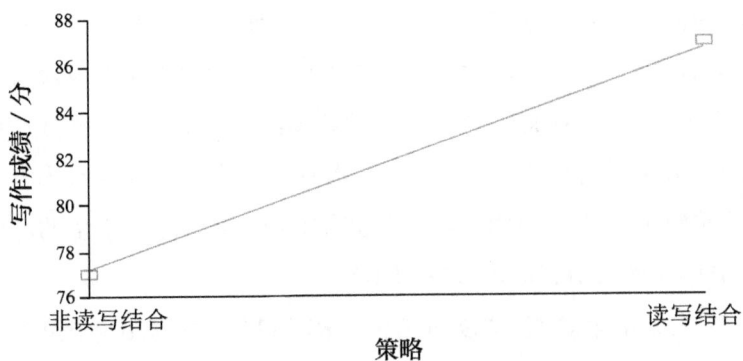

图 4-5 六年级小学生在不同策略下的写作成绩

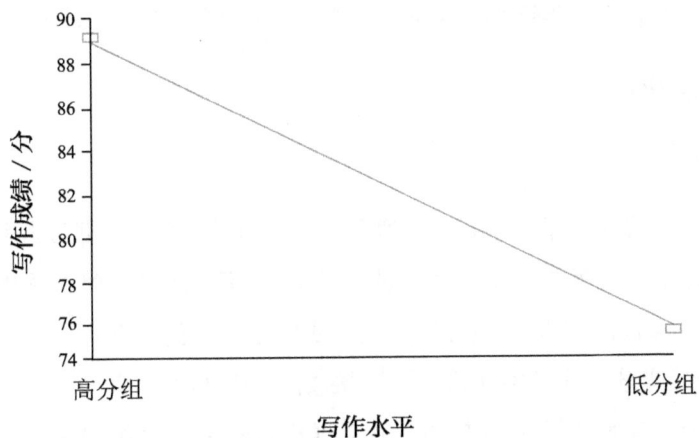

图 4-6 不同写作水平的六年级小学生的写作成绩

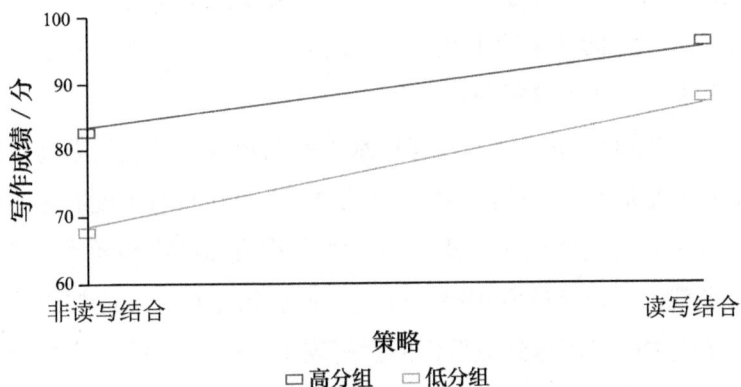

图 4-7 不同写作水平的六年级小学生在不同策略下的写作成绩

进一步的简单效应分析表明，对于低写作水平者，接受"读写结合"策略的六年级小学生与"非读写结合"策略的小学生的写作成绩差异显著，$F=1800.432$，$p=0.000 < 0.001$，学生接受"读写结合"策略时写作成绩好，接受"非读写结合"策略时写作成绩差；对于高水平写作水平的六年级小学生，给予"读写结合"策略的六年级小学生与"非读写结合"策略的小学生的写作成绩差异不显著，$F=107759.181$，$p=0.000 < 0.001$。

因此，本实验结果表明，"读写结合"策略和"非读写结合"策略对六年级小学生的写作成绩有显著差异影响。但是这种影响因不同水平的六年级小学生而有所不同，对低写作水平的六年级小学生而言，"读写结合"策略有促进作用，对高写作水平的六年级小学生而言，"读写结合"策略作用不显著。

五、讨论与结论

（一）讨论

首先，实验结果显示，被试在"读写结合"情境下和在"非读写结合"情境下的写作成绩存在显著性差异，六年级小学生在"读写结合"情景下的写作成绩高于在"非读写结合"情景下的写作成绩。实验结果支持了我们的假设理论，表明"读写结合"情景下的经验迁移到了紧接着进行的写作活动中，学生的写作成绩提高的可能性就增加了。这与司托茨基（Stotsky）对写作和阅读的关系调查结论是保持一致的，他认为阅读经验始终影响着写作能力。马广惠、文秋芳也认为大量的阅读有助于学生扩大词汇量，通过阅读上下文有助于学生更准确地掌握词汇的用法，进而从阅读中获取更多的表达词汇。此外，阅读分析典型的范文对写作者谋篇布局也有帮助。

其次，"读写结合"策略对不同写作水平的六年级小学生的影响作用是不同的。究其原因可能是本研究所提供的"读写结合"材料具有高度的透明度，对那些平时写作水平较低的学生（低水平组）的写作成绩的提高较大；而对于那些平时写作水平就已经较高的六年级小学生，他们已比较熟练地掌握写作的基本技能，其写作成绩的最高值到最低值的区间较小，故"读写结合"处理方式对其写作成绩的提高幅度有限。

再次，"读写结合"策略对不同写作水平的六年级小学生的影响作用是不同的。研究二所设计的两种情景即"读写结合"和"非读写结合"，其实是考察《六年级小学生阅读素养的问卷》和《六年级小学生读写结合素养的问卷》对六年级小学生的写作成绩的影响。结果发现，后者对其写作成绩的提高有显著作用。故针对国际上提出的仅考察中学生的阅读素养的测评工具，本研究认为不是很全面，因为国际测试或许会影响各国教育者的教育观念。我国上海中学生在 2021 年的 PISA 测验中取得了第一名的骄人成绩，这引起了我国语文教育界的轩然大波，并促使教育界人士竞相开始探索培养学生阅读素养的方法和途径。因此，国际测试可能会导致教育者重视学生的阅读素养培养，但对写作素养培养以及"读写结合"素养培养稍为忽视。故本研究希望通过研究二的数据引起其他研究者对"读写结合"素养的重视，而不是单单重视对学生阅读素养的培养。

（二）结论

一是六年级小学生在"读写结合"策略下和在"非读写结合"策略下的写作成绩存在显著性差异，六年级小学生在"读写结合"策略下的写作成绩高于在"非读写结合"策略下的写作成绩。

二是"读写结合"处理方式对不同写作水平的六年级小学生的写作成绩的影响作用是不同的。对于那些平时写作水平较低的六年级小学生（低水平组），"读写结合"处理方式对其写作成绩的提高影响较大，而对于那些平时写作水平较高的六年级小学生（高水平组），"读写结合"处理方式对其写作成绩的提高影响则相对较小。

第五节　小学生语文读写结合素养特点调查

一、研究目的

本研究旨在探讨六年级小学生的语文读写结合素养的总体特点，以及人口统计学变量对其产生的影响。

二、研究假设

研究表明，不同统计学变量对中国初中生的阅读素养有不同的影响作用，如，在2010年底公布的国际学生评估项目（PISA）测试中，上海男生阅读平均成绩比女生低40分，其经济合作与发展组织（OECD）平均值也比女生低39分。和城市小学生相比，农村小学生在能力和知识结构等方面存在着一定的不足，在写作水平上的不足尤为突出。

本研究假设为：六年级小学生的语文读写结合素养总体水平较高，但在不同统计学变量上，语文读写结合素养及其阅读素养分测验中各维度存在显著性差异。

三、研究方法

（一）被试

本研究采取整群抽样的方法，以班级为单位，随机选取河南省某城镇的四所农村小学和两所城市小学六年级小学生作为研究对象，所有被试智力正常，平均年龄为12.67岁（SD=0.75）。共发放问卷1176份，当场回收问卷，在分析前将规则性作答问卷剔除，得到有效问卷1096份，有效率为93.2%。被试具体分布情况见表4-16。

表4-16　有效被试的分布

项目	类别	人数	人数占比 /%
性别	男	493	44.98
	女	603	55.02
学校	城市	573	52.28
	农村	523	47.72

（二）研究工具和评分标准

（1）本研究采用自编的《六年级小学生语文读写结合素养测试》，此测评工具分为两部分：阅读素养分测验、写作测验。

阅读素养分测验的信度和效度都较好，符合心理测评学标准。阅读素养分测验题目包括三种类型：客观选择题、开放性问答题、填空题。具体题目参见附录4-3。阅读素养分测验试题分为三个维度：提取信息、解释信息、反思和评价，共包含了11个题目，其中提取信息维度4个题目，解释信息维度4个题目，反思和评价维度3个题目。解释的方差总变异为78.544%。阅读素养分测验按国际学生评估项目（PISA）编码评分的做法设立评分等级，等级分为三等：零分、部分得分、满分。

写作测验是一个记叙文写作任务，其成绩代表六年级小学生的读写结合素养的水平。《六年级学生语文读写结合素养测评工具》总体的内部一致性信度达到了0.883，提取信息维度的内部一致性系数为0.897，解释信息维度的内部一致性系数为0.909，反思和评价的内部一致性系数为0.893，写作成绩与测验总分的一致性系数为0.703，这说明编制的测验较为理想。该测验总体的内部一致性系数为0.883，分半信度为0.759，该测验在总体上具有较好的稳定性和内部一致性，具有较好的信度和效度。仿写测验的写作成绩的评价标准为朱作仁的《小学生作文评价标准》（见表4-17）。

表4-17 六年级小学生语文读写结合素养测验各因子所包含的项目

测验分类	因子名	项目题号
阅读素养分测验	提取信息	1、2、3、4
	解释信息	5、6、7、8
	反思和评价	9、10、11
写作测验	读写结合素养	12

（2）本研究以2010—2011学年第二学期的四次语文习作的阅读平均分和写作平均分作为学生平时的阅读水平和写作水平。

（三）施测过程

本研究将所有的测试题编成手册，以班级为单位，在课堂上向学生发放问卷并要求他们当场填写并回收。本研究在施测的同时获得被试的一般人口统计学资料，如性别、年龄、学校等信息。

（四）数据处理

本研究采用SPSS 11.5进行t检验、方差分析、相关分析。

四、结果分析

（一）描述统计结果

六年级小学生语文读写结合素养测验试题描述统计结果，如表 4-18 和图 4-8 所示。

表 4-18　六年级小学生语文读写结合素养测验试题得分的描述统计结果

系数	提取信息	解释信息	反思和评价	读写结合素养	总分
平均数	0.840	0.686	0.334	74.460	77.870
标准差	1.271	1.643	1.342	10.939	9.936

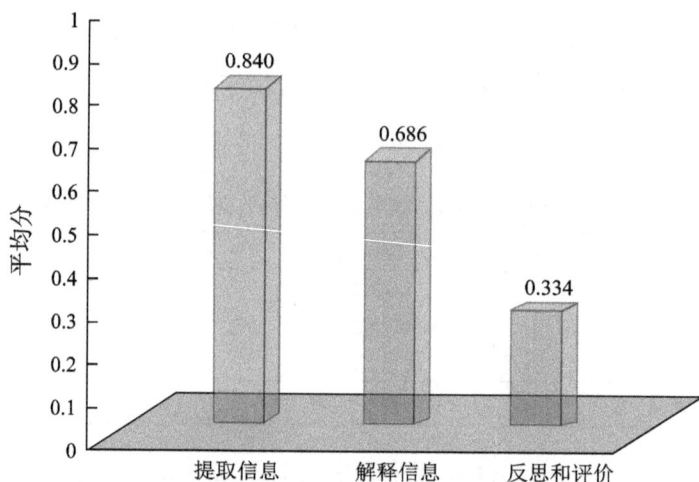

图 4-8　六年级小学生语文读写结合素养阅读素养分测验各维度平均分对比

（二）六年级小学生读写结合素养分析

1. 不同学校地理位置、性别六年级小学生的读写结合素养的差异

从表 4-13 可以看出，不同学校地理位置的六年级小学生在反思和评价维度及写作成绩（也就是"读写结合素养"）上均存在显著差异，城市六年级小学生的得分在写作成绩上显著高于农村六年级小学生的得分。不同性别的六年级小学生在提取信息维度、解释信息维度、反思和评价维度、读写结合素养上的得分均存在显著性差异：男生在反思评价维度上的得分显著高于女生在该维度上

的得分，女生在写作创造维度上的得分则显著高于男生在该维度上的得分（见表 4-19）。

表 4-19　不同地理位置、性别六年级小学生的读写结合素养及其阅读素养各维度的差异

维度	城市	农村	t 值	男	女	t 值
提取信息	0.84±0.16	0.84±0.23	0.878	0.84±0.30	0.85±0.17	−4.623*
解释信息	0.68±0.36	0.67±0.47	1.496	0.67±0.39	0.67±0.50	−3.374*
反思和评价	0.34±0.54	0.33±0.76	2.654*	0.35±0.21	0.33±0.76	−4.374*
读写结合素养	75.46±0.83	74.46±0.36	3.678*	74.86±0.36	78.46±0.36	−8.389*

注：*** 表示 $p < 0.001$，** 表示 $p < 0.01$，* 表示 $p < 0.05$。

2. 六年级小学生的阅读水平与其读写结合素养及阅读素养各维度的关系

从六年级小学生的阅读水平与其读写结合素养及阅读素养各维度的相关分析结果（见表 4-20）可以看出，六年级小学生阅读水平与其读写结合素养及阅读素养三个维度（提取信息、解释信息、反思和评价）之间存在显著的正相关关系，相关系数介于 0.413～0.756。

表 4-20　六年级小学生阅读水平与其读写结合素养及阅读素养三维度的相关分析结果

成绩	提取信息	解释信息	反思和评价	读写结合素养
阅读水平	0.413**	0.546**	0.624**	0.756**

注：*** 表示 $p < 0.001$，** 表示 $p < 0.01$，* 表示 $p < 0.05$。

3. 六年级小学生的写作水平与其读写结合素养及阅读素养各维度的关系

从六年级小学生的写作水平与其读写结合素养及阅读素养各维度的相关分析结果（见表 4-21）可以看出，六年级小学生阅读水平与其读写结合素养及阅读素养的三个维度（提取信息、解释信息、反思和评价）之间存在显著的正相关关系，相关系数介于 0.313～0.786。

表 4-21　六年级小学生写作水平与其读写结合素养及阅读素养三维度的相关分析结果

成绩	提取信息	解释信息	反思和评价	读写结合素养
写作水平	0.313*	0.446**	0.724**	0.786**

注：*** 表示 $p < 0.001$，** 表示 $p < 0.01$，* 表示 $p < 0.05$。

五、讨论与结论

（一）六年级小学生读写结合素养总体情况讨论

1. 六年级小学生读写结合素养总体表现较好

当前六年级小学生读写结合素养总体水平较高，六年级小学生的阅读素养总体水平也较好。但是六年级小学生阅读素养的具体几个维度并不平衡。本研究的结果显示，六年级小学生在提取信息维度得分最高；其次是解释信息维度，再次是反思和评价维度，原因可能是六年级小学生的认知水平还达不到对事件的反思、评价和创造的认知水平；再者就是他们平时对课本知识以外的知识接触较少，故在需要积累一定生活技能和经验的反思评价和写作创造的题目上得分较低。

2. 六年级小学生读写结合素养在人口统计变量上的差异分析

根据 2010 年底公布的国际学生评估项目（PISA）测试成绩可知，在和阅读素养有关的"反思和评价""访问和检索""整合信息"题目上，男生的成绩都显著低于女生。本研究主要考察、分析了性别、学校地理位置两个因素对六年级小学生的读写结合素养的影响作用。研究发现，六年级学生的读写结合素养及阅读素养的三个维度在性别上均存在显著差异，女生在读写结合素养、提取信息维度、解释信息维度、反思和评价维度都显著高于男生。六年级小学生的读写结合素养及其在反思和评价维度上的得分均存在显著的城乡差异，而在提取信息、解释信息这两个维度上，得分不存在显著的城乡差异。

3. 六年级小学生的阅读水平与其读写结合素养及阅读素养各维度的关系

六年级小学生平时的阅读水平与其读写结合素养及阅读素养各维度可能存在不同程度的相关。六年级小学生阅读水平与其读写结合素养及其阅读素养的三个维度（提取信息、解释信息、反思和评价）之间均存在显著的正相关。其中六年级小学生平时的阅读水平和读写结合素养相关性最高；其次是反思和评价维度，提取信息维度和反思评价维度相关性最低。

（二）结论

一是六年级小学生读写结合素养和阅读素养的总体水平较高，但在阅读素养的具体维度上的分数存在显著差异。

　　二是六年级小学生读写结合素养及其阅读素养各维度在性别因素上均存在显著差异，六年级小学男生的读写结合素养得分显著低于六年级小学女生的读写结合素养得分。六年级小学生的读写结合素养及其在反思和评价、写作创造两个维度上的得分均存在显著的城乡差异，而在提取信息、解释信息这两个维度上，不存在城乡差异。

　　三是六年级小学生的阅读水平和写作水平与其读写结合素养及阅读素养的三个维度均存在显著的正相关。

CHAPTER 5
—— 第五章 ——

小学习作教学中情感性支架的应用

在教学中，学生对学科内容的情感反应被认为是影响其学习行为和成绩的重要因素，积极的情感反应有利于产生良好的学习效果。因此，教育者在教学过程中应该有目的、有意识地培养学生对特定学科知识的积极的情感反应。近年来，国内关于学生情感的大部分研究都集中在思辨式的理论探讨，极少从实证的角度研究教师如何应对学生的学习情感。在已有研究的基础上，本研究立足于小学习作教学的框架，探讨小学习作教学中的情感性支架，并考察情感性支架对学生习作成绩的影响。

第一节　情感性支架的概念与教学研究

一、情感性支架的概念

学习不仅仅是对知识的理解和掌握，而是要发现学习者本身与各种知识之间的情感联系。在教学中，教师对教学内容的正确理解也应包含对学生情感的关注，只有这样，教与学才富有生命力。虽然在理论上，教育者和研究者都认为在教学中重视学生的情感是十分必要的，但是在实际课堂教学中，由于教育机构重视认知性教学效果，很多教育者容易忽视对学生情感的关注，很少关注教学过程中师生之间的互动和情感交流。而且，在教师实践研究领域，教师教育研究者也较少考虑教师对学生情感的理解，尤其缺乏教师如何关注学生情感反应的探究。近年来，研究者对教师的实践教学进行调查研究，从教学实践中发现了情感性支架，促进了对情感性支架的探索。

1976 年，伍德（Wood）等首次提出支架的概念，意指成人或技能熟练者控制超出学习者能力范围的任务因素，从而使得学习者只关注在其能力范围内的任务。① 由定义可以看出，其中涉及了一些情感因素（例如，注重学习者的学习兴趣和减少学习者的挫败感），但并未明确认可。随着教育领域研究者对教学过程中学生情感的探究，舒尔曼（Shulman）在 1987 年提出了另一种支架——情感性支架，当时对情感性支架的研究是来自对学科教学知识的修正和批判。② 近十年来，受情感性支架研究思想的影响，国内外教育研究者加强了对教师实践性知识的探究，推动了情感性教学支架的研究。

关于情感性支架的探讨，以美国教学研究者杰里·罗西克（Jerry Rosiek）教授的一系列研究为代表，研究发现，在教学中教师会运用一种特殊的教学媒介，即类比、视觉表征和故事等，然后引导学生想象，通过这些支架将特定教学内容与学生的情感进行联接，从而激发学生对学科知识产生积极的情绪反应，促进学生对所学习的内容产生正向情感，最终帮助学生获得积极、有效且情感丰富的学习体验，这里的类比、视觉表征和故事就是所谓的情感性支架。③ 随着对教学中情感性支架的研究，人们发现了支架具有非常重要的意义，是一种精确构建且合理有效的教学支架，学生的情感是整个支架内容的核心部分，情感性支架重视学生的情感在教学、学习中的关键作用。

杰里·罗西克及其研究团队在 1992—2003 年进行了大量的关于教师教学的实践调查，主要研究各种教学方法。研究组对教师在教学中所采用的视觉表征、类比和叙事等各种教学方法进行分类编目。在总结各种教学方法的基础上，他们发现了教师在教学过程中运用到的几种教学支架，其中有一种教学支架能够促进学生对所学知识做出积极的情感反应，他们认为这样的教学支架就是情感

---

① Wood D, Bruner J, Ross G. The role of tutoring in problem solving [J]. Child Psychol Psychiatry, 1976, 17: 89−100.

② Schulman L. Knowledge and teaching foundations of the new reform [J]. Harvard Education Review, 1987（57）: 1−22.

③ Jerry Rosiek, Ronald A. Beghetto. Emotional Scaffolding: The Emotional and Imaginative Dimensions of Teaching and Learning. Advances in Teacher Emotion Research: The Impact on Teachers' Lives [M]. New York: Springer Science+Bnsiness Media, 2009: 176−177, 187−189.

性支架。后续的研究邀请了更多有经验的教师参与，并且将情感性支架运用到具体的教学实践中，探讨情感性支架对学生情感和学习效果的影响，在几年之后取得了进一步的研究成果，发现情感性支架无论是对于激发学生产生积极的学习情感还是提高学习效果都是比较有效的，而且那些参与情感性支架研究的教师也认为运用情感性支架进行教学并不被动，相反，他们认为构建情感性支架是一种非常主动的教学实践，有助于提高学生的学习效果。而且，这些教师在教学时，不再将学生对学科知识的习得与其学习动机、情感绝对分开，而是将学生的学习过程理解为学生的情感、知识、个人原有经验、文化背景以及师生关系的整合过程，并逐渐重视学生对学科知识的情感反应。

二、情感性支架的构建

在教学中有效地构建情感性支架，能够促使教师关注学生的情感，激发学生对学科知识产生积极的情感反应，从而提高学习效果。因此，运用情感性支架进行教学时，为学科内容有效地构建合适的支架是非常关键的一个环节。

情感性支架的最突出特点就是，它能够促使教师从忽视学生的各种情感反应变为积极关注并且做出有效的回应。查阅国外相关研究的教学案例可以发现，情感性支架在培养学生对学科知识的情感方面是十分有效的，这样的教学支架使教师和学生都变得更加主动，教师积极构建支架，激发学生的建设性情感反应，而学生也带着这种积极的情感反应学习，获得一种愉悦、轻松的学习体验。因此，构建一个合适、有效的情感性支架对于激发学生对学科知识产生积极情感和提高学习效果是十分必要的。情感性支架的构建不仅要求教师具有学科内容方面的专业理论知识，也要求教师具有能够影响学生对学科知识产生情感体验的教学法知识。具体地说，教师在构建情感性支架时要考虑来自学生和教学内容两方面的因素，即课程内容、社会文化、学生的生活经验和学生对学科、教师和学习的态度，学科内容与学生对特定学科知识的情感反应之间是相互影响、相互作用的。

对于不同的学科内容，情感性支架的构建方式也存在一定的差异。从情感性支架的教学研究来看，教师在构建情感性支架时主要存在两方面问题：一是教师所关注的学生的情感类型。学生在学习过程中会产生各种积极和消极的情感反应，因此需要根据学生的情感反应来构建恰当的支架。比如，有时候教师可能需要设计一种情感性支架来降低或消除学生对学科内容产生的消极情感反应，如缺乏学习兴趣、厌学情绪；而有的时候，教师则要想办法构建一种支架来促进学生对学科内容产生积极的情感反应。二是教师选择用于激发学生积极情感的方法。从已有研究来看，教师构建的情感性支架中，有些是外显性质的支架，比如，教师通过直接和学生交流来培养他们对学科知识的情感，而有些是内隐性质的，在内隐性支架中，教师不去直接面对或询问学生的情感反应，而是间接地采取一定的方式来激起学生对学科内容产生建设性的情感反应。[①] 关于内隐和外显的情感性支架构建方式及其目标的主要内容见表 5-1。

表 5-1　内隐和外显性情感性支架

情感性支架构建方式	激发学生对学习内容产生建设性情感反应	减少学生对学习内容产生的非建设性情感反应
内隐性	通过把学习内容与学生熟悉的或者感兴趣的事情联系起来，从而培养学生对学习内容产生建设性情感反应。	通过把学习内容放在学生不熟悉的情境下，避免学生对所学内容产生非建设性的情感反应。
外显性	通过把学生的注意力集中在要学习的内容上，并告诉他们这样做的原因，来激发学生对学习内容产生建设性情感反应。	通过向学生保证事情没有像看起来那样的糟糕，转移学生对这些情感的注意力，或者改善情感，减少学生对所学内容产生的非建设性情感反应。

　　从情感性支架的构建过程来看，学科知识和学生已有经验是教师在情感性支架设计中需要考虑的主要因素，此外，教师的自我情感和教育经验也会影响他们对学生学习需求的教学指导和情感回应。总之，在构建情感性支架时，教师首先应预期学生对特定学科知识的情感反应；然后，在学生已有的学习、生活经验的基础上设计合理的教学支架，将要学习的内容和学生的情感进行联接，唤起学生对支架上的内容产生积极的情感体验；最后，在教师的引导下，学生将在支架上产生的积极情感转移到具体的学习知识上，从而提高学习的效果。

---

① 杰里·罗西克. 情感性支架：学生情感和学科内容交叉点上教师知识的研究 [J]. 开放教育研究，2009，5（15）.

三、情感性支架在教学中的应用

从情感性支架的构建过程来看，无论是内隐还是外显性的情感性支架，都离不开学生的想象。认知心理学和教育哲学等很多研究都发现，个体没有想象就不能充分理解情感和认知，因为个体对认知性知识的理解和掌握规律在很多情况下都成了一种思维习惯，如果要打破这种习惯，就必须确定新的学习和思维模式，这样的探索过程就离不开个体的想象。约翰·杜威宣称想象是所有人类体验的中心特质，他曾经特别写道：想象比任何一种意识体验都要饱满、丰富，想象能够推动发散性思维的发展，会引发许多独特且意外的情绪反应，这些反应又会产生一定的情感。想象能够推动发散性思维的发展，促进个体认知能力的提高。因此，个体认知水平的提升与想象的发挥是紧密相关的。然而，想象在情感上是具有先决条件的，学习者在对某个知识进行想象的时候往往需要一定的冒险思维，而对危险的预测使学习者体会到自身的情感反应，即希望自己的冒险性思维是足够安全的，这种心理需求实质也是对知识本身的一种情感反应。

想象一直都存在于教学过程中，尤其是运用情感性支架的教学过程。为了促进学生对学科知识产生积极的情感反应，教师在情感性支架的实施过程中，要注重发挥学生的想象，通过想象改变已有的消极情感性习惯并尝试着对支架中的相关情况进行想象，从而获得新的、积极的情感反应，然后将这种情感反应转移到具体的学习内容上，使学生感受到一种充满情感的学习体验。情感性支架的构建和实施为什么必须在学生的想象基础上发挥作用呢？首先，当教师将某个情感性支架呈现在学生脑海中时，学生需要对支架中的具体内容进行形象化和抽象化的想象；然后，学生才能将自己在支架中通过想象获得的情感和认知转移到特定的学科知识上，即在自我情感反应和学科内容之间建立情感联接，并将产生的积极情感反应转嫁到学习中。当然，情感性支架中提到的想象并不是某种特殊、罕见的认知思维，而是在学习过程中经常出现而且非常必要的一种创造性思维形式。教师运用情感性支架进行教学，有利于激发学生的想象，培养学生的发散思维和创造力，使学生对学科知识由之前的负向情感反应转变成正向情感联接。而且，学生在想象支架内容以及这些内容与学科知识之间的联系时会变得更具主动性。由此可见，通过构建恰当的情感性支架，能够有效地激发学生与学科知识之间的情感联接。

由于情感的投入，教学过程变得更加饱满、丰富，引导学生参与学科内容的学习会促使他们产生一系列的情感反应。这些情感反应有积极的，也有消极的；有些是教师预料中的，有些则是预料之外；反映了学生的很多内隐特质，比如，强烈的兴趣、不满的冷漠、挫败的反抗，等等。事实上，预测学生对学习内容的情感反应是最难的，那些在教师眼里似乎不太重要的学科知识可能会激起学生的学习兴趣和激情，而那些被认为非常重要的学习内容却可能会使学生感到厌烦和不满。学生的一些负性反应（不满、厌烦、挫败等）可能会阻碍其获得积极、情感丰富的学习体验，并给教师带来严峻的教学挑战。因此，在教学中，教师不能忽视学生的情感反应，应该努力寻求更多的有效方法关注学生的情感。

（一）国际情感教学研究

情感性支架教学的关键作用在于使教师从忽视学生对学习内容的情感到关注并积极应对学生的情感，体现了学生情感在教学中的重要地位。笔者查阅相关文献发现，关于情感教学，国外很多研究者在这个领域已经取得了比较卓越的成果，其中一些研究思想对于推动情感教学具有重大的影响，尤其以下述研究为代表。

1. 苏格拉底的"产婆术"

苏格拉底的"产婆术"是国外教育中有关情感教学的最早思想，这一理论的精华就是指，在教学中，教师与学生建立平等、和谐的师生关系，在日常教学中面对学生的学习问题，教师通常运用一些暗示性的语言让学生认识到自己的问题所在，然后在此基础上激发学生的学习动机、提高学习兴趣、发展自身的学习潜能，最终由教师和学生之间的自由讨论来确定问题的正确答案。苏格拉底认为，教师在教学中的主要职责并不仅仅是传授知识，更应该是去发现和挖掘学生内心的学习潜能，使学生通过自己的努力获得真理。可以说，教师的工作实质就是激发学生的学习潜能，即所谓的"产婆"。

2. 洛扎诺夫的"暗示"教学法

洛扎诺夫的"暗示"教学法是情感教学的典型方法。其实质就是教师在教学中运用各种激发学生积极情感的方法来创设轻松、愉悦的学习氛围，使学生受这种课堂气氛的感染，发挥学生"可暗示性"的特点，实现"认知性和情感性的协调、有意识和无意识知觉的一致"，从而充分激发学生大脑无意识领域的学习潜能，使学生在积极、愉悦的情感状态下不知不觉地学习。

3. 布鲁姆的"掌握学习"理论

美国著名教育家布鲁姆提出的"掌握学习"理论指出，很多学生在学习中没有取得理想的学习效果，主要原因不在于学生的智力方面，更多时候是学生没有得到合适的教学条件和指导，如果提供合理、适当的学习条件，那么，大多数学生在学习能力、速度、动机和兴趣等方面就会比较一致。该理论的意义在于它提示教育者，要创造有利的教学条件和指导方式充分挖掘学生的学习潜力，从而发展学生对特定学科知识产生建设性的学习情感以及学习能力。此外，以布鲁姆为首的研究团队不仅制定了认知领域的教学目标，而且也对教学中的情感目标进行分类，这表明了情感教学的可操作性和持续性，同时也充分反映了以布鲁姆为首的美国教育研究者对教学中学生情感的重视。

4. "人本主义"的情感教学思想

人本主义注重人的发展，认为真正的学习就是要不断促进人的完善。罗杰斯提出人本主义教学思想就是关注人的情感发展，教学要以学生为中心，充分关注学生的学习兴趣、需要、动机等，而且教学本应包含认知和情感两方面，教师是学生学习的促进者，要充分尊重学生的情感反应，为学生创造轻松、自由、和谐的学习环境，使学生能够积极发挥学习主动性和学习潜能。为此，他们提出很多以学生为本的教学观点，这里选取其中的两个与学生情感有关的教学理念：第一，个体在学习过程中应注重自我兴趣和爱好，因为正是学生的各种兴趣和好奇心才使得他们能够不断地学习和进步，因此，教师在教学中要关注学生的学习兴趣、动机等各种情感反应；第二，在教学活动中激发学生的积极情感，教师在教学时可以从一些与学生自身有关的内容出发，并尽可能创设愉悦、轻松的课堂氛围，使学生能够对教学知识产生学习动机，从而有效地学习。

（二）中国情感教学研究

从古代孔子的乐学思想到近代梁启超、蔡元培、陈鹤琴等人提出的各种情感教学理念，中国的情感教学思想源远流长。陈鹤琴在 1939 年提出的"活教育"中的七条教育原则就明确提出，教育要鼓励儿童去发现他自己的世界，教学中的积极鼓励胜过消极的制裁以及教学游戏化、教学故事化等情感教学思想。正是源于中国近现代教育家提出的各种情感教学思想，当代教育者和研究者在此基础上进一步发展了各种情感教学理论思想。在学校教学方面，比较突出的有上海市推行的"成功教育"的探索实践、无锡市小学提倡的"愉快教育"教学实验以及教师李吉林创造的"情境教学"实验，等等。

除了上述关于情感性教学的探讨，也有研究者通过理论思辨和实证研究将情感教育的重要思想实践化，在实践中找到情感教学的有效实施策略。以上海师范大学卢家楣教授对情感教学的研究为典型，它透彻、系统地推动情感教学在实践中的发展，围绕"情感教学"的主题，形成了比较丰富、完整的情感教学的理论体系，并且进行了一系列的情感教学实验研究，验证了其提出的情感教学策略以及情感教学模式在实际教学活动中的可行性和有效性。[1] 卢家楣教授情感教学的研究成果主要包含以下三个方面：

（1）以情感的动力、调节、强化、信号、感染、迁移、疏导、保健和协调功能特性为出发点，提出"寓教于乐""以情施教""师生情感交融"等三条情感教学原则，并且在此基础上根据具体的教学实践构建了由乐情、冶情和融情三个维度以及逐步深入的四个层次组成的课堂教学情感目标分类体系，并制定了相应的课堂教学情感目标测评工具。[2]

（2）提出了"以境生情""以情生情""高级情感形成的心理机制"等三条情绪情感发生的心理机制，并在此基础上构建了情感教学的策略体系，主要包括认知匹配策略、形式匹配策略、超出预期策略和充分利用教学内容情感资源的情感展示、发掘、诱发和赋予策略。[3]

---

① 李志专. 中学教师课堂情感教学技能的实证研究 [D]. 上海：上海师范大学，2010.

② 卢家楣. 情感教学心理学 [M]. 上海：上海教育出版社，2000.

③ 卢家楣. 课堂教学的情感目标分类 [J]. 心理科学，2006（6）：1291-1295.

（3）以教学活动中的认知和情感因素为出发点，提出了教学的情知系统观、教学的情知并茂观、教学的情知矛盾观和教学的情知导乐观，并以此为理论基础提出了包含诱发、陶冶、激励和调控等四大环节的"情感教学模式"①。

（三）教学中学生情感的相关研究

国外很多教育心理学家已经意识到将学习简单地看作一个"冰冷"的对信息加工的过程是片面的甚至不正确的，而且各个学科的教育研究者（人类学、哲学和社会学）也证明了教育过程中情感因素的重要性。例如，关于"数学焦虑"的研究探讨的是数学焦虑能够预测学生上数学课的决心、对这门学科的自我效能感及学习成绩。此外，还有一些研究强调情感在阅读和写作技能中的调节作用，这些研究关注成人学习阅读和写作计划时情感的作用，对教育中情感因素的最持续研究是情感调节的问题，主要研究一些负向情感，比如焦虑、缺乏兴趣和低自尊等，这些负面情感会抑制语言的学习。②在教学领域内，研究者也越来越重视情感在教学中的地位，认为教师的教学工作应包含处理学生的情感和学科知识，以及学生对特定学科内容的情感反应，教师应该频繁、积极地处理学生对特定学习内容、任务的情感反应（比如，Demetriou and Wilson，2009；Frijda，2000；Nias，1996），在教学过程中，学生情感的投入十分重要，因为考虑学生的情感是教师对专业学习和教学思考的综合理解。③贝尔德（Baird）等调查了教学中情感和认知的关系，他们对 2000 名学生和 33 名教师进行调查访谈，探讨情感和认知在课堂学习中的作用，以及情感和认知对教学和学习的影响。研究发现，要获得有效的教与学，就必须保持情感和认知的平衡。他们建议，教师在课堂上不应仅仅停留在认知知识的讲述，而是通过与学生情感互动，以给整个教学过程带来更丰富的情感体验和表现，这样会使课堂和知识变得更

---

① 卢家楣，刘伟，贺雯. 课堂教学的情感目标测评 [J]. 心理科学，2007（6）：1453-1456.

② Jerry Rosiek, Ronald A. Beghetto. Emotional Scaffolding: The Emotional and Imaginative Dimensions of Teaching and Learning. Advances in Teacher Emotion Research: The Impact on Teachers' Lives [M]. New York: Springer Science+Business Media, 2009: 187-189.

③ Helen Demetriou, Elaine Wilson and Mark Winter bottom. The role of emotion in teaching: are there differences between male and female newly qualified teachers' approaches to teaching?[J]. Educational Studies, 2009, 35（4）：449-473.

加有趣和激励，而且在与学生交流特定学科的知识时，学生也会更加投入，学习效果也更好。再者，教师通过情感方式与学生交流学习内容会促使学生对知识更加感兴趣，并提高学习成功率。[1]

在具体的课堂教学中，洛根和斯卡姆（Logan and Skamp）对 20 名学生长达两年的追踪研究发现，教师的教学方法、课堂教学氛围在一定程度上影响着学生对学科知识的投入程度。尤其是当教师在课堂上对学生的问题做出反馈时，积极地倾听学生的声音、关注学生的情感反应，会使学生改善对科学知识的学习态度并且提高学习兴趣。[2] 很多研究认为特殊的教学方式和教学技能在缓解学生学习焦虑方面是非常有效的，比如埃默尔（Emer）验证了群组合作学习与传统的讲授方式对一群有精神障碍的成年人学习满意感的影响，研究结果显示，合作学习更能提高这些成年人的学习和情感满意度。[3]

上述研究成果似乎是大部分教与学的研究开始重视情感因素的一个信号，近年来，国外已经开展了一系列关于"教育—情感"的专题座谈会（例如，2008年由美国教育研究协会举办的课堂教师的情感加工研讨会，学校改革历程中的教师情感、身份和信念的讨论会以及对教育中情感的研究方法探讨），并开创了很多关于这个主题的公开讨论专栏和学术专题期刊。由此可见，国外教育教学研究者关注学生情感的意识在不断增强，越来越重视教学中学生的情感问题并纷纷开展相关研究。

然而，从国内来看，根据目前的研究资料，我国对学生情感的研究大部分还是停留在思辨式的理论探讨阶段，极少运用实证研究进行具体分析，因此，对该问题的研究有必要加强在实证方面的探索，有针对性地关注教学实践中学生对学科内容的情感反应，为教师提供一些可行、有效的情感教学指导。

[1] Baird J R, Gunstone R F, Penna C, Fensham P J, and White R T. Researching balance between cognition and affect in science teaching and learning [J]. Research in Science Education, 2007, 20: 11−20.

[2] Logan M, Skamp K. Engaging students in science across the primary secondary interface: Listening to the students' voice [J]. Research in Science Education, 2007, 38: 501−27.

[3] Emer D, McLarney Y A, Goodwin M & Keller P. Which group teaching styles best promote information gain for adults with mental disorders?[J]. Journal for Specialists in Group Work, 2002, 27: 205−232.

第二节　习作教学中的情感性支架

一、学生习作状况调查

习作是一种反映目标指向行为的问题解决过程，这个过程体现了个体的认知加工与习作活动之间的关系，是非常复杂的认知活动之一，作为个体思维的承担者和人际交流的媒介，习作具有概括、传递和调节的功能，对于传播、继承和发展人类的思想文化具有重要作用。写作也是个人教育、职业以及社会成就的一个重要工具，在学校教育中，学生的一部分成绩通过写作而获得，而且写作也是提升和扩展学生阅读能力的有效工具。[①] 在很多情况下，写作是个体教育、求职以及社会生活中不可或缺的一种技能，因此，提高学生的习作能力是语文教学的主要任务，习作水平是衡量学生语文成绩的一个重要指标，也是学生语言文字应用能力的评价标准。然而，据有关资料显示，在实际教学中，很多学生的习作能力并没有达到教学目标，他们在实际生活和学习中不能准确、有效地习作。我国义务教育阶段是培养和发展学生习作技能的基础阶段，但是从本研究访谈教师的反映来看，很多学生的习作能力不尽如人意，原因主要有两点：一方面，学生自身缺乏习作兴趣和习作动机，很多学生提到习作就"头痛"，每次习作只是为了完成任务而敷衍了事；另一方面，教师的习作教学态度和策略也存在问题，比如有些教师不顾学生对习作的情感反应而照搬教案的方法，只是例行地将习作的认知性知识灌输给学生，至于学生在这个过程中的情感体验如何，很少有教师会去关注。类似的情况在国外也存在，在美国2007年国家教育项目评估（NAEP）中，有56%的八年级和十二年级学生的习作测验分数只能达到最基本的水平。[②] 而且，很多学生在中学毕业时并没有掌握进大学或者找工作所需的习作能力，一项大学的研究报告指出，美国有50%的中学

[①] Bangert-Drowns R, Hurley M M. ,Wilkinson B. The effects of school-based Writing-to-Learn interventions on academic achievement: A meta-analysis [J]. Review of Educational Research, 2004, 74: 29–58.

[②] Graham S & Perin D. Writing next: Effective strategies to improve writing of adolescents in middle and high schools [M]. New York: Carnegie Corporation of New York, 2007.

毕业生没有达到大学习作教学大纲的基本要求。[①] 可见，当前很多学生的习作能力的确堪忧，这也反映了习作教学中亟待解决的关键问题——如何唤醒学生的习作欲望，激发他们的习作兴趣和动机，从而提高习作水平。

事实上，无论是文献研究结论还是实践中教师的反映，在我国基础教育阶段的习作教学中存在着不少受各种因素干扰而无法正常完成习作任务、不能达到具体习作教学标准的"习作困难的学生"。所谓的"习作困难生"是指，在语文习作过程中所表现出的习作困难的学生，他们对习作没有兴趣、习作基础差、语言表达能力低下、词不达意、言不成文、语言的逻辑混乱、经常难以完成正常的习作任务。[②] 事实上，在所有影响学生习作的因素中，除了一些客观的认知性知识，学生对习作本身的兴趣、态度、自信心等情感因素是造成学生习作困难的重要内在原因。因此，针对"习作困难生"，在习作教学中，教师应该采取一些适应性的教学策略。一方面，要加强对学生习作认知性知识的指导；另一方面，由于习作困难生通常对习作缺乏兴趣和自信，教师在面对这类学生时，可以运用情感性教学方式来努力激发和培养其对习作的兴趣、动机和情感，改善习作的自信心和成功体验，并将这些建设性的情感转移到具体的习作学习中，使他们能够带着积极的情感进行习作，为提升习作能力做良好的心理准备。

二、影响学生习作的情感性因素

习作是复杂的认知活动，在习作教学中，学生的成绩不仅受到认知性因素的影响，也受很多情感因素干扰，其中，教师的教学态度，教师是否会积极关注学生的情感反应，学生自己的习作态度、习作兴趣、习作动机、习作自我效能感甚至习作焦虑等情感，以及教师教学方式和学生情感之间的交互作用对学生习作能力的提高都具有重要的影响。习作方面的一些研究也得出类似的发现。帕哈雷斯（Pajares）等在学生的习作和科学课的成就目标与学习动机的关系的研究中发现，任务目标与自我效能感、自我概念和自我调控呈正相关，学生的

---

① Sharlene A. Kiuhara, Steve Graham. Teaching writing to high school students: A national survey [J]. Journal of Educational Psychology, 2009, 101（1）: 136–160.

② Achieve. Rising to the challenge: Are high school graduates prepared for college and work?[J]. Achieve Inc, 2005: 14.

表现趋近目标与自我效能感呈正相关，表现避免目标与自我效能感呈负相关。[①]
苏珊（Suzanne）等在一项对四年级小学生的习作兴趣和自我效能感的训练研究
中发现，经过实验训练，小学生尤其是男生的习作能力有了显著的提高，同时，
小学生的习作自我效能感和特定类型的习作兴趣呈显著正相关，而两者又与一
般的习作兴趣呈正相关。[②] 格雷姆（Graham）等对一至三年级学生的习作态度
与习作成绩的三个关系模型进行了检验，这三个模型分别是习作态度单向影响
习作成绩，习作成绩单向影响习作态度，习作态度与习作成绩相互影响。结果
表明习作态度单向影响习作成绩的模型拟合指数最好，三年级与一年级学生的
习作态度都会影响习作成绩。[③] 朱晓斌、汤姝雯对小学生习作态度和习作成绩
的关系研究表明，习作态度是习作成绩的有效的预测变量，而在习作态度的认
知、情感、意动三维度中，只有情感维度达到标准进入回归方程，说明在习作
态度中情感因素是习作成绩的最重要的预测变量。[④]

　　以往研究表明，学生的习作态度、习作兴趣、习作自我效能感等非认知性
因素对其习作成绩具有重要的影响作用。因此，在习作教学中，不能忽视学生
的各种习作情感反应，教师必须意识到学生对待习作的情感，尤其是消极的情
感反应，然后对这些消极的情感反应做出有效的回应，从而帮助学生将自己学
习习作的情感反应与具体的习作知识、内容之间建立积极的情感联接，使得学
生对习作产生建设性的情感反应，促进习作能力的提高。

　　习作教学是顺利完成基础教育阶段语文教学的一项核心工作，在整个义务
教育阶段的语文教学中具有重要地位。甚至习作教学的成功程度，在很多时候
是评估语文教学质量的一个关键指标，而学生习作能力的锻炼也是语文学习过

① Frank Pajares, Shari L Britner, Giovanni Valiante. Relation between achievement goals and self-beliefs of middle school students in writing and science [J]. Contemporary Educationl Psychology, 2000（25）: 406-422.

② Suzanne Hidi, Dagmar Bemdorff, Mary Ainley. Children's argument writing interest and self-efficacy and intervention study [J]. Learning and Instruction, 2002（12）: 429-46.

③ Steve Graham, Virginia Berninger, Weihua Fan. The structural relationship between writing attitude and writing achievement in first and third grade students [J]. Contemporary Educational Psychology, 2007（32）: 516-536.

④ 朱晓斌, 汤姝雯. 小学生写作态度与写作成绩关系研究 [J]. 心理科学, 2009, 32（4）: 942-945.

程中的重头戏。在我国《义务教育语文课程标准（2011 年）》关于习作教学的总目标中，也明确提到了小学各个阶段学生习作能力的教学要求，其中不少是针对学生习作情感方面的教学目标[①]，具体如下：

第一学段（一、二年级），要求：（1）对写话有兴趣，留心周围事物，写自己想说的话，写想象中的事物；（2）在写话中乐于运用阅读和生活中学到的词语。

第二学段（三、四年级），要求：（1）留心周围事物，乐于书面表达，增强习作的自信心；（2）能不拘形式地写下见闻、感受和想象，注意表现自己觉得新奇有趣的或印象最深、最受感动的内容；（3）愿意将自己的习作读给人听，与他人分享习作的快乐。

第三学段（五、六年级），要求：（1）懂得习作是为了自我表达和与人交流；（2）养成留心观察周围事物的习惯，有意识地丰富自己的见闻，珍视个人的独特感受，积累习作素材；（3）能写简单的纪实作文和想象作文，内容具体，感情真实，并根据习作内容表达的需要进行分段表述。

从小学各个学段的习作教学目标我们可以发现，小学语文课程标准明显地突出了习作教学中学生情感的重要地位。

此外，我国教育部颁布的《义务教育语文课程标准（2011 年）》的"实施建议"中重点指出，习作是运用语言文字进行表述和交流的重要方式，是认识世界、认识自我，进行创造性表述的过程。[②] 由此可见，成功的习作教学不仅要提高学生语言表达能力，而且要注重学生自我情感的激发和培养。因此，习作教学不能只强调习作知识、技能的教授，还应该积极关注学生的情感体验和精神世界。片面地一味追求习作的"工具性"而忽视习作的"人文性"，最终只会导致学生对习作失去兴趣、害怕习作甚至厌倦习作。而面对老师布置的习作任务，学生也只会带着消极情绪敷衍了事，这样的习作成绩可想而知。

综上所述，在教学中，尤其是在习作教学中，学生的情感是影响其习作能力提高的不可忽视的关键因素。然而，目前对习作教学的相关研究，很多还是

---

① 中华人民共和国教育部. 义务教育语文课程标准（2011 年）[EB/OL]. http://www.pep.com.cn/xiaoyu/jiaoshi/tbjx/kbjd/kb2011/201202/t20120206_1099044.htm.

② 同上注。

停留在对学生习作情感或教师教学情感的理论分析和讨论上，很少从实践角度研究教师该如何关注、回应学生对习作的种种情感，尤其是一些消极的情感反应。为了提高教师的习作教学效果和学生的习作水平，除了注重习作知识的传授和精讲，非常有必要运用科学、合理、适宜的情感性教学策略，从情感的维度进行教学，使得学生能够带着积极的情感反应学习习作，提升习作能力。为了探索习作教学中学生情感的相关问题，本研究以小学习作教学为背景，考察教师所运用的情感性教学策略及其对学生习作成绩的影响，希冀能够对小学习作教学实践提供一些具有实质意义的指导和参考。

三、习作教学中情感性支架的有效性研究

本研究查阅已有文献发现，国内对情感性教学的研究大部分都是理论探讨，有关的实证研究非常少，尤其是对教学中情感性支架具体问题的理论探讨和实证研究都十分匮乏。此外，对情感教学的大部分研究都是在语文、英语等学科内进行探索，对于习作领域内的研究比较少。习作作为社会生活的一种基本技能，对个体的学习和职业发展都有重要影响，为此，本研究以习作教学为研究载体，探索情感性支架在习作教学中的有关问题，为今后对习作教学的研究提供一定的参考价值。因此，结合已有文献资料和我国小学习作教学的实际情况，本研究采用现场教学实验的方法考察情感性支架在实际习作教学中的运用情况，丰富了情感性支架的理论研究，也拓展了情感性支架在习作教学中的应用研究。

相对于其他的认知性教学策略，情感性支架教学有助于教师从忽视学生对学科知识的情感反应变成更积极、有效的关注，有助于改变以往教学中教师忽视学生情感反应的消极状态的情况，促使教师从情感维度改进学生对学习内容的反应。然而，国内对教育教学的研究较少探讨教师在教学实践中如何有感情地把学科知识教授给学生，尤其在写作教学领域，极度缺乏研究来考察教师的情感性教学问题。

为了给实践中的教师提供一些比较实际的帮助，本研究以小学写作教学中的学生情感为研究主题，考察教学中的情感性支架和学生写作成绩之间的有关问题。需要说明的是，本书提到的情感性支架立足于小学写作教学背景中，注重学生情感在写作教学中的核心作用，指的是教师在教学中为了激发学生对写

作积极的情感反应所构建的特定教学支架，如活动体验、视觉表征、类比等。这些支架有助于激发学生的积极情感，并将之与写作内容相联接，从而帮助学生消除对写作的消极情感反应，进行有效的写作。

本研究选择两种典型的情感性支架作为自变量，通过现场教学实验，设计实验组和控制组，考察在小学中、高段的习作教学中情感性支架对小学生习作成绩的影响，并分析情感性支架对不同学习阶段的学生习作成绩的影响是否存在差异。这部分研究旨在探讨在小学中、高段，教师在习作教学中是否有必要通过构建情感性支架来进行教学；如果需要，是否应该对不同学习阶段的学生区别对待。

第三节　情感性支架在小学中、高段习作教学中的应用

目前，在中小学习作教学中较少地研究学生的情感因素。本研究旨在探讨小学习作教学中的情感性支架并研究其有效性，即教师在习作教学中促进学生情感从负性趋向正性的关键性支架。本研究通过对实践教学中的教师进行访谈和调查来确定小学习作教学中存在的情感性支架的类型，并且将其中比较常用的两种情感性支架运用到现场教学实验中，探讨情感性支架对小学生习作成绩的影响并分析这些常用的情感性支架对不同学段小学生的习作指导效果。从实践角度来说，本研究为小学习作教学中的教师提供了情感性支架的构建方式、运用方法和可能产生的效果的参考。此外，对帮助教师走出传统的注重学生认知性知识获得而忽视学生情感培养的教学误区具有一定的启示。更重要的是，为教师提供了在具体习作教学中实施的情感性支架的操作参考，从而让教师有效地引导学生走出消极的惯性思维和感受方式，帮助学生与特定的习作内容建立新的、积极的情感联系，真正在教学中重视学生情感。

基于目前对小学习作教学中的情感性支架的研究不足，本研究运用现场教学实验的方法探讨情感性支架在小学习作教学中的应用。笔者在前期研究和资料查询中，得出了"活动体验""类比""积极强化"是小学习作教学中最具代表性的情感性支架的结论。因此，研究选择了其中的"活动体验"和"类比"进行实验教学，分析两种支架在习作教学过程中对学生习作成绩的影响。之所以选

择这两种支架作为实验的自变量，原因如下：一方面，"积极强化"是学习理论中较为成熟的支架，学习理论的研究表明，对学习者采取"积极强化"的指导策略，能够强化某一学习行为并且使该行为得以保持和发展，最终有助于提高学习者的学习效果。基于此，笔者认为，在习作的过程中，运用"积极强化"的方式对帮助学生提高习作的认知性能力也应该会有积极的影响。另一方面，受研究条件的限制，本研究在被试的选择上存在一定的问题，故只选择两种支架进行实验。综合考虑这两方面的原因，本研究决定选取"活动体验"和"类比"这两种情感性支架进行习作教学实验，并安排控制组，即"无支架"式的习作教学指导方式。本研究通过实验教学考察情感性支架对小学生习作成绩的影响，以及"活动体验"和"类比"影响的差异性。

一、研究目的

（1）运用现场教学实验考察情感性支架对小学中、高段学生（四、六年级）习作成绩的影响。

（2）分析不同的情感性支架（"活动体验"和"类比"）对同一学段小学生习作成绩的影响是否存在差异。

（3）探讨相同的情感性支架对不同学段小学生习作成绩的影响是否存在差异。

二、研究方法

（一）被试

杭州市求知小学 201 名学生，经学校认定，全部智力正常。具体情况如表 5-2 所示：

表 5-2　被试信息统计

年级	班级数	每班人数	男生人数	女生人数	合计
四年级	3	35	48	57	105
六年级	3	32	51	45	96

（二）材料

（1）"类比式"情感性支架的作文教案以及相关 PPT（教案见附录 5–3）。

（2）"活动体验式"情感性支架的活动方案以及相关道具（活动方案见附录 5–4）。

（3）"无支架"式作文教案及相关 PPT（教案见附录 5–5）。

（4）作文稿纸 230 份左右。

（三）工具

采用朱作仁（1990）的《小学生作文六项评定量表》。

（四）研究设计

采用 3×2 的被试间实验设计：两个自变量是情感性支架和年级，其中情感性支架有三个水平，分别是无支架、活动体验和类比，年级有两个水平，分别是四年级和六年级；因变量是小学生习作成绩。

三、研究程序

（一）实验准备

1. 确定被试及其原有的习作水平

由于本研究要考察情感性支架对小学中、高段学生习作成绩的影响，而四年级和六年级的学生刚分别从三年级和五年级升上来一个月左右，具有小学中、高段学生的心理发展水平，可以作为考察小学中、高段学生习作教学的研究对象。因此，在实验开始前，征得学校同意，本研究选择四年级三个平行班和六年级三个平行班的学生作为被试。此外，根据被试上学期期末考试的习作成绩以及相应语文教师的评估意见（他们认为这个成绩基本能够代表被试的习作能力），研究将被试上学期期末考试中的习作成绩作为其原有习作水平。

2. 确定实验组和控制组

根据 3×2 的被试间实验设计方案，一共安排六个班的被试进行本次实验教学，其中四年级有三个平行班，六年级有三个平行班。随机安排实验班和控制班，在四年级三个班中确定两个实验班，分别命名为"四年级活动班"和"四年级类比班"，以及一个控制班，即"四年级无支架班"；同样，六年级也有两个班作为实验班，命名为"六年级活动班"和"六年级类比班"，另外一个班作为控制班，即"六年级无支架班"。按照研究构想，四、六年级的实验班分别接受"活动体验式"和"类比式"情感性支架的作文教学指导，控制班进行无支架式的教学。

3. 安排指导教师

经过学校教务处推荐和评估，选择教学水平相当的三名四年级语文教师和三名六年级语文教师，以这六名教师作为教学实验过程中的指导教师。

4. 确定习作主题

通过对部分小学语文教师的访谈，本研究认为，以"生命的意义"为主题的习作题材，既可以让小学中段学生有话可说，也可以体现小学高段学生的习作水平。而且这样的一个主题与学生的日常生活密切相关，体现了语文源自生活又要回归到生活中去的教学理念。因此，本次习作教学实验确定以"生命的意义"作为习作主题。

（二）实验过程和评分

1. 实验一

该实验由三名语文教师对四年级实验班和控制班采取实验前设计的相应教学方案进行习作教学。实验班和控制班的习作教学内容均为"生命的意义"，每个班的教学时间都是 40 分钟，在教学完成之后，休息 10 分钟。随后让每位学生在紧接着的第二节课写一篇题为"生命的意义"的作文，时间为 30 分钟，要求当场完成，之后由教师收回。

2. 实验二

上述实验完成后，由另外三名语文教师对六年级实验班和控制班采取实验前设计的相应教学方案进行习作教学。与四年级一样，实验班和控制班的习作教学内容均为"生命的意义"，每个班的教学时间都是 40 分钟，在教学完成之后，休息 10 分钟，随后让每位学生在紧接着的第二节课写一篇题为"生命的意义"的作文，时间为 30 分钟，要求当场完成，之后由教师收回。

3. 评分

在全部实验结束后，由研究者和助手按照朱作仁的《小学生作文六项评定量表》的标准对所有被试的作文进行评分，然后计算两人评分的相关系数，最后取两人评分的平均分作为被试的习作成绩。

四、数据处理及结果

研究采用 SPSS 11.5 软件进行数据分析，下面具体呈现相关统计过程和处理结果。

（一）小学四、六年级原有习作水平的差异性检验

在实验前，学校教务处提供了四、六年级三个班上学期期末考试作文成绩的情况，并以优秀、合格和待评三个等级来评定。此外，参考各个班语文教师的评估，本研究将这一期末成绩作为被试实验前的习作水平，并进行方差分析，考察在各个年级内的三个班学生习作水平是否存在显著性差异。

1. 四年级三个班原有习作水平差异性检验

将四年级三个班的期末成绩输入 SPSS 11.5 软件，其中以 1 代表"优秀"，2 代表"合格"，3 代表"待评"，并进行单因素方差分析。比较这三个班原有习作水平是否存在显著性差异，结果如表 5-3 所示：

表 5-3　四年级三个班原有习作水平差异性比较

变异来源	平方和	自由度	均方	F
组间	0.400	2	0.200	0.877
组内	23.257	102	0.228	
总计	23.657	104		

通过单因素方差分析得知，$F=0.877$，$p=0.419 > 0.050$，说明四年级三个班学生的习作成绩并不存在显著差异，也就是说，这三个班学生的原有习作水平相当。在这样的前提下，本研究将对三个班采用不同的习作教学方案，考察情感性支架对被试习作成绩的影响，以及在不同的情感性支架影响下，被试习作成绩是否存在差异。

2. 六年级三个班原有习作水平差异性检验

按照分析四年级三个班习作水平差异性的方法，对六年级三个班学生习作成绩也做同样的统计处理。结果如表 5-4 所示：

表5-4　六年级三个班原有习作水平差异性比较

变异来源	平方和	自由度	均方	F
组间	0.813	2	0.406	1.016
组内	37.187	93	0.400	
总计	38.000	95		

从数据的处理结果可知，F=1.016，p=0.366＞0.05，表示六年级三个班学生的习作成绩并无显著性差异，即这三个班原有习作水平相当。根据这一结果，研究欲进行后期的教学实验，探讨情感性支架对被试习作成绩的影响，以及在不同情感性支架影响下被试习作成绩是否存在差异。

（二）习作成绩的评定

由于本实验中要求被试写的作文全部是命题作文，故采用朱作仁（1990）《小学生作文六项评定量表》来评估被试的习作成绩。该量表内部一致性信度系数为0.66，内部一致性较强；与语文成绩的相关系数为0.610，与教师评级的相关系数为0.710。量表的具体评分准则如下：

该量表总评分为100分，分成六个项目计分，每个项目都按照0分到满分的间隔分成四个等级，在各个项目上，0分表示最低等级（四级），满分表示最高等级（一级），中间的分数相应的标定为二级和三级。各个项目指标和评分范围如下："中心"的评分范围是0分、10分、14分、18分，0分表示全文离题，没有中心，18分表示紧扣题意，中心明确；"质料"的评分范围是0分、9分、12分、16分，0分表示思想不够健康，意义消极，材料不妥当或不真实，内容贫乏，16分表示思想健康，材料真实妥当，典型新颖，内容具体充实；"详略"的评分范围是0分、9分、12分、16分，0分表示详略不当，离题远，结尾不利落，拖泥带水，16分表示详略得当，有具体细节描写；"条理"的评分范围是0分、11分、15分、20分，0分表示段落层次混乱，句子不连贯，过渡突然、跳跃或生硬，20分表示分段恰当，层次分明，句子连贯，过渡自然；"语言表达基本功"的评分范围是0分、12分、16分、22分，0分表示文理不通，不知所云，连篇错字、病句、错标点，字迹模糊，格式有误，22分表示语句通顺，用词准确，无错字、病句，字迹清楚；"修辞"的评分范围是0分、4分、6分、8分，0分表示没有运用任何修辞方法，8分表示正确运用三种以上修辞方法。

本研究严格按照该量表上制定的评分指南，从中心、质料、详略、条理、语言表达基本功和修辞六个项目来评分，量表中的每个项目都有四个等级的标准，并且每个等级上都标有相应的分数，评分时，一篇作文的某项达到哪个等级的标准，就按该等级上标着的分数给分。例如，某位被试的作文，"中心"这一项是"紧扣题意，中心明确"（第一等级，18分），那么这一项就给18分。然而，在评分的过程中，笔者发现有些作文中有的项目并不是完全符合量表中的等级标准，对于这种情况，参照有关研究并根据《小学生作文量表指南》上制定的标准，本研究对除"修辞"以外的所有项目进行七级评分。其中，确定"中心"从全文离题到紧扣中心的评分等级是0分、8分、10分、12分、14分、16分、18分；"质料"和"详略"（这两个项目满分均为16分）的评分等级为0分、7分、9分、10分、12分、14分、16分；"条理"的评分等级为0分、9分、11分、13分、15分、17分、20分；"语言"的评分等级为0分、10分、12分、14分、16分、18分、22分；"修辞"的评分等级不变，仍为0分、4分、6分、8分。按照这样的评分等级和标准，评分者在评估被试作文的过程中，则可以更恰当地根据具体情况给分，如，"质料"这一项，比第三级（思想尚健康，材料俗套、平淡，内容空乏，9分）要好，但是比第二级（思想健康，材料真实但不典型、新颖，内容尚充实，12分）又要差一些，那么就可以在9～12分之间给定一个分数，即10分。最后，将各个项目的分数相加，就是一篇作文的成绩。

在两次实验完成之后，由研究者和助手对所有作文进行评分，评分是百分制形式，满分为100分。四年级的三个班中分别有一名被试没有交作文，在尊重被试的前提下，研究最终一共回收198份有效的作文，其中六年级96份，每班32份；四年级102份，每班34份。所有作文由两名评分者单独评定，计算相关系数，然后取平均分作为被试最终作文成绩。两名评分者对四、六年级各个班习作成绩评定分数以皮尔逊积差相关系数来考察评分者一致性，具体结果如表5-5所示：

表5-5　四、六年级各个班的评分者一致性系数

班级	401	403	404	601	602	603
相关系数	0.874	0.952	0.962	0.987	0.973	0.801

在评分过程中，两名评分者严格按照量表的标准和要求进行评分。上表中各个班的评分相关系数表明两名评分者的评分一致性比较高。在此基础上，本研究计算两人评分的平均分，并将每篇作文的平均分作为被试的习作成绩。

（三）情感性支架对小学生习作成绩的影响

在对所有被试作文的评分完成之后，研究者将被试的习作成绩输入统计软件进行处理，分析情感性支架对被试习作成绩的影响。

1. 情感性支架对中、高段小学生习作成绩的影响

为了研究在小学习作教学中情感性支架对小学中、高段学生习作成绩的影响，研究者首先采用多因素完全随机实验的方差分析进行统计，分析四、六年级被试在"活动体验""类比""无支架"三种教学指导下的习作成绩的差异性。表5-6是各个年级被试在三种教学指导方式下的习作成绩。

表5-6　被试的习作成绩

教学指导方式	四年级			六年级		
	N	M	SD	N	M	SD
活动体验	34	73.382	19.389	32	62.531	19.629
类比	34	60.206	18.085	32	72.594	18.318
无支架	34	61.294	15.822	32	64.875	13.370
总计	102	64.961	18.641	96	66.667	17.670

在进行方差齐性检验后，结果显示，F=1.310，p=0.261＞0.050，表明方差齐性的条件成立，可以进行方差分析。方差分析的结果如表5-7所示。

表5-7　不同情感性支架对四、六年级学生习作成绩影响的方差分析

变异来源	平方和	自由度	均方	F
支架	816.635	2	408.317	1.321
年级	143.914	1	143.914	0.466
支架 × 年级	4538.251	2	2269.126	7.341**
残差	59347.835	192	309.103	
总计	921856.000	198		

注：* 表示 p ＜ 0.05；** 表示 p ＜ 0.01。

由方差分析结果发现，两个自变量（情感性支架和年级）主效应不显著，但交互效应显著（F=7.341，p=0.001＜0.010），两个自变量的交互效应如图5-1所示：

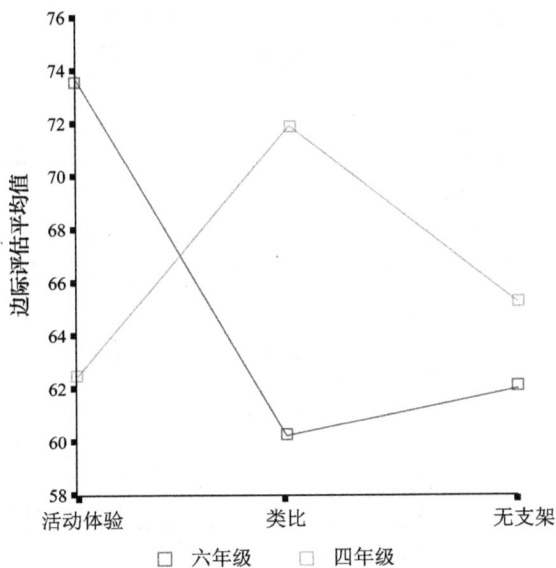

图 5-1　情感性支架和年级对习作成绩影响的交互效应图

表 5-7 反映了自变量（支架和年级）的主效应并不显著，但两者的交互效应达到显著性水平，二者对被试的习作成绩存在交互影响。研究者参照有关研究得知，交互效应显著，而主效应不显著，有可能是交互效应掩盖了主效应，主效应其实是存在的，可能是其中的某个自变量效应的大小和方向被另外一个自变量的不同水平给平衡掉了。为了更准确地反映支架和年级的实验效应，并考察两个自变量在不同水平上的变化情况，研究需要进一步做简单效应分析。

2. 情感性支架和年级交互效应的进一步检验

在做方差分析时，交互效应显著，通常需要进行简单主效应（simple main effect）分析，如果某因素在另一个因素的同一个水平内的简单主效应显著，还需要进行实验单元间的两两比较，以发现具体差异何在。为此，研究将进行简单效应分析。

（1）不同的情感性支架对同一年级被试习作成绩的影响。

对年级影响下的情感性支架进行简单主效应分析的结果表明，不同的情感性支架对四年级被试的习作成绩有非常显著的影响（$F=5.883, p=0.003 < 0.010$），而对六年级被试的习作成绩没有显著影响（$F=2.870, p=0.059 > 0.05$）。具体结果如表 5-8、表 5-9 所示：

表5-8　不同指导方式对四、六年级习作成绩的影响效应

年级	平方和	自由度	均方	F
四年级	3637.196	2	1818.598	5.883**
六年级	1774.146	2	887.073	2.870

注：* 表示 $p < 0.05$；** 表示 $p < 0.01$。

表5-9　各个年级内习作成绩多重比较结果

年级	教学指导		平均差异	p
四年级	活动体验	类比	13.176	0.007**
	活动体验	无支架	12.088	0.015*
	类比	无支架	−1.088	0.992
六年级	活动体验	类比	−10.063	0.068
	活动体验	无支架	−2.344	0.933
	类比	无支架	7.719	0.223

注：* 表示 $p < 0.05$；** 表示 $p < 0.01$。

从统计分析的结果可知，在六年级中，不同的习作教学指导方式对被试的习作成绩的影响达到临界显著的差异（$p=0.059$，接近0.050）。这样的结果表明，不同的情感性支架可能对六年级学生习作成绩的影响存在差异，进一步多重比较分析发现：①"活动体验"和"类比"两种情感性支架的教学指导方式对被试习作成绩的影响存在临界性的显著差异（$p=0.068$，接近0.050），"类比"指导下的习作成绩高于"活动体验"指导下的习作成绩；②"类比"和"无支架"两种习作指导方式对被试习作成绩的影响没有显著差异（$p=0.223 > 0.050$）；③"活动体验"和"无支架"两种情感性支架对被试习作成绩的影响也没有显著差异（$p=0.933 > 0.050$）。

与六年级不同的是，在四年级中，三种不同的习作教学指导方式对被试习作成绩的影响存在非常显著的差异（$p=0.003 < 0.01$）。进一步的多重比较后发现：①在情感性支架"活动体验"的教学指导下，被试的习作成绩显著高于"类比"式指导下的习作成绩（$p=0.007 < 0.010$）；②在情感性支架"活动体验"的教学指导下，被试的习作成绩显著高于"无支架"式教学指导下的习作成绩（$p=0.015 < 0.050$）；③被试在情感性支架"类比"的教学指导下和"无支架"式的教学指导下，两者的习作成绩没有显著差异（$p=0.992 > 0.050$）；④在三种习作教学指导方式中，被试在情感性支架"活动体验"的教学指导下习作成绩最高

（M=73.382），而"类比"（M=60.206）和"无支架"（M=61.294）的教学指导方式对被试习作成绩的影响没有显著差异。

（2）相同的情感性支架对不同年级被试习作成绩的影响。

为了考察某一特定情感性支架对小学不同学习阶段学生习作成绩的影响差异，研究者对不同教学指导方式进行了简单主效应分析。结果表明，采用情感性支架"活动体验"的习作教学指导方式对不同学段被试的习作成绩有非常显著的影响（$p=0.013 < 0.050$）；运用情感性支架"类比"的习作教学指导方式对不同学段被试的习作成绩也有非常显著的影响（$p=0.005 < 0.010$）；而采取"无支架"的习作教学指导方式对不同学段被试的习作成绩没有显著的影响（F=0.684，$p=0.409 > 0.050$）。具体结果如表5-10所示：

表5-10 不同教学指导方式对四、六年级习作成绩的影响效应

教学指导方式	平方和	自由度	均方	F
活动体验	1941.032	1	1941.032	6.280*
类比	2529.753	1	2529.753	8.184**
无支架	211.381	1	211.381	0.684

注：* 表示 $p < 0.05$；** 表示 $p < 0.01$。

从统计结果可知，在"无支架"式的习作教学指导下，四、六年级的习作成绩没有显著差异（F=0.684，$p=0.409 > 0.050$），而除了"无支架"式的习作教学指导方式，在四、六年级采用情感性支架"活动体验"（F=6.280，$p=0.013 < 0.050$）和"类比"（F=8.184，$p=0.005 < 0.010$）进行习作教学指导，研究者发现这两种支架对四、六年级被试习作成绩的影响分别存在显著差异。为此，研究运用Sidak调整方法做进一步的多重分析，分别比较在情感性支架"活动体验"和"类比"的教学指导下四、六年级习作成绩的具体差异。结果如表5-11所示：

表5-11 年级之间习作成绩多重比较结果

教学指导方式	年 级		平均差异	p
活动体验	四年级	六年级	10.851	0.013*
类比	四年级	六年级	−12.388	0.005**
无支架	四年级	六年级	−3.581	0.409

注：* 表示 $p < 0.05$；** 表示 $p < 0.01$。

从统计结果可知：（1）在情感性支架"活动体验"的教学指导下，四年级的习作成绩显著高于六年级（$p=0.013 < 0.050$）；（2）在情感性支架"类比"的教学指导下，六年级的习作成绩显著高于四年级（$p=0.005 < 0.010$）。

五、讨论与结论

（一）不同情感性支架对小学同一学段学生写作成绩的影响

通过方差分析和简单效应分析，研究者发现在小学中段（四年级），相比"无支架"式的教学，教师在写作教学中构建"活动体验"式的情感性支架进行教学，能够促进学生写作成绩的提高，学生在这种支架影响下的写作成绩显著高于没有支架的写作指导下的写作成绩；而构建"类比"这个情感性支架在促进学生写作成绩方面与没有支架的指导下的写作成绩并无显著差异；比较"活动体验"和"类比"这两种情感性支架，发现前者指导下学生的写作成绩显著高于后者。采用"活动体验"的方式，就是指在教学中通过构建与某个特定写作主题有关的活动作为教学支架，先激起学生对活动产生积极的情感，然后引导学生将这样的情感转移到具体的写作过程中。事实上，这里的活动就起到了连结学生情感和写作知识的支架作用。从研究结果可知，在小学中段的写作教学中，教师构建与某个写作主题有关的活动作为教学支架，并让学生亲自参与活动再写作文，这样的情感性支架比较符合小学中段学生的心理发展特点，能够显著地提高学生的写作成绩。一般来说，游戏活动在小学中、低段学生的教学中的作用大于高段学生。小学生的学习特点中有一条，随着年级的升高，学生对课堂活动的兴趣逐渐转移到课本知识上。本研究中的四年级学生刚刚从三年级升上来，仍然对教学中的各种活动有非常大的好奇心和兴趣，对于学科活动的兴趣大于学科知识本身，因此，游戏活动能够激发他们的学习兴趣和动机。相比活动体验，"类比"的方式仍然带有传统的教师单方面讲述的味道，对四年级学生的吸引力不大，容易使学生产生枯燥和厌烦等情绪。因此，在这样的教学支架影响下，学生的写作成绩没有显著提高。

此外，研究发现，在小学高段（六年级），虽然相比于没有情感性支架的教学指导，教师在写作教学中构建"活动体验"和"类比"的情感性支架后，学生的写作成绩并没有显著的提高，但是，这两种情感性支架对学生写作成绩影响的差异显著性刚好达到临界值，"类比"指导下的写作成绩稍微高于"活动体验"指导下的写作成绩。对于这样的结果，本研究认为，在写作知识方面，由于六年级的写作对学生写作认知性知识的掌握比中、低年级具有更高的要求，写作认知性知识在整个写作过程中起着关键的作用，要想写好一篇文章，学生必须具有一定的词语、表达等方面的写作认知性能力，因此，无论教师采用什么样的教学策略或是否构建情感性支架对学生的写作成绩影响并不大。事实上，在《义务教育语文课程标准（2011年）》中对小学中段学生关于写作部分的规定是，要求学生乐于书面表达，增强习作的自信心，愿意与他人分享习作的快乐，并将这些要求作为标准的首要三条；而到了小学高段，课程标准对写作部分的要求则从注重学生写作情感的培养转移到重视对学生写作能力的培养（如学写读书笔记和常见应用文），说明此时学生写作认知性知识的掌握对其写作成绩的影响可能会超过写作情感。根据《义务教育语文课程标准（2011年）》的指导纲要，笔者认为，如果在小学中段，教师能够通过教学支架帮助学生对写作保持着一种积极的情感，那么，在这样的情感基础上，学生到了高段，对写作的认知性知识的掌握就会变得更容易，而且此时写作的认知性知识在写作能力中的作用也逐步超过写作情感。因此，注重激发学生积极情感的写作教学方式对小学高段学生写作成绩的影响并不明显。这正与本研究结果一致，即通过一定情感性支架能够更好地帮助小学中段学生进行写作，而情感性支架对小学高段学生的作用并不明显，他们更需要对写作认知性知识的深入掌握。

（二）相同情感性支架对小学不同学段学生写作成绩的影响

我们从简单效应分析的结果可以发现，在教学中没有构建情感性支架的指导方式对小学四、六年级学生写作成绩的影响不存在显著差异，这两个年级的学生在"无支架"式写作教学指导下，写作成绩并没有显著的差异。建立情感性支架"活动体验"和"类比"对小学四、六年级学生写作成绩的影响存在显著差异。在支架"活动体验"的影响下，四年级学生的写作成绩显著高于六年级；而在支架"类比"的影响下，六年级学生的写作成绩显著高于四年级。

如前文所述，课堂活动对激发四年级学生学习兴趣的作用要大于六年级学生，他们在活动中通过亲身参与和体验，不仅能够激发他们参与活动的乐趣，更重要的是，他们在参与活动的过程中也学习了特定写作主题的相关知识，带着在活动中体验到的乐趣和获得的知识去写作，其写作成绩得到比较明显的提高。因此，通过构建"活动"这样的情感性支架就能更有效地提高其写作成绩。而情感性支架"类比"，更多的在于将写作中的知识与学生生活中的事物进行比较，教学仍然处在教师单向传授知识的阶段，学生的亲身参与和体验的程度比较低，这对于四年级的学生来说，可能对培养他们的写作兴趣方面的作用并不大。因此，在这样的支架影响下，他们的写作成绩也没有明显提高。与四年级学生不同的是，游戏活动对六年级学生的吸引力已经逐渐淡化，游戏活动在真正提高他们写作水平方面的作用也随之减弱；相反，他们对写作认知性知识的要求提高了。而"类比"这一情感性支架，正是通过将写作中的抽象的、难以理解的知识比喻成学生生活中熟悉的事物，从而使得学生更容易理解、把握好写作主题或者与写作内容相关的认知性知识，促进了他们对写作认知性知识的加工，新课程标准对小学高段学生作文的要求也更重视具体写作能力的提高，而写作的认知性知识直接影响学生的写作能力。因此，在六年级中，通过"类比"这一支架能够比较有效地向学生传授写作的认知性知识，相应地，对六年级学生的写作成绩也有比较明显的提高作用。

（三）结论

通过情感性支架和无支架的教学实验对比，本研究得到以下结论：

（1）在情感性支架"活动体验"的教学指导下，小学四年级学生的写作成绩高于六年级；在"类比"的教学指导下，六年级学生的写作成绩高于四年级；而"无支架"的教学指导方式对两者写作成绩的影响没有显著差异。

（2）在"活动体验""类比""无支架"式的教学指导下，四年级学生在情感性支架"活动体验"指导下的写作成绩显著高于"类比"和"无支架"式的教学指导；情感性支架"类比"和"无支架"式的教学指导对学生写作成绩的影响没有显著差异；比较三种教学指导方式，学生在情感性支架"活动体验"指导下的写作成绩最高。

（3）在六年级中，学生在情感性支架"类比"和"无支架"式的教学指导下，写作成绩没有显著的差异；在情感性支架"活动体验"和"无支架"式的教学指导方式下，写作成绩也没有显著差异；"类比"指导下的写作成绩要略高于"活动体验"的指导。

附　录

附录 1-1：5～6 岁幼儿家庭阅读环境半结构化访谈提纲

亲爱的家长们：

　　您好！感谢大家来参加本次访谈。本次访谈是为了了解孩子在家的阅读环境的一些情况，希望您能根据以下几个问题谈谈相关的情况。本次访谈的内容是为研究所用，我们会对您的访谈内容严格保密。请您根据您孩子的情况如实回答，谢谢配合！

　　1.幼儿喜欢阅读吗？

　　2.幼儿在家有安静的阅读空间吗？

　　3.您为孩子选择阅读材料的依据是什么？家中阅读材料多久补充更新？

　　4.您喜欢阅读吗？您平时获得信息的渠道有哪些？在家有良好的阅读习惯吗？

　　5.您认为在给孩子提供阅读环境时最大的困惑是什么？

　　6.您认为给孩子提供良好的家庭阅读环境应该包括哪些？

附录1-2：幼儿阅读理解能力测验

幼儿姓名：_____ 班级：_____ 年龄：_____ 性别：_____

评分标准：对每个问题根据幼儿回答的准确程度计0分、1分或2分。

0分：幼儿无法对画面进行推理、没有回答、答案与问题无关、不恰当的答案。

1分：基于单幅画面进行描述。

2分：基于多幅画面进行描述。

	项目	问题	分数：参考答案
明显性问题	1. 角色	这些故事有哪些角色？	2分：提到三个以上角色（小男孩、狗、青蛙、马蜂、地鼠、猫头鹰、麋鹿、青蛙一家等）。 1分：至少有三个角色。 0分：只有一个角色，或不相关的角色。
	2. 背景	这个故事发生在哪些地方？或者小男孩去哪些地方找了青蛙？	2分：包括多个地点（家、树林、地洞、灌木丛等）。 1分：只有一个地点。 0分：没有合适的地点。
	3. 引发事件（P2）	你可以告诉我在这里发生了什么事情吗？	2分：提到引发事件并联系其他相关故事信息（如：青蛙趁小男孩和小狗睡觉的时候逃跑了，小男孩发现青蛙不见了之后想找到它）。 1分：只提到引发事件（青蛙逃跑了）。 0分：其他引发事件或没有正确提及引发事件。
	4. 问题（P9）	这个地方发生了什么事情？为什么会发生这件事？	2分：联系引发事件提到需要解决的问题（男孩要找到青蛙，正在看它有没有躲在地洞里；小狗很调皮，在抓蜜蜂玩）。 1分：只有需要解决的问题（如：青蛙逃跑了，他们在找青蛙）。 0分：错误答案或者没有提到主人公在做的事情。
	5 结局（P24）	这里发生了什么事情？	2分：根据画面信息，提到正确结局（如：小男孩找了很久，找到了青蛙；小男孩在青蛙家族里找到了逃跑的青蛙）。 1分：只有故事结局（如：找到青蛙了）。 0分：提到错误结局或没有回答。

	项目	问题	分数: 参考答案
隐含性问题	6.角色的感受（P3）	你可以告诉我这幅图中角色的感受吗? 为什么?	2分: 提到合理的角色感受并联系其他页的感受（小男孩非常惊讶和伤心，因为他喜欢的青蛙不见了）。 1分: 提到这一页合理的心理感受（如: 他很惊讶，很伤心）。 0分: 提到不合理的人物的感受。
	7.故事的因果关系	为什么这个小男孩在看他的靴子?	2分: 联系多页事件合理地描述（如: 因为青蛙不见了，他想要找到青蛙）。 1分: 对这一页合理的推理。 0分: 不能够合理地回答出因果关系。
	8.对话（P7）	你认为这幅图画中，如果小男孩和狗狗会说话，他们会说些什么?	2分: 联系其他页面进行对话（小狗说"对不起"，小男孩说"没关系，我们一起去找小青蛙吧"）。 1分: 只描述这一页的对话（没事吧）。 0分: 没提到或者不合理的推测。
	9.情节推理	这是这个故事的最后一幅图，你认为之后还会发生什么呢? 或者如果最后还有一页，会发生什么故事呢?	2分: 能够根据图画书的内容进行推测。 1分: 只针对最后一页进行推测。 0分: 没有提到或者不合理的推测。
	10.故事主题	这个故事都发生了哪些事情?	2分: 形成一个叙事水平的主题，提到故事里的多个主题。 1分: 提到一个简单的主题，片面地概括故事。 0分: 没有提到令人明白的主题。

附录 1-3　绘本《青蛙与男孩：青蛙，你在哪里？》

附录1-4：家庭阅读环境调查问卷

亲爱的家长：

　　您好！非常感谢您愿意抽空填写这份问卷。这份问卷主要是想了解您孩子在家中的阅读环境的现状。您所填写的答案没有对错之分，所得的资料仅供学术研究之用，不做个别分析且严格保密，敬请您在仔细阅读后，认真填写和选择。衷心感谢您的大力协助。

【第一部分】基本资料

　　您孩子所在的班级是_____，您孩子的学号是_____。

　　您孩子的性别是_____，您孩子的年龄是_____。

2.您的身份是（　　　）　　　A.爸爸　　　B.妈妈

3.您的最高学历是（　　　）

A.初中　　　B.高中　　　C.大专　　　D.本科　　　E.硕士及以上

4.您配偶的最高学历是（　　　）

A.初中　　　B.高中　　　C.大专　　　D.本科　　　E.硕士及以上

5.您的职业属于（　　　）

A.失业人员、无业人员

B.农民、务工人员

C.企业员工、服务行业雇员

D.公务员、企事业管理人员、专业技术人员、企业家等

E.高级专业、高级行政、管理人员

6.您配偶的职业属于（　　　）

A.失业人员、无业人员

B.农民、务工人员

C.企业员工、服务行业雇员

D.公务员、企事业管理人员、专业技术人员、企业家等

E.高级专业、高级行政、管理人员

【第二部分】下面有关家庭阅读环境的题项，请选择最符合您情况的选项，在选项上划"√"

序号	题 项	完全 不符合	有点 不符合	不能 确定	有点 符合	完全 符合
1	我家亲子阅读频率高。					
2	在家会利用空余时间给孩子讲故事，分享阅读材料。					
3	孩子喜欢听我读故事，而不是自主阅读。					
4	我与孩子一同阅读图书后，会与孩子讨论内容。					
5	我会经常鼓励孩子问问题，而且与孩子讨论问题。					
6	在和孩子阅读故事书时，我会经常让孩子对故事的结尾进行创编。					
7	我在家经常会看报纸、杂志、书籍或电子阅读材料。					
8	我在家会有相对固定的时间进行阅读，或者线上阅读。					
9	我有良好的阅读习惯。					
10	我经常会给自己买书。					
11	我的家庭气氛非常和谐，对孩子阅读很有帮助。					
12	家里有幼儿专门的阅读区域，安静且非常适合阅读。					
13	我家里拥有很多幼儿方面的书籍。					
14	我家大多数幼儿书籍的使用频率非常高。					
15	我会经常购买一些品质好的图书给孩子。					
16	我家里拥有适合孩子阅读的图书或报纸、杂志。					
17	我会花很多金钱在孩子的书籍购买上。					
18	家里拥有的幼儿图书，孩子多数都非常喜欢。					
19	我总是鼓励孩子要有好的表现，取得好的成绩。					
20	我对我的孩子现在及将来充满信心。					
21	在幼小衔接过程中，我相信我的孩子能克服阅读中遇到的困难。					

附录 2-1：阅读投入半结构化访谈提纲

亲爱的家长们：

　　您好！首先非常感谢您参加本次访谈。本次访谈是想了解孩子关于阅读的一些情况，希望您能根据以下的几个问题认真地谈谈孩子的情况。本次访谈内容完全是为了研究所用，我们会对您的回答严格保密，所以请根据孩子的实际情况如实回答，谢谢配合！

　　幼儿喜欢阅读吗？为什么？

　　幼儿一天会阅读多少时间？阅读频率是多少？

　　幼儿能专注地阅读吗？

　　当幼儿在阅读时遇到困难，会怎样解决？

　　幼儿能感受阅读的价值吗？

　　您认为阅读投入是什么？包括哪些方面？

附录 2-2：幼儿阅读理解能力测验

幼儿姓名：_____ 班级：_____ 年龄：_____ 性别：_____

评分标准：对于每个问题根据幼儿回答的准确程度计0分、1分或2分。

0分（无法对画面进行或推理）：没有回答、答案和问题无关、错误答案、不恰当答案。

1分（基于单幅画面描述的水平）：由单一画面推断出的适当答案。

2分（基于多幅画面的推理叙事水平）：由多幅图画推断出的一致解释。

	项目	问题	分数：参考答案
明显性问题	1. 角色	这些故事有哪些角色？	2分：提到三个以上角色(小男孩、狗、青蛙、马蜂、地鼠、猫头鹰、鹿、青蛙一家等）。
			1分：提到三个角色。
			0分：只有一个角色，或不相关角色。
	2. 背景	这个故事发生在哪些地方？（小男孩去什么地方找青蛙了？）	2分：包括多个地点（家、树林、地洞等）。
			1分：只有一个地点。
			0分：没有合适的地点。
	3. 引发事件（P2）	你可以告诉我在这里发生了什么事情吗？	2分：提到引发事件并联系其他相关故事信息（如：青蛙趁小男孩睡觉的时候逃跑了，小男孩发现青蛙不见了之后，想找到它）。
			1分：只提到引发事件（如：青蛙逃跑了）。
			0分：其他引发事件或没提到。
隐含性问题	1. 角色的感受（P3）	你可以告诉我这幅图中角色的感受吗？	2分：提到合理的角色感受并联系其他页的感受（如：小男孩非常惊讶和伤心，因为他喜欢的青蛙不见了）。
			1分：提到这一页合理的心理感受（他很惊讶、伤心）。
			0分：提到不合理的心理感受。
	2. 故事的因果关系（P4）	为什么这个小男孩在看他的靴子？	2分：联系多页事件合理地描述（如：因为青蛙不见了，他想要找到它）。
			1分：对这一页合理地推理。
			0分：不能够合理地回答出因果关系。
	3. 对话（P7）	你认为这幅图画中，小男孩和小狗将会说什么？为什么？	2分：联系其他页画面进行对话。
			1分：只描述这一页的对话（没事吧）。
			0分：不合理或者不相关的对话内容。

附录 2-3：3～6岁幼儿阅读投入及其家庭阅读环境问卷（正式版）

尊敬的家长：

您好！感谢您参与此项调查，这需要占用您宝贵的十几分钟。本问卷主要调查幼儿的阅读投入和家庭阅读环境情况。所有的题项并无正误之分，问卷内容完全是为了研究所用，我们会对您的回答严格保密，请根据孩子的实际情况如实回答，谢谢配合！

第一部分　幼儿阅读投入调查（该部分请您与孩子共同完成）

序号	题项	完全不符合	有点不符合	不能确定	有点符合	完全符合
1	幼儿能持续阅读15分钟左右。	1	2	3	4	5
2	当幼儿阅读时，总会忘记周围的事情。	1	2	3	4	5
3	阅读时，幼儿总是昏昏欲睡。	1	2	3	4	5
	……					

第二部分　家庭阅读情况调查表（该部分请家长作答）

序号	题项	完全不符合	有点不符合	不能确定	有点符合	完全符合
1	我认为在3～6岁间培养幼儿的阅读兴趣和能力非常重要，这可能会影响他们一生的发展。	1	2	3	4	5
2	我认为家庭的阅读环境对孩子掌握阅读的相关能力非常重要。	1	2	3	4	5
3	我认为家庭对幼儿阅读能力的培养是其他教育机构所不能替代的。	1	2	3	4	5
	……					

附录 3-1：前书写主题表

 姓名	
 家庭成员	
 好朋友	
 喜爱的游戏	

 爱吃的食物	
 喜爱的小动物	
 会写的数字	
 会写的英文字母	
 会写的汉字	

附录3-2：正式版"5～6岁幼儿前书写水平测评工具"

一级维度	二级维度	三级表现	评分
图形表达	线条与涂鸦	作品中没有"线条与涂鸦"	0
		作品中出现少量"线条"或"涂鸦"（2处及以下）	1
		作品中出现多数"线条"或"涂鸦"（3～5处）	2
		作品中出现大量"线条"或"涂鸦"（6处及以上）	3
	图画	作品中没有出现"图画"	0
		作品中出现少量"图画"（区别于"线条与涂鸦"）（2处及以下）	1
		作品中出现多数"图画"（区别于"线条与涂鸦"）（3～5处）	2
		作品中出现大量"图画"（区别于"线条与涂鸦"）（6处及以上）	3
	意义	作品中的"线条""涂鸦""图画"都无意义	0
		作品中的"线条""涂鸦""图画"少数有意义（2处及以下）	1
		作品中的"线条""涂鸦""图画"多数有意义（3～5处）	2
		作品中的"线条""涂鸦""图画"大量有意义（6处及以上）	3
	以图代字	作品中没有"线条""涂鸦""图画"能代表字词	0
		作品中少量"线条""涂鸦""图画"能代表字词（2处及以下）	1
		作品中多数"线条""涂鸦""图画"能代表字词（3～5处）	2
		作品中大量"线条""涂鸦""图画"能代表字词（6处及以上）	3
符号表达	阿拉伯数字	作品中没有出现"阿拉伯数字"	0
		作品中出现少量"阿拉伯数字"（2处及以下）	1
		作品中出现多数"阿拉伯数字"（3～5处）	2
		作品中出现大量"阿拉伯数字"（6处及以上）	3
	英文字母	作品中没有出现"英文字母"	0
		作品中出现少量"英文字母"（2处及以下）	1
		作品中出现多数"英文字母"（3～5处）	2
		作品中出现大量"英文字母"（6处及以上）	3
	正确	没有"阿拉伯数字""英文字母"正确	0
		少量"阿拉伯数字""英文字母"正确（2处及以下）	1
		多数"阿拉伯数字""英文字母"正确（3～5处）	2
		大量"阿拉伯数字""英文字母"正确（6处及以上）	3
	间距	"类文字符号""阿拉伯数字"或"英文字母"中间没有适当"间距"	0
		"类文字符号""阿拉伯数字"或"英文字母"中间有少量适当"间距"（2处及以下）	1
		"类文字符号""阿拉伯数字"或"英文字母"中间有较多适当"间距"（3～5处）	2
		"类文字符号""阿拉伯数字"或"英文字母"中间有大量适当"间距"（6处及以上）	3

一级维度	二级维度	三级表现	评分
符号表达	大小	没有"类文字符号""阿拉伯数字"或"英文字母"的"大小"统一	0
		少数"类文字符号""阿拉伯数字"或"英文字母"的"大小"统一（2处及以下）	1
		多数"类文字符号""阿拉伯数字"或"英文字母"的"大小"统一（3～5处）	2
		大量"类文字符号""阿拉伯数字"或"英文字母"的"大小"统一（6处及以上）	3
	顺序	没有"类文字符号""阿拉伯数字"或"英文字母"呈现从左至右的"顺序"	0
		少数"类文字符号""阿拉伯数字"或"英文字母"呈现从左至右的"顺序"（2处及以下）	1
		多数"类文字符号""阿拉伯数字"或"英文字母"呈现从左至右的"顺序"（3～5处）	2
		大量"类文字符号""阿拉伯数字"或"英文字母"呈现从左至右的"顺序"（6处及以上）	3
汉字意识	一字一音	没有汉字（不论正误）能对应一个发音	0
		少数汉字（不论正误）能对应一个发音（2处及以下）	1
		多数汉字（不论正误）能对应一个发音（3～5处）	2
		大量汉字（不论正误）能对应一个发音（6处及以上）	3
	方块字	没有汉字（不论正误）呈现方块结构	0
		少数汉字（不论正误）呈现方块结构（2处及以下）	1
		多数汉字（不论正误）呈现方块结构（3～5处）	2
		大量汉字（不论正误）呈现方块结构（6处及以上）	3
	汉字部件	作品中没有出现"汉字部件"	0
		作品中出现少量"汉字部件"（2处及以下）	1
		作品中出现多数"汉字部件"（3～5处）	2
		作品中出现大量"汉字部件"（6处及以上）	3

附录 4-1　六年级小学生语文读写结合素养测验访谈表

亲爱的老师：

您好！

我是杭州师范大学的研究生，感谢您抽出宝贵的时间支持我的研究。我们想了解您对六年级小学生的读写结合素养相关的看法，现在迫切需要您的协助。本调查题项的回答没有对错之分，问卷不用署名，我们承诺对您回答的问卷严格保密，不会对您造成不利的影响，敬请您作出真实的回答。再次感谢您的参与合作！

1. 您都是怎样考察学生的读写结合能力的？

2. 多长内容的阅读材料对于这一阶段的学生是合适的？多少字要求的作文对于这一阶段学生是合适的？

3. 根据刚才跟您介绍的提取信息、解释信息、反思和评价、写作，如果要编制考察六年级小学生对这些能力的阅读题目和写作题目，您认为哪些提问方式是这一阶段的学生能够领会的？

4. 如果让您编制一份这样的测试，您觉得设置多少阅读题目和写作题目对于六年级小学生是合适的？让学生完成这样一份测试，多长时间是合适的？

5. 根据刚才跟您介绍的阅读素养和读写结合素养的定义，如果将您班里的学生写作水平分为两组：高写作水平学生、低写作水平学生，您认为这两组学生的读写结合素养会呈现何种状况？

附录4-2 专家意见调查表

亲爱的老师:

您好!

我是杭州师范大学的研究生,感谢您抽出宝贵的时间支持我的研究。请您根据我们提供的材料(材料同附录4-3)回答下面的问题。本调查题项的回答没有对错之分,问卷不用署名,我们承诺对您回答的问卷严格保密,不会对您造成不利的影响,敬请您作出真实的回答。再次感谢您的参与合作!

基本信息

这一部分旨在了解您的基本信息。请您务必真实填写,在您认可的位置上打"√"。我们向您保证将对这些信息保密。

您的姓名:_____

您的年龄:_____

您教几年级:_____

您的性别( ) A. 男 B. 女

1.(1)您认为我们提供的阅读题材料是否适合六年级学生?( )

A. 是 B. 否

(2)如果让您从1~5数字中选择一个数字,表示阅读题材料适合六年级学生的程度,您会选择( )。

注:从1~5中选择一个最符合的数字,其中1代表不符合,2代表部分符合,3代表不确定,4代表部分符合,5代表完全符合。

2.(1)您认为阅读题材料的内容是否反映了要培养青少年"了解自身特点,培养自我认识能力,要让他们明白世界上不存在十全十美的人,只有看到自己的长处,才能培养乐观健全的个性,造就快乐自信的人格"的能力?( )

A. 是 B. 否

(2)那么您认为反映的该能力的程度是多少?( )

注:从1~5中选择一个最符合的数字,其中1代表不符合,2代表部分符合,3代表不确定,4代表部分符合,5代表完全符合。

附录4-3　六年级小学生读写结合素养测试

亲爱的同学：

您好！请仔细阅读每一个题目，并认真回答。答案并没有对错，您的回答仅供研究使用，所以请您认真作答。谢谢您的真诚合作！

基本信息

这一部分旨在了解您的基本信息。请您务必真实填写，在您认可的位置上打"√"。向您保证，我们将对这些信息保密。

您的年龄：＿＿＿＿＿＿＿＿＿＿＿＿＿＿＿

您的学号：＿＿＿＿＿＿＿＿＿＿＿＿＿＿＿

您的性别：　　A.男　　　　　B.女

您的民族：　　A.汉族　　　　B.少数民族

您所在的学校处于：　　A.城市　　　B.农村

测试题

请认真阅读下面的文章并回答文章后所给的题目，这只是一次小小的测试，并不是考试，下面我们开始测试吧。

　　一只名叫史瑞克的绿色怪物，因为长得丑陋而独自在沼泽地过着孤独的生活。有一天，一大群被童话王国驱逐的童话人物闯入了他平静的生活。富有正义感的史瑞克决定前往皇宫，跟那个卑鄙蛮横的童话王国统治者法尔奎德谈判。为了让所有的童话人物回家，他答应帮法尔奎德前往火龙城堡救出美丽的公主费欧娜。一只喜欢唠叨的骡子唐基跟随史瑞克踏上了营救公主的征途。他们征服火龙，成功救出了公主。在路途中，公主发现史瑞克丑陋的外表下有一颗善良、勇敢、害怕孤独的心。唐基鼓励史瑞克勇敢追求真爱，就在最后一刻，史瑞克终于战胜了自卑，向美丽的公主表达了爱意。最后，绚烂夺目的光环散去，怪物并没有因为吻了公主而变得英俊，公主也没有因为怪物之吻而解除咒语，她变得和史瑞克一样丑，与所有的童话故事都不一样，但他们却拥有了最美好的幸福和真爱。

　　史瑞克跟费欧娜公主结婚后就去度蜜月，两个人非常幸福快乐，甜蜜地度过一段日子之后，便回到了他们在沼泽的家。结果没多久，就收到费欧娜父亲送来的邀请函，要为他们办一个婚礼，要他们回到他的王国。史瑞克不想去，但是，费欧娜却很想见自己的父母，于是，史瑞克便勉为其难地跟着费欧娜回了娘家。

他们一回到王国就引起了一阵骚动。群众围着王宫门前的广场争睹公主和白马王子的风采，而国王和王后更是在大门前迎接。结果，可以想象，史瑞克的容貌让所有人大失所望，连飞上天空的鸽子都因为过度惊讶而意外地撞墙。

国王明显地表现出不满意的态度，原本就不想到王国的史瑞克在此时更是后悔不已，他的自卑感排山倒海而来，他非常懊恼自己不是传说中英俊潇洒的白马王子、不是国王中意的女婿。

为此，他跟公主发生了激烈的口角。

"我是妖怪，我永远不会为你改变……"史瑞克对费欧娜说。

"我为你改变了很多。"费欧娜对史瑞克说。

话虽这么说，但是，史瑞克还是很努力让自己能有机会变成一个英俊潇洒的白马王子以满足岳父的期待。他去找费欧娜公主的神仙教母，希望可以得到帮助。而事实上，这个神仙教母是个坏人，她让国王把公主关到高塔上以便公主可以有位爱她的王子来亲吻她并让她得救，而打算安排去亲吻公主的所谓的王子，其实就是她自己的儿子。只是很不幸的是，这一个吻被史瑞克先亲了。

"公主为什么不快乐？"史瑞克问神仙教母。

"因为她嫁给了妖怪。"神仙教母翻开书架上的童话书，她对史瑞克说："灰姑娘嫁给白马王子、白雪公主嫁给白马王子，然后幸福地生活在一起……没有一个人是嫁给妖怪的，所以公主嫁给他是不会幸福快乐的。"

后来，史瑞克偷偷地从神仙教母的藏药库里偷走了可以让人幸福快乐的药水，人喝了那个药水可以变成超级无敌的大帅哥，驴子喝了可以变成超级无敌俊秀的白色骏马。但是，必须在午夜时亲吻心爱的人，才能使药水永远有效。所以，史瑞克必须在午夜时亲吻到公主，才可以让两个人永远都是俊男美女。

但是，当史瑞克回到王宫的时候，在阴差阳错之下，他没有看见公主，却被神仙教母关在房间里。神仙教母一边安排自己的儿子到公主面前假装自己是喝过药水变帅的史瑞克，一边说服房间里的史瑞克，要史瑞克放弃公主。笨蛋史瑞克又冒出了过去的自卑心理，竟然接受放弃公主这项建议，黯然离开王宫。而就在史瑞克伤心地和驴子及猫剑客一起泡酒吧的时候，发现了国王和神仙教母的邪恶交易。他终于知道神仙教母所做的一切根本就是要害自己，根本不是为了公主的幸福着想，所以，他精神一振，决定把公主争取回来。

经过一番波折后，史瑞克跟公主重逢，并且打败了神仙教母和她的儿子。在午夜钟声敲响的时候，史瑞克问费欧娜公主是不是希望永远像现在这样拥有一个很帅的丈夫，拥有一个很美的容貌。费欧娜公主告诉他，她只想过回原来的生活。然后，英俊的王子和美丽的公主瞬间不见了，他们又恢复像过去一样的妖怪容貌和身材，幸福地拥抱在一起。

嘉嘉：真可惜，美丽的公主竟然和一个绿毛怪物生活在一起，王子多帅啊，我还是喜欢美丽的公主和英俊的白马王子生活在一起，你想想，那样的话以后生出来的宝宝多漂亮啊，不像嫁给史瑞克，生的宝宝还是绿色的小怪物，唉，想想都觉得可怕，要是我，就嫁给英俊的白马王子。

小雅：史瑞克是不帅，也不是白马王子，但是爱怎么可以用美丑来判断呢？更何况史瑞克那么善良和宽容，公主嫁给他一定会幸福的。

以上是电影《怪物史瑞克2》的剧情简介，以及嘉嘉和小雅两人看完该电影后对该电影的评价。请参照以上文章回答下列问题。

1. 史瑞克为什么要去童话王国找国王谈判？（单选题）（   ）
A. 童话人物们占据了史瑞克的房子
B. 童话人物要求史瑞克去的
C. 为了让所有的童话人物能够回家
D. 为了可以到王宫要回自己的房子
2. 史瑞克吻公主后，发生了什么状况？

3. 按照事情在故事中发生的顺序，排列下面的句子。（　　　）

（1）史瑞克去王宫找国王谈判

（2）史瑞克救出公主

（3）童话人物闯入史瑞克的生活

（4）史瑞克爱上公主

（5）史瑞克和公主幸福地生活在一起

4. 国王对史瑞克提出什么条件，并说只有史瑞克做到了，才允许童话人物们回家？

5. 史瑞克为什么要离开公主？（单选题）（　　　）

A. 国王嫌他是个穷小子

B. 和费欧娜发生了激烈的争吵

C. 公主只有嫁给王子才会永远幸福快乐

D. 史瑞克觉得自己不是白马王子

6. 为了逼走史瑞克，神仙教母使用了哪些手段？

7. 史瑞克问教母"公主为什么不快乐"，神仙教母翻开童话书，对史瑞克说："没有一个人是嫁给妖怪的，所以公主嫁给你是不会幸福快乐的。"神仙教母对史瑞克说的这句话是什么意思？

8. 本文通过哪些方式让你知道嘉嘉对公主嫁给史瑞克的看法？提出一个理由说明你的看法。

9. 你认为小雅是否希望公主嫁给史瑞克呢？请说出理由。

10. 读完全文，你认为文中的史瑞克是怎样的一个怪物？请简要概括。

11. 和以前看到的童话故事相比，你认为这个童话故事的不同之处在哪里？你更喜欢这个童话故事还是以前看到的类似白雪公主的故事？并说出你的理由。

12. 看完史瑞克的故事，请以"我"为题目，写一篇介绍自己的至少 500 字的小作文，最好写出自己有哪些优点和缺点。

附录 4-4　读写结合测试

亲爱的同学：

　　您好！请仔细阅读每一个题目，并认真回答。答案并没有对错，您的回答仅供研究使用，所以请您认真作答。谢谢您的真诚合作！

基本信息

　　这一部分旨在了解您的基本信息。请您务必真实填写，在您认可的位置上打"√"。向您保证，我们将对这些信息保密。

　　　　您的姓名：_____

　　　　您的年龄：_____

　　　　您的学号：_____

　　　　您的性别：　　　A. 男　　　　　B. 女

　　　　您的民族：　　　A. 汉族　　　　B. 少数民族

　　　　您所在的学校处于：　　　A. 城市　　　　B. 农村

测试题

　　请认真阅读下面的文章并回答文章后所给的题目，这只是一次小小的测试，并不是考试，下面我们开始测试吧。

　　一只名叫史瑞克的绿色怪物，因为长得丑陋而独自在沼泽地过着孤独的生活。有一天，一大群被童话王国驱逐的童话人物闯入了他平静的生活。富有正义感的史瑞克决定前往皇宫，跟那个卑鄙蛮横的童话王国统治者法尔奎德谈判。为了让所有的童话人物回家，他答应帮法尔奎德前往火龙城堡救出美丽的公主费欧娜。一只喜欢唠叨的骡子唐基跟随史瑞克踏上了营救公主的征途。他们征服火龙，成功救出了公主。在路途中，公主发现史瑞克丑陋的外表下有一颗善良、勇敢、害怕孤独的心。唐基鼓励史瑞克勇敢追求真爱，就在最后一刻，史瑞克终于战胜了自卑，向美丽的公主表达了爱意。最后，绚烂夺目的光环散去，怪物并没有因为吻了公主而变得英俊，公主也没有因为怪物之吻而解除咒语，她变得和史瑞克一样丑，与所有的童话故事都不一样，但他们却拥有了最美好的幸福和真爱。

史瑞克跟费欧娜公主结婚后就去度蜜月，两个人非常幸福快乐，甜蜜地度过一段日子之后，便回到了他们在沼泽的家。结果没多久，就收到费欧娜父亲送来的邀请函，要为他们办一个婚礼，要他们回到他的王国。史瑞克不想去，但是，费欧娜却很想见自己的父母，所以，史瑞克便勉为其难地跟着费欧娜回了娘家。

他们一回到王国就引起了一阵骚动。群众围着王宫门前的广场争睹公主和白马王子的风采，而国王和王后更是在大门前迎接。结果，可以想象，史瑞克的容貌让所有人大失所望，连飞上天空的鸽子都因为过度惊讶而意外地撞墙。

国王明显地表现出不满意的态度，原本就不想到王国的史瑞克在此时更是后悔不已，他的自卑感排山倒海而来，他非常懊恼自己不是传说中英俊潇洒的白马王子、不是国王中意的女婿。

为此，他跟公主发生了激烈的口角。

"我是妖怪，我永远不会为你改变……"史瑞克对费欧娜说。

"我为你改变了很多。"费欧娜对史瑞克说。

话虽这么说，但是，史瑞克还是很努力让自己能有机会变成一个英俊潇洒的白马王子以满足岳父的期待。他去找费欧娜公主的神仙教母，希望可以得到帮助。而事实上，这个神仙教母是个坏人，她让国王把公主关到高塔上以便公主可以有位爱她的王子来亲吻她并让她得救，而打算安排去亲吻公主的所谓的王子，其实就是她自己的儿子。只是很不幸的是，这一个吻被史瑞克先亲了。

"公主为什么不快乐？"史瑞克问神仙教母。

"因为她嫁给了妖怪。"神仙教母翻开书架上的童话书，她对史瑞克说："灰姑娘嫁给白马王子、白雪公主嫁给白马王子，然后幸福地生活在一起……没有一个人是嫁给妖怪的，所以公主嫁给他是不会幸福快乐的。"

后来，史瑞克偷偷地从神仙教母的藏药库里偷走了可以让人幸福快乐的药水，人喝了那个药水可以变成超级无敌的大帅哥，驴子喝了可以变成超级无敌俊秀的白色骏马。但是，必须在午夜时亲吻心爱的人，才能使药水永远有效。所以，史瑞克必须在午夜时亲吻到公主，才可以让两个人永远都是俊男美女。

但是，当史瑞克回到王宫的时候，在阴差阳错之下，他没有看见公主，却被神仙教母关在房间里。神仙教母一边安排自己的儿子到公主面前假装自己是喝过药水变帅的史瑞克，一边说服房间里的史瑞克，要史瑞克放弃公主。笨蛋史瑞克又冒出了过去的自卑心理，竟然接受放弃公主这项建议，黯然离开王宫。而就在史瑞克伤心地和驴子及猫剑客一起泡酒吧的时候，发现了国王和神仙教母的邪恶交易。他终于知道神仙教母所做的一切根本就是要害自己，根本不是为了公主的幸福着想，所以，他精神一振，决定把公主争取回来。

经过一番波折后，史瑞克跟公主重逢，并且打败了神仙教母和她的儿子。在午夜钟声敲响的时候，史瑞克问费欧娜公主是不是希望永远像现在这样拥有一个很帅的丈夫，拥有一个很美的容貌。费欧娜公主告诉他，她只想过回原来的生活。然后，英俊的王子和美丽的公主瞬间不见了，他们又恢复像过去一样的妖怪容貌和身材，幸福地拥抱在一起。

嘉嘉：真可惜，美丽的公主竟然和一个绿毛怪物生活在一起，王子多帅啊，我还是喜欢美丽的公主和英俊的白马王子生活在一起，你想想，那样的话以后生出来的宝宝多漂亮啊，不像嫁给史瑞克，生的宝宝还是绿色的小怪物，唉，想想都觉得可怕，要是我，就嫁给英俊的白马王子。

小雅：史瑞克是不帅，也不是白马王子，但是爱怎么可以用美丑来判断呢？更何况史瑞克那么善良和宽容，公主嫁给他一定会幸福的。

以上是电影《怪物史瑞克2》的剧情简介，以及嘉嘉和小雅两人看完该电影后对该电影的评价。请参照以上文章回答下列问题。

1. 史瑞克为什么要去童话王国找国王谈判？（单选题）（　　　）

A. 童话人物们占据了史瑞克的房子

B. 童话人物要求史瑞克去的

C. 为了让所有的童话人物能够回家

D. 为了可以到王宫要回自己的房子

2. 史瑞克吻公主后，发生了什么状况？

3. 按照事情在故事中发生的顺序,排列下面的句子。(　　　)

(1)史瑞克去王宫找国王谈判

(2)史瑞克救出公主

(3)童话人物闯入史瑞克的生活

(4)史瑞克爱上公主

(5)史瑞克和公主幸福地生活在一起

4. 国王对史瑞克提出什么条件,并说只有史瑞克做到了,才允许童话人物们回家?

5. 史瑞克为什么要离开公主? (单选题)(　　　)

A. 国王嫌他是个穷小子

B. 和费欧娜发生了激烈的争吵

C. 公主只有嫁给王子才会永远幸福快乐

D. 史瑞克觉得自己不是白马王子

6. 为了逼走史瑞克,神仙教母使用了哪些手段?

7. 史瑞克问教母"公主为什么不快乐",神仙教母翻开童话书,对史瑞克说:"没有一个人是嫁给妖怪的,所以公主嫁给你是不会幸福快乐的。"神仙教母对史瑞克说的这句话是什么意思?

8. 本文通过哪些方式让你知道嘉嘉对公主嫁给了史瑞克的看法?提出一个理由说明你的看法。

9. 你认为小雅是否希望公主嫁给史瑞克呢?请说出理由。

10. 读完全文，你认为文中的史瑞克是怎样的一个怪物？请简要概括。

11. 和以前看到的童话故事相比，你认为这个童话故事的不同之处在哪里？你更喜欢这个童话故事还是以前看到的类似白雪公主的故事，并说出你的理由？

12. 看完史瑞克的故事，请以"我"为题目，写一篇介绍自己的至少 500 字的小作文，最好写出自己有哪些优点和缺点哦，要求字迹清楚。

13. 同学，根据你对刚才文章的理解，请你发挥你的想象，写一篇 500 字左右的作文，题目自拟，要求字迹清楚。

附录4-5 非读写结合测试

亲爱的同学：

您好！请仔细每一个题目，并认真回答。答案并没有对错，您的回答仅供研究使用，所以请您认真作答。谢谢您的真诚合作！

基本信息

这一部分旨在了解您的基本信息。请您务必真实填写，在您认可的位置上打"√"。向您保证，我们将对这些信息保密。

您的姓名：＿＿＿＿＿＿＿＿＿＿

您的年龄：＿＿＿＿＿＿＿＿＿＿

您的学号：＿＿＿＿＿＿＿＿＿＿

您的性别：　　A.男　　　　B.女

您的民族：　　A.汉族　　　B.少数民族

您所在的学校处于：　　A.城市　　　B.农村

测试题

请认真阅读下面的文章并回答文章后所给的题目，这只是一次小小的测试，并不是考试，下面我们开始测试吧。

　　一只名叫史瑞克的绿色怪物，因为长得丑陋而独自在沼泽地过着孤独的生活。有一天，一大群被童话王国驱逐的童话人物闯入了他平静的生活。富有正义感的史瑞克决定前往皇宫，跟那个卑鄙蛮横的童话王国统治者法尔奎德谈判。为了让所有的童话人物回家，他答应帮法尔奎德前往火龙城堡救出美丽的公主费欧娜。一只喜欢唠叨的骡子唐基跟随史瑞克踏上了营救公主的征途。他们征服火龙，成功救出了公主。在路途中，公主发现史瑞克丑陋的外表下有一颗善良、勇敢、害怕孤独的心。唐基鼓励史瑞克勇敢追求真爱，就在最后一刻，史瑞克终于战胜了自卑，向美丽的公主表达了爱意。最后，绚烂夺目的光环散去，怪物并没有因为吻了公主而变得英俊，公主也没有因为怪物之吻而解除咒语，她变得和史瑞克一样丑，与所有的童话故事都不一样，但他们却拥有了最美好的幸福和真爱。

　　史瑞克跟费欧娜公主结婚后就去度蜜月，两个人非常幸福快乐，甜蜜地度过一段日子之后，便回到了他们在沼泽的家。结果没多久，就收到费欧娜父亲送来的邀请函，要为他们办一个婚礼，要他们回到他的王国。史瑞克不想去，但是，费欧娜却很想见自己的父母，所以，史瑞克便勉为其难地跟着费欧娜回了娘家。

　　他们一回到王国就引起了一阵骚动。群众围着王宫门前的广场争睹公主和白马王子的风采，而国王和王后更是在大门前迎接。结果，可以想象，史瑞克的容貌让所有人大失所望，连飞上天空的鸽子都因为过度惊讶而意外地撞墙。

　　国王明显地表现出不满意的态度，原本就不想到王国的史瑞克在此时更是后悔不已，他的自卑感排山倒海而来，他非常懊恼自己不是传说中英俊潇洒的白马王子、不是国王中意的女婿。

　　为此，他跟公主发生了激烈的口角。

　　"我是妖怪，我永远不会为你改变……"史瑞克对费欧娜说。

　　"我为你改变了很多。"费欧娜对史瑞克说。

　　话虽这么说，但是，史瑞克还是很努力让自己能有机会变成一个英俊潇洒的白马王子以满足岳父的期待。他去找费欧娜公主的神仙教母，希望可以得到帮助。而事实上，这个神仙教母是个坏人，她让国王把公主关到高塔上以便公主可以有位爱她的王子来亲吻她并让她得救，而打算安排去亲吻公主的所谓的王子，其实就是她自己的儿子。只是很不幸的是，这一个吻被史瑞克先亲了。

　　"公主为什么不快乐？"史瑞克问神仙教母。

　　"因为她嫁给了妖怪。"神仙教母翻开书架上的童话书，她对史瑞克说，"灰姑娘嫁给白马王子、白雪公主嫁给白马王子，然后幸福地生活在一起……没有一个人是嫁给妖怪的，所以公主嫁给他是不会幸福快乐的。"

　　后来，史瑞克偷偷地从神仙教母的藏药库里偷走了可以让人幸福快乐的药水，人喝了那个药水可以变成超级无敌的大帅哥，驴子喝了可以变成超级无敌俊秀的白色骏马。但是，必须在午夜时亲吻心爱的人，才能使药水永远有效。所以，史瑞克必须在午夜时亲吻到公主，才可以让两个人永远都是俊男美女。

　　但是，当史瑞克回到王宫的时候，在阴差阳错之下，他没有看见公主，却被神仙教母关在房间里。神仙教母一边安排自己的儿子到公主面前假装自己是喝过药水变帅的史瑞克，一边说服房间里的史瑞克，要史瑞克放弃公主。笨蛋史瑞克又冒出了过去的自卑心理，竟然接受放弃公主这项建议，黯然离开王宫。而就在史瑞克伤心地和驴子及猫剑客一起泡酒吧的时候，发现了国王和神仙教母的邪恶交易。他终于知道神仙教母所做的一切根本就是要害自己，根本不是为了公主的幸福着想，所以，他精神一振，决定把公主争取回来。

经过一番波折后，史瑞克跟公主重逢，并且打败了神仙教母和她的儿子。在午夜钟声敲响的时候，史瑞克问费欧娜公主是不是希望永远像现在这样拥有一个很帅的丈夫，拥有一个很美的容貌。费欧娜公主告诉他，她只想过回原来的生活。然后，英俊的王子和美丽的公主瞬间不见了，他们又恢复像过去一样的妖怪容貌和身材，幸福地拥抱在一起。

嘉嘉：真可惜，美丽的公主竟然和一个绿毛怪物生活在一起，王子多帅啊，我还是喜欢美丽的公主和英俊的白马王子生活在一起，你想想，那样的话以后生出来的宝宝多漂亮啊，不像嫁给史瑞克，生的宝宝还是绿色的小怪物，唉，想想都觉得可怕，要是我，就嫁给英俊的白马王子。

小雅：史瑞克是不帅，也不是白马王子，但是爱怎么可以用美丑来判断呢？更何况史瑞克那么善良和宽容，公主嫁给他一定会幸福的。

作文：同学，根据你对以上文章的理解，请你发挥你的想象，写一篇500字左右的作文，题目自拟，要求字迹清楚。

附录 5-1：小学情感性写作教学访谈纲要

（1）在写作教学中，您是采用什么教学方法或策略来激发学生的写作动机、兴趣、自信心等积极的写作情感？

（2）在写作课堂上，什么样的教学氛围或教学辅助方式对于提高学生的写作意愿是有帮助的？

（3）面对写作困难生，可以采取什么样的适应性教学方法或策略？

附录5-2：小学写作教学中情感策略的调查

教龄：＿＿＿＿＿＿所教学段：＿＿＿＿＿＿所在学校：＿＿＿＿＿＿

尊敬的老师：

您好！

由于很多孩子对写作没有兴趣，缺乏自信，甚至害怕写作，针对这样的情况，在写作教学中可能需要采取一些特殊的情感教学策略来帮助孩子更好地写作。

本问卷提供了一些在写作教学中可能会运用的情感策略，请您根据自己的教学情况进行选择，并在相应的选项下打"√"。答案没有正确错误之分，您的回答是我们研究的重要资料。

十分感谢您的支持和帮助！

序　号	策　略	每次都用（5分）	比较常用（4分）	视教学要求而定（3分）	很少运用（2分）	从来不用（1分）
1	活动体验					
2	用熟悉的事例讲解					
3	运用视频和图片					
4	多鼓励、表扬					
5	适当降低写作要求					
6	学生互评作文					
7	课堂交流、讨论					
8	范文展示、模仿写作					
9	同伴互助					
10	同伴比较					
11	邀请家长参与写作					
12	以学生感兴趣的事物来写作					
13	进行多样化的写作					
14	多元化评价作文					

附录5-3："生命的意义"习作教学设计

设计理念：

《义务教育语文课程标准》规定小学中段学生应该做到留心周围事物，乐于书面表达，增强习作的自信心；高段学生在中段学习的基础上，学会有意识地丰富自己的见闻，珍视个人的独特感受，积累习作素材。为此，本次习作教学为了激发学生的写作兴趣，提高写作信心，并且帮助学生发现生活中的写作素材，教学采用"类比"式的情感性教学支架，即通过呈现学生生活中熟悉的事情和人物来帮助其理解抽象的写作主题或内容，从而减轻学生的写作焦虑。

教学内容：

主题为"生命的意义"的习作教学。

教学目标：

（1）用具体的事例来帮助学生理解生命的意义。

（2）教授学生用生活中熟悉的事例和人物来反映抽象的写作主题。

教学重点：

（1）学生能够从生活中发生的事例来理解生命的意义。

（2）学生能够将一两件事情叙述清楚，描写好人物的动作、神态、语言等内容。

教学难点：

如何帮助学生理解生命的意义。

教学方法：

演示法、谈话法。

教学时间：

2个课时。

教学准备：

（1）教学设计方案及相关的PPT。

（2）作文稿纸35份。

教学过程：

一、图片导入

（1）教师在和学生相互问候之后，向学生交代本节课是习作课，习作主题与生命有关。

（2）教师提示学生先来看一些图片，接着呈现 PPT 上的图片（关于生命的图片），要求学生安静地用心观察每一张图片。

（3）回归到每一张图片，引导学生围绕图片谈一谈自己对每一张图片的感受。教师适时进行反馈和点评。

（设计意图：此环节旨在"热身"，通过图片的形式一方面可以刺激学生的视觉通道，激活课堂氛围；另一方面，可以打开学生的思维，为下一步的教学做好准备。）

二、进入主题

（1）在上一环节结束后，教师总结学生的讨论，并抓住一个契合点在 PPT 上呈现"生命"这两个字。同时，出示问题：说说你对"生命"的理解。

（2）引导学生自由谈论，谈一谈自己对生命的认识、理解和感想。学生可以从个人角度说一说自己的想法，也可以小组讨论之后汇报小组同学的想法。教师做适当的点评，并对比较好的想法给予表扬和鼓励。

（3）教师再次在 PPT 上呈现另外一些图片（发生具体的事情的图片），教师不出声，要求学生安静地用心观察每一张图片。

（4）让学生以小组为单位讨论图片上的人、发生的事情，以及自己的感受。

（5）教师反馈。

（设计意图：此环节目的在于通过这些图片中的一张或者几张来触动学生的心灵深处，促使其联想到现实生活中可能存在的与图片有关的人物或事例。）

三、主题升华

（1）教师总结第二环节学生的讨论，并板书问题："生命的意义"可以体现在哪里？

（2）针对提出的问题，教师引导学生回忆刚才图片上发生的事情或者自己生活中发生的事例，并板书罗列，如做好自己应该做的事情，不浪费每一天的时间，好好学习；关心、帮助身边有需要的人；尊敬老师，孝敬父母……

（3）进一步拓展思路。引导学生思考自己身边有许多热爱生命的人，比如，辛勤培育我们的老师；治病救人的医生、护士；忠于职守的警察叔叔……他们用自己的实际行动创造着美好的生活，也使自己的生命充满光彩。

（4）教师小结。"生命对于我们每个人来说只有一次。如何让自己的生命在有限的时间里得到无限的延伸，是我们每一个人都应该认真思考的问题。有一位哲人说过：'我们无法左右生命的长度，但我们可以决定生命的宽度。'同学们，当你为砖缝里顽强生长的小苗喝彩时，当你被绝境中奋力求生的飞蛾震撼时，当你为花丛中感受春光的盲姑娘感动时，你是否感受到了生命的意义呢？怎么样让我们的生命充满意义呢？可以说，不浪费生命中的每一天，从小事情做起，能够把每件小事做好，成为一个对他人有帮助、对社会有用的人，那我们的生命就是有意义的。"

（设计意图：此环节目的在于帮助学生找到写作的素材，促使学生将抽象的"生命的意义"化解成具体的、熟悉的生活中发生的有意义的事情，从而减轻因"没有东西可写"或"不知道写什么"而产生的焦虑、厌烦等消极情感反应。）

四、写作提示

（1）教师揭示本次习作的主题"生命的意义"，并出示问题：如何写"生命的意义"。

（2）提示学生可以围绕下列内容进行写作：

①可以写什么？（生活中的人、小动物、植物等）

②可以选取哪些事例来体现生命的意义？（帮助同学、好好学习、运动会上坚持跑完最后一圈等）

③应该怎样叙述这些事情？（按时间顺序或者空间顺序等）

（3）教师也可根据小学生的兴趣爱好，从一些小动物或者植物出发，引导学生进行想象、写作。

①观察小动物，从小动物的成长开始，写热爱生命的故事，如，小蝌蚪成长为青蛙的故事。

②观察植物，从描述花草树木的特点开始，写一些关于生命的故事，如，一朵小花在暴风雨中绽放的情景。

（4）总结、归纳。

①如果你写生活中的事情或人物，可以这样来构思：写人、叙事——说明道理，联想生命的意义。

②如果你写小动物，可以这样来构思：描写小动物的习性和发生的故事——联想生命现象和意义。

③如果你写植物，可以这样构思：描述植物特点——联想生命的意义。

（设计意图：此环节旨在帮助学生收集写作的素材，梳理写作思路，为下一节课的写作做准备。）

五、学生成文

根据本节课的教学内容和教学目标，要求学生在 40 分钟内完成题为"生命的意义"的作文。

附录 5-4 :"生命的意义"习作活动课教学设计

设计理念:

《义务教育语文课程标准》规定小学中段学生应该做到留心周围事物,乐于书面表达,增强习作的自信心;高段学生要在中段学习的基础上,学会有意识地丰富自己的见闻,珍视个人的独特感受,积累习作素材。为此,本次习作教学为了激发学生的写作兴趣,提高写作信心,更好地进行写作,教学采用"活动体验"式的情感性教学支架,即让学生参加与写作主题有关的特定活动,通过活动的形式激发学生的写作动机、意愿、兴趣等积极的情感反应,带着这些积极的情感反应进行具体的写作,减少甚至消除学生的写作焦虑、厌烦等消极情感反应。

教学内容:

主题为"生命的意义"的习作活动课教学。

教学目标:

(1)从具体的事例来帮助学生理解生命的意义。

(2)教授学生用生活中熟悉的事例和人物来反映抽象的写作主题。

教学重点:

(1)学生能够从生活中发生的事例来理解生命的意义。

(2)学生能够将一两件事情叙述清楚,描写好人物的动作、神态、语言等内容。

教学难点:

(1)如何帮助学生理解生命的意义。

教学方法:

演示法、谈话法。

教学时间:

2个课时。

教学准备：

（1）教学设计方案及相关的 PPT。

（2）作文稿纸 40 份。

教学过程：

一、图片导入

（1）教师在和学生相互问候之后，向学生交代本节课是习作课，习作主题与生命有关。

（2）教师提示学生先来看一些图片，接着呈现 PPT 上的图片（关于生命的图片），要求学生安静地用心观察每一张图片。

（3）回归到每一张图片，引导学生围绕图片谈一谈自己对每一张图片的感受。教师适时进行反馈和点评。

（设计意图：此环节旨在"热身"，通过图片的形式一方面可以刺激学生的视觉通道，激活课堂氛围；另一方面，可以打开学生的思维，为下一步的教学做好准备。）

二、进入主题

（1）在上一环节结束后，教师总结学生的讨论，并抓住一个契合点在 PPT 上呈现"生命"这两个字。同时，出示问题：说说你对"生命"的理解。

（2）引导学生自由谈论，谈一谈自己对生命的认识、理解和感想。学生可以从自己的角度说一说自己的想法，也可以小组讨论之后汇报小组同学的想法。教师做适当的点评，并对比较好的想法给予表扬和鼓励。

（3）教师再次在 PPT 上呈现另外一些图片（发生具体的事情的图片），教师不出声，要求学生安静地用心观察每一张图片。

（4）让学生以小组为单位讨论图片上的人、发生的事情，以及自己的感受。

（5）教师反馈。

（设计意图：此环节目的在于通过这些图片中的一张或者几张来触动学生的心灵深处，促使其联想到现实生活中可能存在的与图片有关的人物或事例。）

三、主题升华

（1）教师总结第二环节学生的讨论，并板书问题："生命的意义"可以体现在哪里？

（2）针对提出的问题，教师引导学生回忆刚才图片上发生的事情或者自己生活中发生的事例，并板书罗列，如做好自己应该做的事情，不浪费每一天的时间，好好学习；关心、帮助身边有需要的人；尊敬老师，孝敬父母……

（3）教师小结。"让我们不浪费生命中的每一天，从小事情做起，能够把每件小事做好，成为一个对他人有帮助、对社会有用的人，那我们的生命就是有意义的。"

（设计意图：此环节目的在于帮助学生找到写作的素材，促使学生将抽象的"生命的意义"化解成具体的、熟悉的生活中发生的有意义的事情，从而减轻因"没有东西可写"或"不知道写什么"而产生的焦虑、厌烦等消极情感反应。）

四、回归写作

（1）教师揭示本次习作的主题"生命的意义"，并出示问题：如何写"生命的意义"。

（2）提示学生可以围绕下列内容进行写作：

①可以写哪些人？（自己、同学、老师、爸爸妈妈、其他人等）

②可以选取哪些事例来体现生命的意义？（帮助同学、好好学习、运动会上坚持跑完最后一圈等）

③应该怎么样叙述这些事情？（按时间顺序或者空间顺序等）

（设计意图：此环节旨在帮助学生收集写作的素材，梳理写作思路，为下一节课的写作做准备。）

五、学生成文

根据本节课的教学内容和教学目标，要求学生在 40 分钟内完成题为"生命的意义"的作文。

附录 5-5："没有情感性支架"习作教学设计

设计要求：

教授与本堂课写作教学任务有关的认知性知识，使得学生能够完成一篇名为《生命的意义》的作文。

教学内容：

主题为"生命的意义"的习作教学。

教学目标：

教学生写作文《生命的意义》。

教学重点：

讲述与本堂课写作教学任务有关的认知性知识。

教学方法：

讲授法。

教学时间：

2 个课时

教学准备：

（1）教学设计方案及相关的 PPT。

（2）作文稿纸 35 份。

教学过程：

一、写作知识的讲述

（1）教师在和学生相互问候之后，向学生交代本节课是习作课，习作主题与生命有关。

（2）教师讲述与写作任务有关的认知性知识，如怎么安排段落、可以写一些什么题材、选择什么方法等。

二、学生提问

（1）在上一环节结束后，由学生发言，就刚才讲的知识提问或者讨论。

（2）教师评价、反馈。

三、写作准备

（1）在学生提问完成之后，由学生自由准备与"生命的意义"主题有关的知识。

（2）分成小组互相讨论各自的见解。

四、学生成文

根据本节课的教学内容和教学目标，要求学生在40分钟内完成题为"生命的意义"的作文。

参考文献

中文著作

[1] 博亚蒂斯 . 质性资料分析——如何透视质性材料 [M]. 王国川，翁千惠，译 . 台北：五南图书馆出版股份有限公司，2005: 386.

[2] 陈琦，刘儒德 . 当代教育心理学 [M]. 北京：北京师范大学出版社，2006: 186.

[3] 陈向明 . 质的研究方法与社会科学研究 [M]. 北京：教育科学出版社，2000.

[4] 戴健林，朱晓斌 . 写作心理学 [M]. 广州：广东高等教育出版社，2003: 154.

[5] 邓铸 . 应用实验心理学 [M]. 上海：上海教育出版社，2006.

[6] 丁国盛，李涛 . SPSS 统计课程：从研究设计到数据分析 [M]. 北京：机械工业出版社，2006: 150–155.

[7] 方富熹，方格，林佩芬 . 幼儿认知发展与教育 [M]. 北京：北京师范大学出版社，2003: 254.

[8] 顾明远 . 教育大辞典 [M]. 上海：上海教育出版社，1998.

[9] 郝广才 . 好绘本如何好 [M]. 南昌：二十一世纪出版社，2009.

[10] 斯诺 . 预防阅读困难早期阅读教育策略 [M]. 胡美华，等，译 . 南京：南京师范大学出版社，2006: 85.

[11] 格鲁姆 . 儿童绘画心理学——儿童创造的"图画"世界 [M]. 李甦，译 . 北京：中国轻工业出版社，2008.

[12] 莫罗 . 早期儿童读写能力发展：帮助儿童读和写 [M]. 叶红，王玉洁，毛卓

雅，译. 南京：南京师范大学出版社，2013.

[13] 林剑萍. 幼儿早期阅读研究与实践 [M]. 上海：华东师范大学，2003.

[14] 卢家楣. 情感教学模式的理论与实证研究 [M]. 上海：上海人民出版社，2008.

[15] 卢家楣. 情感教学心理学 [M]. 上海：上海教育出版社，2000.

[16] 皮亚杰，英海尔德. 儿童心理学 [M]. 吴福源，译. 北京：商务印书馆，1982.

[17] 皮亚杰. 发生认识论 [M]. 北京：商务印书馆，1989.

[18] 邱皓政. 结构方程模式——LISREL 的理论、技术与应用 [M]. 台北：双叶书廊，2005.

[19] 汪潮. 汪潮教育研究论集 [M]. 乌鲁木齐：新疆大学出版社，1996.

[20] 王保进. 窗口版 SPSS 与行为科学研究 [M]. 台北：心理出版社，2002.

[21] 王继坤. 现代阅读教学课程 [M]. 青岛：中国海洋大学出版社，2000.

[22] 吴明隆. 问卷统计分析务实——SPSS 操作与应用 [M]. 重庆：重庆大学出版社，2016.

[23] 谢锡金，李黛娜，陈声珮. 幼儿综合高效识字法 [M]. 上海：华东师范大学出版社，2008.

[24] 徐雁，李海燕. 全面阅读知识导航 [M]. 南京：南京大学出版社，2016.

[25] 徐宗国. 质性研究概论 [M]. 台北：巨流书局，1997.

[26] 叶帮义. 悦读之旅 [M]. 芜湖：安徽师范大学出版社，2015.

[27] 张丽锦. 儿童发展 [M]. 西安：陕西师范大学出版社，2016.

[28] 章立明. 性别与发展 [M]. 北京：知识产权出版社，2016.

[29] 中华人民共和国教育部. 36 岁儿童学习与发展指南 [M]. 北京：首都师范大学出版社，2012.

[30] 周兢. 学前儿童语言学习与发展核心经验 [M]. 南京：南京师范大学出版社，2014.

[31] 周兢. 早期阅读发展与教育研究 [M]. 北京：教育科学出版社，2007.

[32] 周念丽. 学前儿童发展心理学 [M]. 上海：华东师范大学出版社，2006.

[33] 朱晓斌. 写作教学心理学 [M]. 杭州：浙江大学出版社，2007.

[34] 朱智贤. 儿童心理学 [M]. 北京：人民教育出版社，2009.

[35] 朱作仁 . 小学生作文量表 [M]. 西安：陕西人民出版社，1990.

中文期刊

[1] 毕凌霄 . 儿童绘本的教育功能探析 [J]. 韶关学院学报（社会科学版），2013，34（7）：139–142.

[2] 曹勇军 . 对 "读写结合" 的冷思考 [J]. 语文教学通讯，1999（6）：23.

[3] 陈红 . 影响 36 岁幼儿图书阅读理解的因素研究 [J]. 学前教育研究，2000（4）：28–30.

[4] 陈晖 . 论绘本的性质与特征 [J]. 海南师范学院学报（社会科学版），2006（1）：40–42.

[5] 陈思 . 儿童前书写的核心经验和发展阶段 [J]. 幼儿教育，2012，566（34）：10–12.

[6] 陈向明 . 扎根理论的思路和方法 [J]. 教育研究与实验，1999，（4）：58–63.

[7] 丁锐，吕立杰，唐丽芳 . 小学生阅读环境、投入与习惯的调查研究 [J]. 基础教育，2016，13（4）：71–81.

[8] 冯洁 . 男孩子你会教吗 ?[J]. 教书育人，2014（13）：79.

[9] 付雪婷 . 国际学生评价项目及其对我们的启示 [J]. 中学语文教学，2006(11)：342.

[10] 高燕 . 亲子阅读现状及指导策略 [J]. 教育导刊，2010，（7）：85–87.

[11] 韩雨 . 阅读能力初养成——谈小学低年级阶段亲子阅读的开展 [J]. 学周刊，2018（25）：151–154.

[12] 杰里·罗西克 . 情感性支架：学生情感和学科内容交叉点上教师知识的研究 [J]. 开放教育研究，2009，15（5）：62–70.

[13] 金慧慧 . 成人陪伴对 23 岁婴幼儿阅读影响的眼动研究 [J]. 幼儿教育（教育科学版），2010（5）：27–30.

[14] 孔企平 . "学生投入" 的概念内涵与结构 [J]. 外国教育资料，2000（2）：73–76.

[15] 赖小琴 . PISA 评价：为成人生活做准备的素养指示器 [J]. 比较教育研究，2006（5）：212.

[16] 李鹤 . 家庭因素对小学低年级流动儿童学业水平的影响 [J]. 中小学心理健康教育，2017（15）：83–86.

[17] 李辉 . 学前及初小儿童中文识字量表的编制与初步效应检验 [J]. 心理发展与教育，1999（3）：18–24.

[18] 李敬然 . 农村小学生作文能力低的原因及对策 [J]. 小学语文教学，1996（Z1）：13.

[19] 李林慧，周兢，刘宝根 . 学前儿童图画故事书阅读理解研究 [J]. 中国特殊教育，2011，2（128）：92–96.

[20] 李漫 . 亲子阅读方法漫谈 [J]. 早期教育（家教版），2015，（Z1）：126–132.

[21] 李甦，李文馥，杨玉芳 . 36 岁儿童图画讲述能力的发展特点 [J]. 心理科学，2006，29（1）25–29.

[22] 李婉秋 . 幼儿家庭早期阅读现状及问题对策调查研究 [J]. 科教导刊，2017，29（10）：191–192.

[23] 李文艺，王明晖 . 关于幼儿园前书写教育：另一种观点 [J]. 学前教育研究，2003（Z1）：24–27.

[24] 林泳海，李琳，崔同花，沈毅敏 . 幼儿早期书写与书写教育：思考与倡导 [J]. 学前教育研究，2004（3）：8–10.

[25] 凌建勋，凌文铨，方俐洛 . 深入理解质性研究 [J]. 社会科学研究，2003（1）：151–153.

[26] 刘妮娜，闫国利，丁敏 . 不同阅读方式下学前儿童在图画书阅读中对文字的关注 [J]. 学前教育研究，2012，209（5）：10–16.

[27] 刘在花 . 父母教育期望对中学生学习投入影响机制的研究 [J]. 中国特殊教育，2015（9）：83–89.

[28] 娄玮瑜，钟建安，段锦云 . 基于职业发展的大学生核心素质模型的研究 [J]. 心理发展与教育，2009（4）：123–124.

[29] 卢家楣 . 论情感教学模式 [J]. 教育研究，2006（12）：55–60.

[30] 卢家楣 . 对中学教学中教师运用情感因素的现状调查 [J]. 心理发展与教育，2001（2）：55–58+64.

[31] 卢家楣 . 教材内容的情感性分析及其处理策略 [J]. 心理科学，2000（1）：

42-47.

[32] 卢家楣.教学的基本矛盾新论 [J]. 教育研究，2004（5）：43-48.

[33] 卢家楣.教学内容的情感性处理策略 [J]. 教育研究，2002（12）：70-74.

[34] 卢家楣.课堂教学的情感目标分类 [J]. 心理科学，2006（6）：1291-1295.

[35] 卢家楣，刘伟，贺雯.课堂教学的情感目标测评 [J]. 心理科学，2007（6）：1453-1456.

[36] 卢正芝.范文在小学生习作训练中的作用 [J]. 教育研究与实验，1987（1）：44-51.

[37] 马广惠，文秋芳.大学生英语写作能力的影响因素研究 [J]. 外语教学与研究，1999（4）：37.

[38] 莫雷，郭淑斌.阅读保持的类比结构映射效应研究 [J]. 华南师范大学心理学系心理学报，1999（2）：231

[39] 裴永刚.儿童绘本的现状、问题及发展趋势 [J]. 中国出版，2005（9）：46-47.

[40] 钱怡，赵婧，毕鸿燕.汉语学龄前儿童正字法意识的发展 [J]. 心理学报，2013，45（1）：60-69.

[41] 乔晓熔，赵俊峰.中学生数学学习投入状况的调查研究 [J]. 中国电力教育，2010（35）：83-85.

[42] 师保国，申继亮.家庭社经地位、智力与内部动机与创造性的关系 [J]. 心理发展与教育，2007，23（1）：30-34.

[43] 石雷山，陈英敏，侯秀，等.家庭社会经济地位与学习投入的关系：学业自我效能的中介作用 [J]. 心理发展与教育，2013，29（1）：71-78.

[44] 苏敏，魏薇.回顾与反思：我国幼儿阅读研究三十年 [J]. 山东师范大学学报（人文社会科学版），2017，62（2）：107-118.

[45] 孙云晓，李文道，赵霞.男孩危机是一个客观存在的事实——对《男孩危机：一个危言耸听的伪命题》一文的回应 [J]. 青年研究，2010（3）：70-76，95-96.

[46] 覃建巧.综合阅读与写作实现教学上的读写连接 [J]. 黔南民族师范学院学报，2003（4）：50-54.

[47] 汪潮. 中国语文读写结合相关研究 [J]. 杭州大学学报，1991（21）：142.

[48] 王波，王芳. 儿童读写萌发的研究进展 [J]. 中国特殊教育，2013，154（4）：90–96.

[49] 王慧宁. 绘本的概念界定及中日现代绘本溯源 [J]. 太原师范学院学报（社会科学版），2009（1）：53–55.

[50] 王纬虹，申毅，庞青. 幼儿前书写活动的研究与实践 [J]. 学前教育研究，2004（5）：40–42.

[51] 王晞. PISA——阅读素养的界定与测评 [J]. 上海教育科研，2003（9）：23.

[52] 温红博，梁凯丽，刘先伟. 家庭环境对中学生阅读能力的影响：阅读投入、阅读兴趣的中介作用 [J]. 心理学报，2016，48（3）：248–257.

[53] 温红博，辛涛. 阅读素养：孩子面向未来的基础能力 [J]. 中国教育报，2011，3（17）：1–6.

[54] 温忠麟，张雷，侯杰泰，等. 中介效应检验程序及其应用 [J]. 心理学报，2004（5）：614–620.

[55] 文超，张卫，李董平，等. 初中生感恩与学业成就的关系：学习投入的中介作用 [J]. 心理发展与教育，2010，26（6）：598–605.

[56] 徐建平，张厚粲. 质性研究中编码者信度的多种方法考察 [J]. 心理科学，2005，28（6）：1430–1432.

[57] 徐建平，张厚粲. 中小学教师胜任力模型：一项行为事件访谈法 [J]. 教育研究，2006（1）：57–61.

[58] 徐艳贞. 幼儿前书写活动概念辨析 [J]. 山东教育，2007，637（27）：4–6.

[59] 徐振华，刘电芝，等. 大学生性别角色形成研究 [J]. 心理科学，2010，33（1）：219–222.

[60] 杨丽. 语篇知识在阅读与写作过程中的相关性 [J]. 现代外语，1996（2）：45.

[61] 虞哲中. PISA测试对我国小学阅读教学的启示 [J]. 浙江教育科学，2009（5）：19–22.

[62] 张家军. 扎根理论之于课程研究的启示 [J]. 比较教育研究，2010，32（10）：81–85.

[63] 张娜. 国内外学习投入及其学校影响因素研究综述 [J]. 心理研究，2012，5

（2）：83–92.

[64] 张生，苏梅，王丽丽，等．教师对学生阅读能力的影响研究：阅读投入的中介效应 [J]. 中国特殊教育，2014（9）：84–89.

[65] 张文静，辛涛．阅读投入对阅读素养影响的跨文化比较研究——以 PISA 2009 为例 [J]. 心理发展与教育，2012，28（2）：175–183.

[66] 郑荔．绘本对儿童成长的影响 [J]. 家庭与家教：现代幼教，2008（4）：34–36.

[67] 周兢．促进幼儿前书写经验形成的教育支持策略 [J]. 幼儿教育，2012（34）：73–74.

[68] 周欣．前阅读和前书写能力的发展和培养（续）[J]. 早期教育，2002（5）：6–7.

[69] 朱家雄．瑞吉欧学前教育系统中幼儿对美术语言的运用 [J]. 幼儿教育，2000（2）：10–11.

[70] 朱晓斌，汤姝雯．小学生写作态度与写作成绩关系研究 [J]. 心理科学，2009，32（4）：942–945.

[71] 朱秀全．从阅读和写作的关系看写作对阅读的影响 [J]. 玉林师范学院学报（哲学社会科学版），2005（4）：120.

硕博论文

[1] 曹思敏．汉语儿童前识字发展研究 [D]. 上海：华东师范大学，2010.

[2] 陈思．汉语儿童前书写发展研究 [D]. 上海：华东师范大学，2010.

[3] 杜玉改．流动儿童学习投入及其影响因素研究 [D]. 南京：南京师范大学，2013.

[4] 郝丹丹．美术欣赏教育对中班幼儿绘画表现力的影响研究 [D]. 大连：辽宁师范大学，2014.

[5] 胡春春．信息技术环境下幼儿早期阅读能力培养研究 [D]. 开封：河南大学，2011.

[6] 胡薇薇．母亲指导对婴幼儿早期阅读兴趣的影响研究 [D]. 上海：华东师范大学，2008.

[7] 黄精．人类发展生态学视野下的幼儿园游戏研究 [D]. 重庆：西南大学，2010.

[8] 黄婉舒．运用儿童绘本进行情绪教育之研究 [D]. 新竹：新竹教育大学，2006.

[9] 黄颖亚. 阅读投入与语言学习策略对高考英语阅读素养测评的影响 [D]. 福州：福建师范大学，2015.

[10] 金毅. 关于小学语文读写结合策略的研究 [D]. 上海：上海师范大学，2011.

[11] 李晶晶. 5～6岁幼儿家庭读写环境与其早期阅读能力的相关研究 [D]. 天津：天津师范大学，2010.

[12] 李维. 电子阅读与绘本阅读对5～6岁儿童叙事表现的影响 [D]. 徐州：江苏师范大学，2017.

[13] 李佑发. 意志品质的质性分析、模型建构与测评 [D]. 北京：北京体育大学，2007.

[14] 李志文. 初中写作困难生情感教学研究 [D]. 上海：华东师范大学，2006.

[15] 李志专. 中学教师课堂情感教学技能的实证研究 [D]. 上海：上海师范大学，2010.

[16] 刘丹娜. 3～6岁幼儿绘本阅读的偏好研究 [D]. 沈阳：沈阳师范大学，2016.

[17] 刘佳灵. 大班幼儿教师前书写评价行为研究 [D]. 成都：四川师范大学，2017.

[18] 刘妮娜. 学前儿童文字意识发展的研究 [D]. 天津：天津师范大学，2012.

[19] 刘婷. 情绪主题绘本促进幼儿情绪能力发展的行动研究 [D]. 重庆：西南大学，2010.

[20] 马程程. 幼儿早期阅读兴趣的影响因素研究 [D]. 长春：东北师范大学，2011.

[21] 骈岑. 3～6岁儿童绘画表现能力发展的研究 [D]. 上海：上海师范大学，2014.

[22] 邱爱真. 以儿童绘本增进幼儿友谊互动之研究 [D]. 屏东：屏东师范学院国民教育研究所，2004.

[23] 苏育瑠. 幼儿故事会议与理解之研究 [D]. 台北：台湾师范大学，1990.

[24] 孙蔚雯. 高中生日常性学业复原力、学业投入对学习成绩的影响 [D]. 长春：东北师范大学，2009.

[25] 王静. 3～6岁幼儿无字图画书故事理解的研究 [D]. 天津：天津师范大学，2014.

[26] 王盼美惠. 5～6岁幼儿绘画表征特征研究 [D]. 南京：南京师范大学，2014.

[27] 王雪. 基于汉字认知的儿童早期书写研究 [D]. 西安：陕西师范大学，2014.

[28] 韦积华.大班幼儿阅读理解能力、阅读态度及家庭阅读环境关系的研究 [D].
上海：华东师范大学，2016.

[29] 吴晓月.中国原创儿童绘本出版的现状及对策研究 [D].长沙：湖南师范大
学，2014：8–33.

[30] 吴燕.互动式分享阅读对 4 ～ 6 岁幼儿阅读兴趣、叙事能力的影响 [D].上
海：上海师范大学，2014.

[31] 吴姿倩.故事结构与理解能力对"国小"学童之阅读理解的影响 [D].屏东：
屏东教育大学，2008.

[32] 于丹丹.国际学生评级项目（PISA）——阅读素养的研究 [D].武汉：华中师
范大学，2009.

[33] 岳园.电子故事书阅读对 5 ～ 6 岁幼儿早期阅读理解能力的影响 [D].杭州：
浙江理工大学，2014.

[34] 张超.基于 PISA 的阅读素养发展研究 [D].南宁：广西大学，2013.

[35] 张庆.3 ～ 6 岁幼儿书面表达能力的现状研究 [D].长春：东北师范大学，
2015.

[36] 张晓怡.不同亲子阅读策略对 3 ～ 6 岁儿童图画书阅读能力的影响 [D].西
安：陕西师范大学，2008.

[37] 张莜叶.亲子分享阅读与儿童早期阅读能力的关系研究 [D].上海：上海师范
大学，2009.

[38] 赵婧.《3 ～ 6 岁儿童学习品质观察评价量表》的研制 [D].杭州：杭州师范大
学，2017.

[39] 仲雪梅.我国研究生学习投入的影响因素分析 [D].上海：华东师范大学，
2011.

[40] 朱永梅.新课标颁布以来语文情感教学研究元分析 [D].重庆：西南大学，
2010.

外文期刊

[1] Baghban M. Our daughter learns to read and write: A case study from birth to
three[J]. Network International Reading Association, 1984, 24(3): 67.

[2] Baghban M. Scribbles, labels and stories: The role of drawing in the development of writing[J]. Young Children, 2007, 62(1): 20.

[3] Baird J R, Gunstone R F, Penna C, et al. Researching balance between cognition and affect in science teaching and learning [J]. Research in Science Education, 2007(20): 11–20.

[4] Bangert-Drowns R L, Hurley M M, Wilkinson B. The effects of school-based Writing-to-Learn interventions on academic achievement: A meta-analysis[J]. Review of Educational Research, 2004(74): 29–58.

[5] Bradley R, Crowyn R. Socioecon omicststus and child development[J]. Annual Review of Psychology, 2002(53): 371–399.

[6] Burns M S, Casbergue R. Parent-child interaction in a letter-writing context[J]. Journal of Reading Behavior, 1992, 24(3): 289–312.

[7] Caporoso J A, Research Design, Falsification and the qualitative-quantitative divide[J]. A merican Political Review, 1995, 89(2): 457-460.

[8] Chan L, Zi Juan C, Lai Foon C. Chinese preschool childrens literacy development: from emergent to conventional writing[J]. Eerly Years, 2008, 28(2): 135-148.

[9] Chow B W, Mic Bride-Chang C, Cheung H, et al. Dialogic reading and morphology training in Chinese children: Effects on language and literacy[J]. Developmental Psychology, 2008.

[10] Conchas G. Structuring failure and success: Under-standing the variability in Latino school engagement[J]. Harvard Educational Review, 2001, 71: 475–504.

[11] Demetriou H, Wilson E, Winter M B. The role of emotion in teaching: Are there differences between male and female newly qualified teachers approaches to teaching? [J]. Educational Studies, 2009, 35(4): 449–473.

[12] Emer D, McLarney A, Goodwin M, et al. Which group teaching styles best promote information gain for adults with mental disorders? [J]. Journal for Specialists in Group Work, 2002, 27: 205–232.

[13] Fletcher K L, Reese E. Picture book reading with young children: A conceptual

framework[J]. Developmental Review, 2005, 25(1): 64–103.

[14] Freeman E, Sanders T. Kindergarten childrens emerging concepts of writing functions in the community[J]. Early Childhood Research Quarterly, 1989, 4(3): 331-338 .

[15] Furrer C J, Skinner E A. Sense of relatedness as a factor in childrens academic engagement and performance[J]. Journal of Educational Psychology, 2003, 95: 148–162.

[16] Gardner H . The minds new science[J]. Basic Books, 1987, 16: 210–212.

[17] Graham S, Berninger V, Fan W. H The structural relationship between writing attitude and writing achievement in first and third grade students[J]. Contemporary Educational Psychology, 2007(32): 516–536.

[18] Griffin E, Morrison F J. The unique contribution of home literacy environment to difference in early literacy skills[J]. Early Child Development and Care, 1997: 127–128, 233–243.

[19] Hidi S, Bemdorff D, Ainley M. Childrens argument writing interest and self-efficacy and intervention study[J]. Learning and Instruction, 2002(12): 429–446.

[20] Hill C E, Thompson B J, Williams E N. A guide to conducting consensual qualitative research[J]. The Counseling Psychlolgist, 1997, 25(4): 517–572.

[21] Kiuhara S A, Graham S. Teaching writing to high school students: A national survey[J]. Journal of Educational Psychology, 2009, 101(1): 136–160.

[22] Logan M, Skamp K. Engaging students in science across the primary secondary interface: Listening to the students voice [J]. Research in Science Education 2007, 38: 501–27.

[23] Matthew K I. A comparison of the influence of interactive CD–ROM storybooks and traditional print storybooks on reading comprehension[J]. Journal of Research on Computing in Education, 1997, 29(3): 263–273.

[24] Mayer K. Emerging knowledge about emerging writing[J]. Young Children, 2007, 62(1): 34.

[25] McCutchen D, Covill A, Hoyne S H, et al. Individual differences in writing[J].

Contemporary Educational Psychology, 1996: 21.

[26] Moore B, Quinn T, Governato F, et al. Gold collapse and the core catastrophe[J]. Monthly Notices of the Royal Astronomical Society, 1999(12): 1147–1152.

[27] Morrow L, Smith J. The effects of group size on interactive storybook reading[J]. Reading Research Quarterly, 1990(25): 213–231.

[28] Neuman S, Roskos K. Literacy objects as cultural tools: Effects on childrens literacy development in play[J]. Reading Research Quarterly, 1992(27): 203–225.

[29] Nielsen D C, Monson D L. Effects of literacy environment on literacy development of kindergarten children[J]. The Journal of Educational Research, 1996, 89(5): 259–271.

[30] Ogbu J U. Variability in minority school performance: A problem in search of an explanation[J]. Anthropology and Education Quarterly, 1987, 18: 312–334.

[31] Oken-Wright Pan. Transition to writing: Drawing as a scaffold for emergent writers[J]. Young Children, 1998, 53(2): 76-81.

[32] Pajares F, Britner S L, Valiante G. Relation between achievement goals and self-beliefs of middle school students in writing and science[J]. Contemporary Educationl Psychology, 2000(25): 406–422.

[33] Paris A H, Paris S G. Assessing narrative comprehension in young children[J]. Reading Research Quarterly, 2003(38): 36–76.

[34] Paris A H, Paris S G. Childrens comprehension of narrative picture books[J]. The Center for the Improvement of Early Reading Achievement, 2001(2): 3–12.

[35] Partridge H A. Helping parents make the most of shared book[J]. Early Childhood Education Journal, 2004, 32(1): 25–30.

[36] Pearman C J. Independent reading of CD-ROM storybooks: Measuring comprehension with oral retellings[J]. The Reading Teacher, 2008(61): 8.

[37] Pintrich P R, De Groot E V. Motivational and self-regulated learning components of classroom academic performance[J]. Journal of Educational Psychology, 1990, 82(1): 33–40.

[38] Poulson D, Kintsh E, Kintsch K, et al. Childrens comprehension and memory for stories[J]. Journal of Experimental child Psychology, 1979(28): 379–403.

[39] Rachel J V, Mark D S. An examination of the effects of repeated readings with secondary students[J]. Journal of Behavioral Education, 2013, 12(1): 55–76.

[40] Rosiek J. Emotional scaffolding: An exploration of the teacher knowledge at the intersection of student emotion and the subject matter[J]. Journal of Teacher Education, 2003(54): 399.

[41] Scarborough H S, Dobrich W. On the efficiency of reading to preschool[J]. Developmental Review, 1994(14): 245–302.

[42] Schaufeli W B, Salanova M, Gonzalez -RomaV, et al. The measurement of engagement and burnout: A two sample confirmtory factor analytic approach[J]. Journal of Happiness Studies, 2002, 3(1): 71–92.

[43] Schulman L. Knowledge and teaching foundations of the new reform[J]. Harvard Education Review, 1987(57): 1–22.

[44] Schutz P A, Lanehart S L. Emotions in education: guest editors introduction[J]. Educ Psychol, 2002(37): 67–68.

[45] Skinner E A, Belmont M J. Motivation in the classroom: Reciprocal effects of teacher behavior and student engagement across the school year[J]. Journal of Educational Psychology, 1993, 85(4): 571–581.

[46] Thompson W W. Environment effects on educational performance[J]. Alberta Journal of Educational Research, 1985(31): 11–25.

[47] Tompkins V, Guo Y, Justice L M. Inference generation, story comprehension, and language skills in the preschool years[J]. Read Write, 2013: 26: 403–429.

[48] Trepanier M L, Romatowski J A. Classroom use of selected childrens books to facilitate prosocial behavior in young children[J]. The Journal of Humanistic Education and Development, 1982(21): 20–23.

[49] Valeski T N, Stipek D. Young childrens feelings about school[J]. Child Development, 2001(73): 1198–2013.

[50] Wagner C R, Sahln B, Nettelbladt U. Narration and comprehension in Swedish

preschool children[J]. Child Language Teaching and Therapy, 1999(15): 113–137.

[51] Wood D, Bruner J, Ross G. The role of tutoring in problem solving[J]. Child Psychol Psychiatry, 1976(17): 89–100.

[52] Zecker L B. Early development in written language: Childrens emergent knowledge of genre-specific characteristics[J]. Reading and Writing, 1996, 8: 5–25.

外文著作

[1] Clay M. Reading: The Patterning of Complex Behavior[M]. Auckland: Heinemann Educational, 1972.

[2] Clay M. What Did I Write?[M]. Auckland: Heinemann Educational, 1975.

[3] Clay M. Emergent reading behavior: Unpublished doctoral dissertation[M]. Auckland: University of Auckland, 1966.

[4] Graham S, Perin D. Writing next: Effective strategies to improve writing of adolescents in middle and high schools[M]. New York: Carnegie Corporation of New York, 2007.

[5] Kennedy M. Inside Teaching: How Classroom Life Undermines Reform[M]. Cambridge: Harvard University Press, 2005.

[6] Judith A S, Renee M C. Writing in Preschool: Learning to Orchestrate Meaning and Marks[M]. Newark, DE: International Reading Association, 2004.

[7] Snow C E, Burns M S, Griffin P. Preventing Reading Difficulties in Young Children[M]. DC: National Academy Press, 1998.

[8] Temple C, Natyan R, Burres N, et al. The Beginning of Writing[M]. Newton, MA: Allyn and Bacon, 1988.

其他文献

[1] Collins M F. Esl Preschoolers English Vocabulary Acqulisition and Story Comprehension from Storybook Reading[D]. Columbia, Missouri, Boston University, 2004.

[2] Flood J, Lapp D. Reading and Writing Relationship: Assumptions and Directions [C]//In James R. Squire (ed). The Dynamics of Language Learning. Urbaba III: ER IC Clearinghouse on Reading and Communication Skills. 1987.

[3] Lin S M. The effects of creative drama on story comprehension for children in Taiwan[D]. Phoenix: Arizona State University, 2008.

[4] Mayer P M. Conservation Biology of Piping Plovers in the Northern Great Plains[D]. Columbia, Missouri, University of Missouri, 1991.

[5] OECD. Reading for Change-Performance and Engagement across Countries, Paris. From OECD, UNESCO. LIteracy Skills for the World of Tomorrow: Further results from PISA2000, (2002)[2016–12–12]. http: //www. oecd-ilibrary. org/docserve r/download/960307e. pdf expires=1492478695&id=accname=guest &checksum=944E2482A035823BB1729B8C0679B8D2.

[6] Sulzby E, Hieshima J. Forms of Writing and Rereading from Writing: A Preliminary Report[C]//In J. Mason (ed.), Reading, 1989.

后 记

读写能力的发展是从儿童出生时就开始的一个连续的发展过程。儿童在接受正式读写教育前出现的与读写有关的行为是非常重要的。父母、教师以及周围的环境在儿童早期读写能力的发展过程中扮演着重要的角色。《儿童读写能力的整合发展》就是从心理学角度探讨了读写整合密切相关的基础知识与理论、基本原理与方法，旨在为即将从事教育工作以及奋斗在一线的儿童教育工作者提供一个视角，揭示语言学习的特殊心理学规律，以促进有效学习的展开。

展现在读者面前的拙著，缘自我与研究生们这几年的基础研究成果，特别是 2017 年教育部人文社会科学研究一般项目（规划基金）"儿童读写能力整合发展的关键因素研究（17YJA880113）"成果及杭州师范大学省优势特色学科培育项目（2018 年中青年教师助推项目）"学前儿童表现性评估的关键因素研究"成果。本书的编写强调儿童学习的特点，围绕"读写整合"展开心理规律的讨论。其中，重点突出与教学评估实践的联系，通过案例的讲解，力求在学术性的基础上，体现操作性和实践性。

书稿的指导思想、理论框架及每个研究的总体实验设计由杭州师范大学经亨颐教育学院（杭州师范大学中国现代化教育研究院）朱晓斌教授总体拟定，且与各章节的作者充分讨论，形成实验研究方案，并付诸实施。具体分工如下：绪论，朱晓斌；第一章，吴婷婷，朱晓斌；第二章，向嘉欣、朱晓斌；第三章，刘志强、朱晓斌；第四章，刘洁、朱晓斌；第五章，徐玲、朱晓斌。最后由朱晓斌负责统稿、定稿。

在完成研究和书稿的过程中，笔者尽可能多地参阅了各种中外文献资料。要感谢的著者甚众，但难以一一列出，在此敬请谅解！

朱晓斌
2022 年 2 月于杭州富阳区上林湖